# CROESI

## CYFANDIR AR DDWY OLWYN

# CROESI
## CYFANDIR AR DDWY OLWYN

# Grug Muse

Nodyn:
Mae enwau rhai cymeriadau wedi eu newid
i warchod preifatrwydd.

Argraffiad cyntaf: 2025
© Hawlfraint Grug Muse a'r Lolfa Cyf., 2025

Mae hawlfraint ar gynnwys y llyfr hwn ac mae'n anghyfreithlon
llungopïo neu atgynhyrchu unrhyw ran ohono trwy unrhyw
ddull ac at unrhyw bwrpas (ar wahân i adolygu) heb gytundeb
ysgrifenedig y cyhoeddwyr ymlaen llaw

Dymuna'r cyhoeddwyr gydnabod cymorth ariannol
Cyngor Llyfrau Cymru

Cynllun y clawr: Sion Ilar

Rhif Llyfr Rhyngwladol: 978 1 80099 760 8

Cyhoeddwyd, rhwymwyd ac argraffwyd yng Nghymru gan
Y Lolfa Cyf., Talybont, Ceredigion SY24 5HE
*gwefan* www.ylolfa.com
*e-bost* ylolfa@ylolfa.com
*ffôn* 01970 832 304

Afoot and light-hearted I take to the open road,
Healthy, free, the world before me,
The long brown path before me leading wherever I choose.

– Walt Whitman

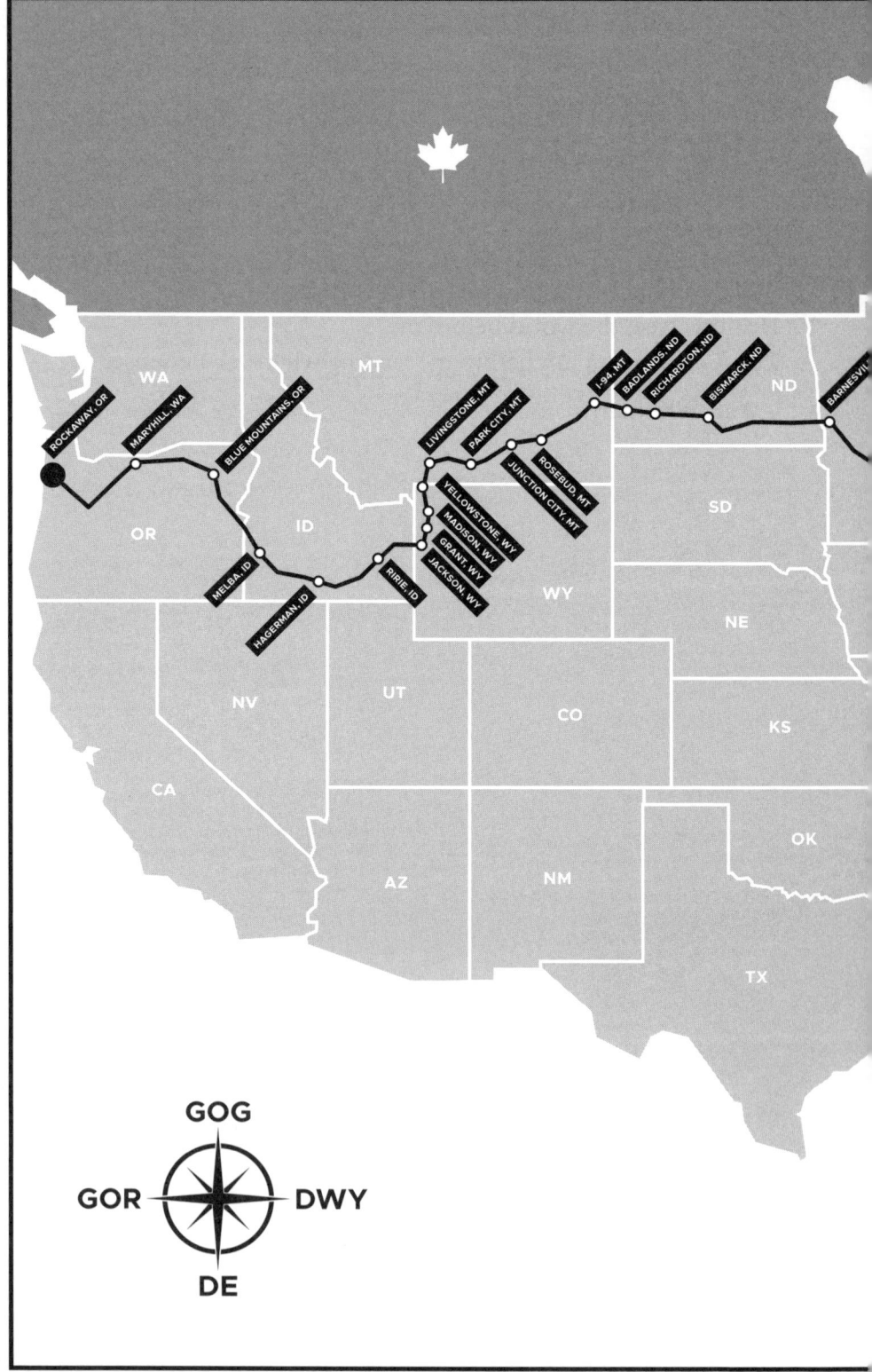

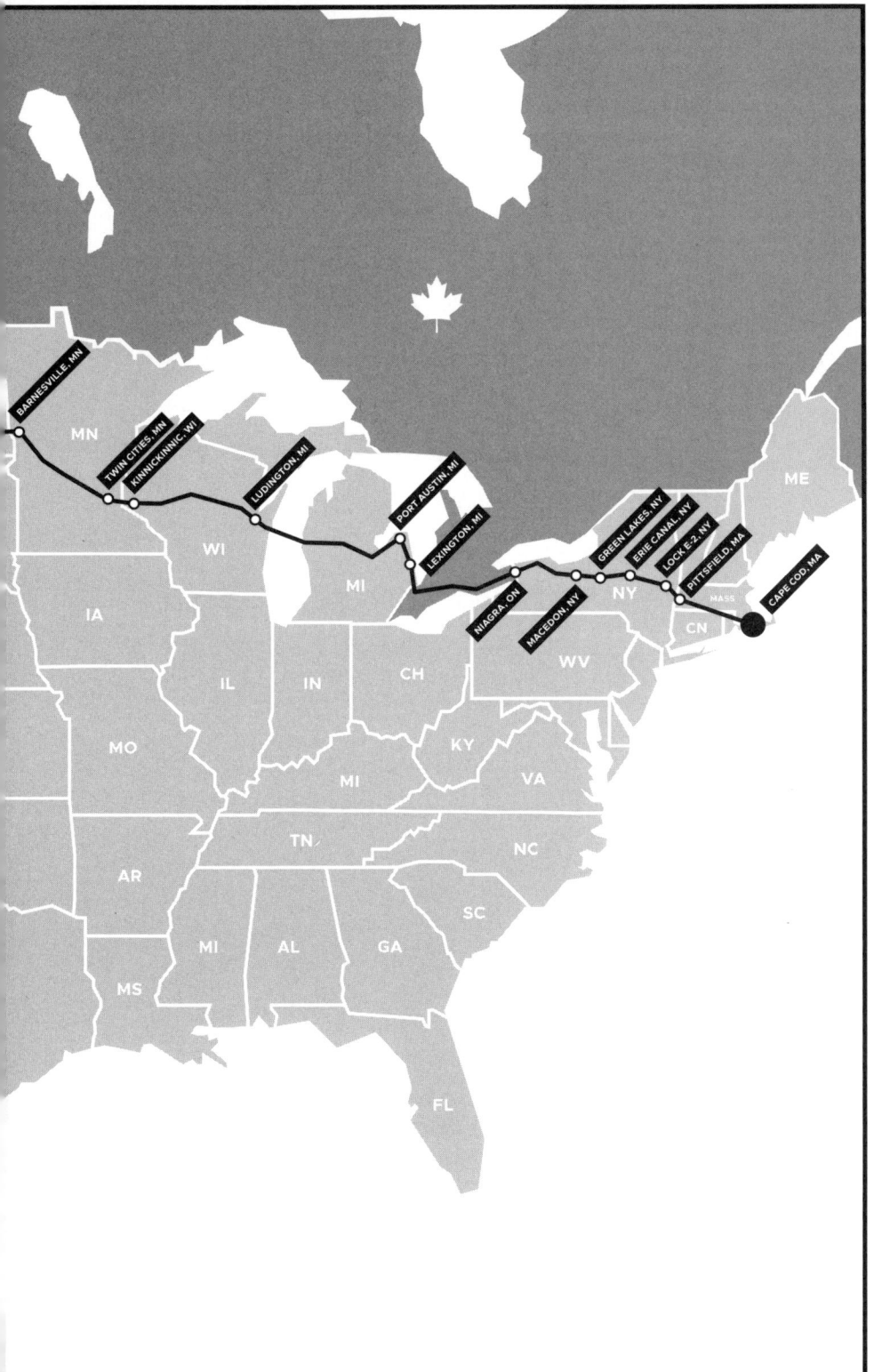

# Cynnwys

|   | Americanwr Papur | 11 |
|---|---|---|
| 1 | Cape Cod, MA | 13 |
| 2 | Pittsfield, MA | 18 |
| 3 | Lock E-2, NY | 24 |
| 4 | Erie Canal, NY | 30 |
| 5 | Green Lakes, NY | 36 |
| 6 | Macedon, NY | 45 |
| 7 | Niagra, ON | 51 |
| 8 | Ontario, ON | 57 |
| 9 | Lexington, MI | 67 |
| 10 | Port Austin, MI | 72 |
| 11 | Ludington, MI | 81 |
| 12 | Y Llyn Mawr, MI | 87 |
| 13 | Kinnickinnic, WI | 93 |
| 14 | Twin Cities, MN | 99 |
| 15 | Barnesville, MN | 104 |
| 16 | Canol y Byd, ND | 112 |
| 17 | Bismarck, ND | 126 |
| 18 | Richardton, ND | 135 |
| 19 | Badlands, ND | 141 |

| | | |
|---|---|---|
| 20 | I-94, MT | 148 |
| 21 | Rosebud, MT | 153 |
| 22 | Junction City, MT | 161 |
| 23 | Park City, MT | 170 |
| 24 | Livingstone, MT | 177 |
| 25 | Yellowstone, WY | 185 |
| 26 | Madison, WY | 195 |
| 27 | Grant, WY | 199 |
| 28 | Jackson, WY | 205 |
| 29 | Ririe, ID | 212 |
| 30 | Hagerman, ID | 219 |
| 31 | Melba, ID | 225 |
| 32 | Blue Mountains, OR | 231 |
| 33 | Maryhill, WA | 236 |
| 34 | Rockaway, OR | 241 |
| | Epilog | 246 |
| | Gwybodaeth bellach | 247 |
| | Ffynonellau a darllen pellach | 249 |
| | Diolchiadau | 250 |

# Americanwr Papur

## *Cymru, Hydref 2024*

MAE HI'N FIS Hydref 2024, ac mae'r etholiad arlywyddol mewn mis. Mae'n ras rhwng dynes gymwys a dyn peryglus, ac maen nhw benben â'i gilydd. Fe wnes i yrru fy mhleidlais i yn yr wythnos ddiwethaf. Pob pedair blynedd dwi'n e-bostio ffurflen i Terri Bunce, y clerc yn swyddfa Tref Dennis – yr un ddynes sydd wedi bod yn y swydd ers y tro cyntaf i mi bleidleisio, yn 2012 – dynes oedd yn yr ysgol efo fy nhad. Dydan ni erioed wedi cwrdd, ond mi rydan ni'n gohebu'n ffyddlon bob pedair blynedd. Mae hi'n rhyw fath o ddefod, yr un weithred reolaidd sy'n cadarnhau fy ninasyddiaeth. Mi gafodd fy nhad ei eni yn Barnstaple, Massachusetts yn 1961. Yn 1981, mi deithiodd i Gaerfyrddin i astudio yng Ngholeg y Drindod am flwyddyn a chyfarfod dynes ifanc o ardal y Bala. Yn 1993, mi ges i fy ngeni, dros y ffordd i Siop Tabby a gyferbyn â'r Swyddfa Bost ym Mhen-y-groes, Gwynedd. Dyna'r ffeithiau moel. Fydda i'n meddwl weithiau, tybed faint o bobl fel fi mae Stacey Murphey yn darparu pleidlais ar eu cyfer bob pedair blynedd (neu ddwy, os ydach chi'n *keen*) – Americanwyr papur, sydd â'r holl ddogfennaeth bwrpasol i hawlio dinasyddiaeth yr Unol Daleithiau, ond sydd erioed wedi byw yno.

Ar y newyddion, mae'r dyn peryglus yn sôn am

estraddodi cannoedd ar filoedd o fewnfudwyr, os bydd o'n cael ei ethol ddiwedd y flwyddyn yma. Mae'n eu galw nhw'n droseddwyr ac yn elynion. Mae'r broses waraidd o e-bostio Stacey Murphey bob pedair blynedd yn cuddio gwleidyddiaeth ffiniau a dinasyddiaeth fympwyol a chreulon wedi ei hadeiladu ar seilwaith hiliol. Pwy sy'n un 'ohonan ni', pwy sy'n 'un ohonyn nhw', pwy sydd i fewn, pwy sydd allan, pwy sy'n cael aros, pwy sy'n cael eu gyrru i ffwrdd?

Yn 2016, mi groesais i'r wlad yma ar gefn beic.

*Machynlleth, Hydref 2024*

# 1
# Cape Cod, MA

## *Milltir 0, Mehefin 2016*

DWI YN Y gegin, yn nhŷ Grandma a Grandpa – neu yn dechnegol, tŷ fy modryb ers iddyn nhw farw. Mae hi wedi ail-wneud y gegin, cael soffa newydd i'r stafell fyw ac wedi ailbapuro'r stafell fwyta, ond fel arall mae'r lle'r un fath. Dyw'r drysau byth wedi eu cloi, mae'r stafelloedd fyny grisiau wastad yn rhy boeth, ac mae pryfaid Mehefin yn dal i hyrddio'u cyrff bach caled yn erbyn sgriniau'r ffenestri ar nosweithiau poeth.

Ar yr ynys fawr yng nghanol y gegin, mae gen i fap Michelin mawr o gyfandir yr Unol Daleithiau yn lled agored ar y bwrdd. Mae pob modfedd o'r papur yn cynrychioli 55 milltir, yn ôl yr allwedd, a dwi'n defnyddio bag o fferins pysgod coch, pob un yn fodfedd o hyd, i fapio'r gwahanol lwybrau y gallwn eu cymryd ar hyd y cyfandir, yn dilyn y priffyrdd mawr o ddinas i dref, yn cychwyn o'r dwyrain ac yn gorffen yn y gorllewin. Dwi yma ers dechrau Ebrill, yn gweithio fel *line cook* mewn bwyty bwyd môr efo criw mawr o hogiau Rwsiaidd a Serbaidd, yn coginio byrgers a po'boys i'r twristiaid. Mewn ychydig o wythnosau mi fydda i'n cychwyn ar daith i ben arall y wlad. Mae'r dyddiad wedi ei bennu, dwi wedi cyflwyno fy *notice* yn y bwyty bwyd môr. Dwi 'di cael gafael ar feic, a'r rhan fwyaf o'r 'nialwch sydd ei angen i feicio ar dy ben dy hun ar draws gwlad. Ond does gen i ddim llwybr eto.

Dwi'n sbio ar y map, yr holl linellau bach, pob un yn llawn addewid. Map i yrwyr ydi Michelin, wedi'i gynhyrchu gan y cwmni teiars enwog, ond fel sy'n wir am gymaint o'r diwydiant ceir, mae gwreiddiau'r cwmni ym myd beicio. Yn 1889, roedd y beic yn beiriant go agos i be ydan ni'n ei adnabod heddiw — doedd o ddim yn medru newid gêrs eto, byddai hynny'n dod yn y 30au a'r 40au — ond roedd yr hanfodion yn eu lle. Roedd y teiar pneumatic yn bodoli ers ychydig o flynyddoedd, ond roedd y broses o newid teiar ar ôl pynctiar yn medru cymryd diwrnod cyfan, am fod y teiar wedi ei ludo i ymyl ffrâm yr olwyn. Aeth y brodyr Ffrengig Édouard ac André Michelin ati i greu'r math o deiar sy'n cael ei ddefnyddio heddiw, all gael ei dynnu oddi ar ffrâm yr olwyn efo dwy fforcen o'r gegin, ac sydd ddim angen glud – a *voila*, dyna eni'r cwmni teiars Michelin. Mynd ymlaen yn ddiweddarach wnaeth Michelin i ddatblygu eu teiars beic ar gyfer ceir modur, wrth i'r rheini dyfu'n farchnad dipyn mwy na'r farchnad i feics. Erbyn heddiw, mae'n hawdd anghofio tarddiad y dechnoleg, wrth i lorri 44 tunnell daranu heibio ar olwynion cyfuwch â dy ysgwydd. Ond un peth sy'n parhau yn gyffredin rhwng gyrwyr a beicwyr yw'r angen am lonydd, ac felly dyma fi'n ailfeddiannu'r Michelin ar gyfer deurodwyr.

Y Lôn: oes yna unrhyw beth sy'n fwy o ran o hunanfytholeg yr Unol Daleithiau na'r lôn? Dwi'n meddwl am Walt Whitman, 'Song of the Open Road'; Robert Frost a'r gerdd 'The Road Not Taken'; Jack Kerouac a'i nofel *On the Road;* Robert M. Pirsig a'i gyfrol *Zen and the Art of Motorcycle Maintenance* – y ffilm *Forrest Gump* hyd yn oed. Ar y naill law, yn symbol o ryddid, ac o annibyniaeth. Mi all rhywun neidio mewn car a diflannu dros y gorwel yn yr Unol Daleithiau mewn ffordd sy'n anodd i'r dychymyg Ewropeaidd ei amgyffred. Ar y llaw arall, mae'n help mawr os ydi'r rhywun hwnnw yn ddyn gwyn. Cyhoeddwyd *The Negro Motorist Green Book* gan Victor Hugo Green rhwng 1936 ac 1966, teithlyfr ar gyfer y dosbarth o Americanwyr Du oedd yn berchen ar geir ac eisiau cyfranogi o'u siâr nhw o'r freuddwyd Americanaidd trwy yrru tua'r gorwel, ond oedd yn wynebu heriau mwy difrifol nag ambell bynctiar neu redeg allan o betrol. Peryglon fel deddfau Jim Crow, a 'Sundown towns' lle'r oedd hi'n beryglus i deithiwr Du oedi yno wedi iddi dywyllu. Roedd y *Green Book* yn ganllaw i'r gyrrwr Du, ac yn cynnwys argymhellion am lety, busnesau, hyd yn oed garejis fyddai'n ddiogel i deithiwr Du eu defnyddio. Mi fyddai 'The Song of the Open Road' wedi bod yn gerdd dra gwahanol petai Whitman yn ddyn Du – neu'n berson brodorol. Os yw lonydd fel Route 66 bellach yn rhan o chwedloniaeth y wlad, beth am y llwybrau sydd heb eu marcio mewn tarmac, fel y Trail of Tears neu'r Underground Railroad?

Does dim o hyn wedi ei nodi ar y map o fy mlaen, dim ond y priffyrdd mewn coch a'r *interstates* mewn melyn, parciau cenedlaethol wedi eu nodi mewn gwyrdd a smotiau llwyd yn cynrychioli'r mynyddoedd. Wedi'r cwbl, dim ond hyn a hyn all map ei ddal, a *roadmap* ydi hwn.

\*

Dwi wedi bod yn dod i'r UDA yn lled-reolaidd ers blynyddoedd, bob yn ail flwyddyn i weld Grandma a Grandpa, a'r deg-ar-hugain-ish o gefndryd a chyfnitherod cyntaf, a phedwar ar ddeg o fodrybedd ac ewythrod. Eleni, dwi wedi dod yn ôl ar fy mhen fy hun, ac mae'r tŷ yn dawel. Dwi wedi dod yma ar gyfer stormydd eira dechrau'r flwyddyn, a'r glaw. Mae'r trefi glan môr ar gau, estyll dros y ffenestri a sachau tywod wrth gerrig y drws. Dwi a fy nghefnder, Jack, wedi bod yn aros yn 403 Mainstreet, y ddau ohonan ni fel dwy ffeuen bob ar ôl ar waelod y tun.

Mi wnes i dyfu fyny yn bell iawn o fan hyn, mewn lle o'r enw Bryn, sydd ddim yn bodoli ar fap, ond sy'n bendant ddim yn Carmel, Rhosgadfan na Fron chwaith. Tamaid o gors, ar ymyl gogleddol comin Uwchgwyrfai. Yn 18, mi es i i'r brifysgol yn Nottingham, treulio blwyddyn yn astudio ym Mhrâg yn y weriniaeth Tsiec, wedyn ar ôl graddio mynd i fyw ym Madrid fel *au pair*, i wella fy Sbaeneg. Yn y flwyddyn newydd, gadewais Madrid a dod i UDA.

A rŵan, dim ond rhyw bythefnos sydd gen i ar ôl yma. Mae'r beic newydd-i-fi, y Surly Long Haul Trucker du yn sefyll yn yr ystafell haul, ynghyd â dwy set o fagiau beic glas a llwyd; pentwr o offer trwsio beic nad oes gen i fawr o glem sut i'w defnyddio, ond sydd wedi eu prynu efo'r uchelgais o'u deall; poteli dŵr, pabell a sach gysgu, copi o *Don Quixote*, pâr o fflip-fflops, sacheidiau o ffrwythau sych, fferins a phot o *peanut butter* a siocled, plyg i jarjo'r ffôn (*flip-phone* sydd ddim yn derbyn data, nac, fel dwi heb ddarganfod eto, yn gweithio i'r gorllewin o Minnesota).

A dillad. Mae dillad yn bwysig. Yr arfwisg ar gyfer yr hyn sydd i ddod. Dwi wedi meddwl yn galed am ddillad dros y misoedd diwethaf. Y prif ystyriaethau yw cost, a'r angen i bacio cyn lleied â phosib. Mae gen i ddau bâr o siorts beicio, pâr o siorts dydd-i-ddydd a phâr o legins. Mae gen i un crys rhedeg, un crys T cotwm, *base layer* ysgafn a fest-top cotwm. Mae gen i siaced *down* ysgafn a chagŵl caiacio. Dyma'r dillad fydd, gobeithio, yn fy ngwarchod ar foreau rhewllyd yn y Rockies, ar ddyddiau crasboeth ar y gwastadeddau, ac yng nglaw mawr y parthau tymherus. Fel mymryn o arfogaeth ychwanegol, mae gen i fedaliwn Sant Christopher, nawddsant y teithiwr, y dois o hyd iddo ym mlwch gemwaith Grandma, a cheiniog o lechen efo twll yn y canol ar gyfer llinyn, yn dalp o adra.

Dwi'n edrych eto ar y map. Dyma fi, ar Cape Cod. A draw fanna, hyd 80 o fferins pysgod, neu 4,000 o filltiroedd i ffwrdd, mae maes awyr Portland, Oregon, lle mae sedd i mi ar awyren fydd yn mynd â fi yn ôl i Gymru ar ddiwrnod olaf mis Awst, 80 diwrnod o rŵan. A rhwng y ddau bwynt, mae miloedd o ystyriaethau ac amodau, tywydd a bryniau a lonydd diogel a thraffig a llefydd i gysgu a llefydd i gael bwyd a dŵr a chawod a llefydd diddorol a llefydd i'w hosgoi.

Ond digon i'r dydd ei ddrwg ei hun. Mi ga' i ddelio efo'r problemau hynny wrth iddyn nhw godi. Am heddiw, dwi'n gwybod o ble fyddai'n cychwyn, a ble fyddai'n mynd yn ystod y dyddiau cyntaf, trwy dalaith Massachusetts a'r 200 milltir cyntaf trwy dalaith New York. Wedi hynny, wel, pwy a ŵyr?

## 2

# Pittsfield, MA

*Milltir 186*

MAE HI BRON â nosi pan ydw i'n beicio'r elltydd olaf trwy Pittsfield State Forest. Dwi ar ffin orllewinol talaith Massachusetts – fy nhalaith gartref fel petai. Dwi'n rhoi cyfeiriad tŷ fy modryb i'r dyn yn swyddfa'r *state park*, ac yn cael gostyngiad mewn-daleithiol ar brisiau chwyddedig y maes pebyll.

Yn y pedwar diwrnod ers gadael y Cape, dwi wedi beicio 186 o filltiroedd. 76 milltir creulon ar y diwrnod cyntaf, o'r

## Pittsfield, MA

Cape i fflat fy nghyfnither yn Boston: mae'n cymryd bron i 12 awr i feicio 76 milltir, gan fynd ar goll, cael pynctiar, mynd ar goll eto, a llosgi'n golsyn drosta i. Dwi'n stopio i grio ar ochr y ffordd, yn cael pyliau o banic ac ofn, ac yn anobeithio yn llwyr, ond yn cyrraedd Boston, yn flinedig a budur ond yn gyfan. Drannoeth, dwi'n gorfod mynd â'r beic at y mecanig i sbio ar y brêcs (esgus i gymryd diwrnod o seibiant er mwyn dod dros y sioc gorfforol ac emosiynol o feicio 76 milltir am y tro cyntaf erioed). Wedyn mae 70 milltir y diwrnod canlynol yn mynd â fi i dref Northampton. Hwnnw'n ddiwrnod gwell na'r cyntaf, er fod y tirlun braidd yn fryniog. Y coesau wedi dechrau dod i arfer efo'r pwysau ar y beic, a thirlun gwledig Massachusetts yn agor o fy mlaen i laswyrdd a gwyrddfelyn, yn llwydwyrdd a gwyrddlas; ei choedwigoedd pîn a cholddail, ei gwastadeddau amaethyddol, ei chorsydd a'i baslynnoedd. Codi het (neu helmed) i Emily Dickinson wrth basio Amherst, croesi ystum llydan yr afon Connecticut wrth i'r haul suddo'n isel ac euraidd dros y bryniau, a beicio i Northampton yn hamddenol braf. Mae gen i gysylltiadau efo Northampton hefyd – aeth fy nghyfnither, Sarah, i Goleg Smith, yr un coleg â Sylvia Plath.

O Northampton, dwi wedi beicio deugain milltir trwy'r tirlun mwyaf anial eto. I fyny, fyny, fyny i dref Goshen, cyn beicio ar hyd y topiau i Windsor, pentref oedd i weld yn ddim byd mwy nag eglwys, neuadd, siop a llyfrgell ar ben rhyw fynydd coediog. Lawr am Pittsfield wedyn — dinas sydd fwyaf enwog am fod bron â lladd Teddy Roosevelt mewn gwrthdrawiad rhwng troli a *barouche*. Dwi'n beicio drwyddi a hithau'n dechrau nosi. Mae pysgotwyr ar ymyl y llyn yn yfed cwrw oer a sgwrsio, a bryniau'r Berkshires yn codi'n borffor-las yr ochr draw.

Dyma fy noson gyntaf yn campio tu allan go iawn, ac

mae fy mol yn troi rhyw fymryn bach. Dwi wedi cysgu yng nghartrefi perthnasau, a phobl oddi ar y wefan 'warm showers' hyd yma – heno ydi'r noson gyntaf yn y babell.

Un fach wen a gwerdd ydi hi, lle i ddau os ydan nhw'n closio, ond lle i un efo'r holl fagiau a geriach sydd gen i. Un rhan sydd iddi, felly does dim angen bustachu efo rhyw ail darp allanol, ac mae ei pholion i gyd wedi cysylltu i'w gilydd ac yn clipio'n rhwydd fel ail sgerbwd i gromen allanol y babell.

Wrth ddychmygu'r noson gyntaf dan gynfas, mewn State Forest, ro'n i wedi dychmygu cael codi'r babell ar lawr o bigau pîn, neu ar laswellt o leiaf. Nid felly yn y Pittsfield State Forest Campsite. Yn eu doethineb, mae awdurdodau'r parc wedi penderfynu y byddai llawr o gerrig mân yn fwy addas i osod pebyll. Er mwyn gyrru rhywfaint o synnwyr i bennau'r rheini ohonan ni sydd ddigon ffôl i dreulio noson yn gorwedd dan ddarn o gynfas efallai? Ar ben hynny, mae yna arwyddion ar hyd y maes pebyll yn rhybuddio gwersyllwyr i gadw eu bwyd yn eu ceir, rhag denu eirth. Mae yna 4,500 o eirth duon yn byw yn Massachusetts. Does gen i ddim car, ac am eiliad dwi'n ystyried rhoi fy mwyd mewn sach a'i hongian o gangen gyfagos. Yna dwi'n edrych o fy nghwmpas ar y barbeciws seimllyd tu allan i'r RVs mawrion, y bwydiach sydd wedi ei adael ar fyrddau y tu allan i bebyll, a'r plant bach yn rhedeg o gwmpas efo malws melys pinc a gwyn ar briciau, a dwi'n penderfynu falle y bydda i'n saff am heno.

Beth bynnag, wedi gosod tarp o dan y babell, i geisio arbed rhywfaint rhag y cerrig miniog, dwi'n llwyddo i sodro pegiau'r babell i'r graean llac. Dwi'n teimlo rhyddhad yn sydyn o weld y babell wedi ei chodi am y tro cyntaf ar y trip. Mae'n rhyw fath o gysur.

Bore fory mi fydda i'n deffro a chroesi fy ffin daleithiol

gyntaf, allan o Massachusetts, ac i mewn i Efrog Newydd. Dwi'n dal i deimlo, rhywsut, na fydda i wedi cychwyn arni go iawn nes y bydda i wedi gadael Massachusetts tu ôl i mi. Yn Massachusetts, dwi'n dal o fewn siwrne gar ychydig o oriau i berthnasau; mi fedra i neidio ar fws a bod nôl yn Cape Cod cyn iddi nosi. Unwaith fydda i allan o'r dalaith, mae pethau'n dechrau mynd yn anoddach. Ond cyn gwneud hynny, mae angen i mi oroesi fy noson gyntaf ar fy mhen fy hun yn y babell. Ac yn sydyn reit, dwi'n ymwybodol iawn o'r bag bwyd wrth fy ymyl, yn difaru fy agwedd ffwrdd â hi at arwyddion diogelwch y maes gwersylla, ac yn clywed anadl eirth yn siffrwd defnydd y babell.

Dwi'n gorwedd yn fy sach gysgu'r noson honno'n gwrando ar y nos fel na wrandawais arni erioed o'r blaen, yn ddall ac yn ddiddeall, pob sŵn diarth, newydd sy'n perthyn i'r nos yn flaidd, neu'n arth, neu'n fwy tebygol yn frochlwynogod (*racoons*) neu wiwerod rhesog (*chipmonks*). (Dwi'n hoffi'r ffaith fod yna enwau Cymraeg ar gyfer y rhan fwyaf o anifeiliaid gogledd America – bathiadau, dwi'n hoffi meddwl, gan fewnfudwyr Cymraeg sydd wedi dod yma ar hyd y canrifoedd, a chynnal diwylliant print hyfyw am ddegawdau. Dwi'n hoffi meddwl amdanyn nhw'n trio troi'r Gymraeg at enwi anifeiliaid oedd tu hwnt i'w dychymyg cynt).

Mae fy nghorff wedi llwyr ymlâdd, pob cyhyr yn dynn ac mae nerfusrwydd blinedig-ddryslyd yn fy nghadw i'n effro, a'r meddwl yn ail-fyw'r tri diwrnod diwethaf o feicio. Mae'r rhif 186 yn teimlo'n anghredadwy. Cyn y diwrnod cyntaf hwnnw, y pellaf ro'n i wedi ei feicio erioed oedd 50 milltir i Wellfleet ac yn ôl, i gael hufen iâ. Mae 186 yn teimlo fel pellter anhygoel, ac eto dwi'n gwybod ei fod ond yn gyfran fechan, fechan o'r pellter sydd gen i o mlaen. Mae'r ofn, y pryder a'r blinder dwi wedi eu dioddef er mwyn cyrraedd

186 o filltiroedd yn agos at fod yn llethol, ac wrth i mi ystyried y bydd angen i mi ailbrofi'r un ofn, pryder a blinder 72 o weithiau eto i gyrraedd pen arall y wlad teimlaf don o arswyd.

Mae fy meddwl yn llithro'n ôl at adfail y stopiais i yn ei ymyl ar y diwrnod cyntaf. Roedd hi'n dri o'r gloch y pnawn a thua 30 gradd selsiws. Ro'n wedi bod yn beicio ers naw o'r gloch ac roedd rhyw bedair awr o olau dydd ar ôl, ac mi ro'n i ar goll, felly dyma ddod â'r beic i stop wrth agoriad lôn drol. Roedd rhyw dro yn y lôn, ac ar ei phen roedd cornel o hen furddun yn cuddio tu ôl i nyrs o goed. Pethau prin ydi adfeilion o'r iawn ryw yn y rhan yma o'r byd, oherwydd strwythurau pren ydi'r hen dai, a phan mae'r rheini'n dadfeilio maen nhw'n pydru ac yn diflannu'n sydyn iawn, yn wahanol i'n tai cerrig ni sy'n dadfeilio ac yn heneiddio yn araf ac yn urddasol. Falle mai cymysgedd o hiraeth a blinder felly sy'n achosi i mi ei gofio fel murddun o gerrig llwydion, ar ben llwybr o waliau sychion. Dwn i ddim ydi'r ffasiwn le yn bod, yntau fi a ddychmygodd ddyddyn Cymreig yn y gwres a'r blinder.

Ond waeth beth oedd gwneuthuriad yr adeilad, roedd y lôn oedd yn arwain ato yn sicr wedi ei hen anghofio, a'r gweiriach uchel wedi tyfu at fy nghluniau. Mi wthiais i'r beic i fyny'r llwybr, nes fod y wal yn troi ac yn fy nghuddio o'r brif ffordd. Gan anghofio bob dim am drogod a *lyme disease* mi orweddais i lawr yn y gwair. Mi griais i am bum munud soled, cyfuniad o flinder, ofn, a mwy o flinder. Mi griais i nes mod i wedi blino gormod i grio mwy, ac yna mi syrthiais i gysgu. Mi ddeffrais ymhen deg munud a threulio deg munud arall yn gorwedd yn y gwair, yn teimlo'r haul yn braf ar fy nhalcen ac yn gwylio'r pryfaid yn dringo dros fy mol, ac ar hyd bysedd hirion y rhedyn oedd yn siglo'n araf uwch fy mhen. Ac wedyn mi godais a beicio 30 milltir arall nes cyrraedd Boston a chartref fy nghyfnither Colleen, a swper poeth a gwely.

*

Dwi'n deffro drannoeth ac mae'r babell yn llawn golau haul. Does yna'r un anifail wedi fy llabyddio i yn y nos. Does 'na ddim poen yn fy nghymalau. Mae hi'n fore braf, mae'r maes gwersylla yn dawel a'r haul yn tywynnu trwy'r blychau yng nghanopi'r dail. Am y tro cyntaf o nifer dros y misoedd nesaf dwi'n pacio a rholio pob dim yn ôl i mewn i'r panniers, eu llwytho nôl ar y beic, yn llowcio brecwast sydyn ac yn troi trwyn y beic tua'r lôn.

# 3
# Lock E-2, NY

## Milltir 236

MAE LLINELL LAS yr Erie Canal yn hollti'r map o dalaith Efrog Newydd yn daclus, yn cychwyn wrth y ffin â Massachusetts ac yn gorffen ar y ffin â Canada, yn Niagra. Mae hefyd yn gwneud y gwaith o ddewis llwybr yn hawdd: mi alla i ddilyn y gamlas yn rhwydd am y gorllewin am 300 milltir ar ffordd wastad braf.

Dydi'r rhan fwyaf o bobl ddim yn meddwl am Dalaith Efrog Newydd y tu hwnt i'r ddinas, ond mae'r dalaith yn ymestyn ymhell i'r gogledd o Manhattan, hyd at y ffin efo Canada, wedi ei fframio gan grib o fynyddoedd ar hyd ei hymyl ddwyreiniol. Dyma'r Appalachians, coridor mynyddig gwyrdd sy'n ymestyn o Ganada i Alabama. Rhwng Massachusetts ac Efrog Newydd, ro'n i wedi codi dros y Berkshires, sy'n rhan o'r Appalachians – gwaith diwrnod o elltydd di-ben-draw yn arwain at bentrefi gwasgaredig mewn coedwigoedd trwchus. Ro'n i rŵan yn llithro trwy fwlch rhwng mynyddoedd y Catskills i'r de, a'r Adirondacks i'r gogledd, er mwyn dod lawr i wastadedd gweddill y dalaith.

Rhwng yr Adirondacks a'r Catskills mae dyffryn yr afon Mohawk. Ardal lawn trefi efo enwau bendigedig fel Schenectady, Utica a Rome. Yn nhref Watertown, mae'r Mohawk yn cwrdd â'r Hudson, ac o'r fan honno mae'r afon fawr yn llifo i borthladdoedd Efrog Newydd.

Yn 1817 dechreuwyd ar y gwaith o adeiladu camlas anferth o Buffalo, ar lan llyn Erie, i Albany, ar lannau'r Hudson, er mwyn cysylltu rhanbarth y Llynnoedd Mawr efo'r môr. A chan mai dyffrynnoedd yr afonydd Hudson a Mohawk yw'r unig ddyffrynnoedd sy'n torri ar draws cadwyn yr Appalachians yn y gogledd, dyffrynnoedd yr afonydd hynny a ddefnyddiwyd i ffurfio sylfeini'r cynllun. Dyma felly'r Erie Canal: 363 milltir o gamlas, priffordd ddyfrllyd yn cysylltu dwyrain a gorllewin yr 'Empire state'.

Crair o oes arall ydi'r Erie Canal erbyn heddiw. Does dim o'r hen draffig diwydiannol arni bellach, ac mae hi wedi newid i fod yn gamlas ar gyfer hamddena, i bob pwrpas. Mae llwybr beics yn cyd-redeg â hi'r holl ffordd ar draws y dalaith, sy'n gwneud fy mywyd i'n hawdd am 'chydig o ddyddiau o leiaf.

Dydw i ddim wedi cynllunio'r daith yn fwy manwl nag y

gwnes i y noson honno wrth osod y fferins pysgod ar y map ar fwrdd y gegin ond dwi wedi amcangyfrif y pellter a rhyw led gynllunio pa daleithiau fydda i'n mynd trwyddyn nhw ar y ffordd i Oregon. Does yna ddim pwynt creu cynllun manwl o flaen llaw, achos fyddai rhywun ond yn gorfod ei newid. Ar lefel dydd i ddydd, filltir wrth filltir, mae'n haws gwneud y penderfyniadau hynny fel maen nhw'n dod, gan ddibynnu ar amodau lleol, y tywydd, fy hwyliau i, ac yn y blaen. Ond mae'n braf cael trywydd gweddol bendant wedi ei fapio ar fy nghyfer i am ryw hyd, o leiaf.

*

Mae hi'n gaddo storm, meddai'r dyn yn y lloc.

Ond mae'r awyr yn las ac yn ddigwmwl, a'r cyfnos yn cau yn gynnes amdanon ni, ac alla i ddim dychmygu sut y gallai'r cwbl droi yn law a tharanau. Dwi'n gwenu arno, yn ei grys a'i oferôls glas, yn ffugio hyder wrth iddo edrych arna i'n lled bryderus.

Dwi wedi bod yn beicio ers pum diwrnod ac wedi cyrraedd Lock E-2, Waterford, un o'r llociau cyntaf ar yr Erie Canal, a rhan o'r system fawr o lociau oedd unwaith yn rheoli traffig priffordd fawr fasnachol y gogledd ddwyrain, yn cludo llongau i fyny ac i lawr wrth i'r afon ddisgyn yn nes ac yn nes at lefel y môr. Erbyn heddiw mae'r rhan fwyaf wedi cael eu troi'n barciau, lle mae gan deithwyr hawl i 'gampio'n wyllt' yn rhad ac am ddim.

Wedi gosod fy mhabell fach dan res o goed a bwyta swper o gracers, *peanut butter* a ffrwythau sych, mae geiriau ceidwad y lloc am y storm yn pwyso. Dwi'n estyn am fy ffôn am y tro cyntaf ers gadael y Cape, a thecstio fy nghefnder, Jack: '*Can you check the weather forcast? Will there be a storm in north east New York tonight?*' Mae'n ateb mewn rhyw hanner awr, yn cadarnhau. 80% o debygolrwydd y bydd yna storm o fellt a tharanau dros Watertown heno.

Ac unwaith eto, dwi'n sylweddoli mor sobor o amharod ydw i ar gyfer y daith 'ma. Pa mor ddiogel ydi pabell mewn storm o fellt a tharanau? Mae'n gwestiwn mor amlwg, ac eto dydi fy ngwybodaeth TGAU ffiseg am sut mae trydan yn gweithio ddim wedi fy mharatoi at hyn. Ond dwi'n gwybod digon i synhwyro y gallai polion alwminiwm y babell fod yn broblem. Dwi'n tecstio fy nghefnder eto. Roedd o'n Eagle Scout, mae'n rhaid fod ganddo brofiad o'r math yma o beth.

'Hey Jack, is it safe to camp out during a storm?'
'Ymm, I guess not. Not sure. It's probably fine.'

A'r ffynnon ddoethineb honno wedi ei dihysbyddu, daw gwaredigaeth ar ffurf ceidwad y lloc, sydd wedi dod draw am sgwrs arall. Mi fydd naill ai fo, neu ei gydweithiwr, yno tan ddeg o'r gloch heno, os ga' i unrhyw drafferthion (dydi o ddim yn manylu pa fath o drafferthion mae'n eu rhagweld). Ac mi wnân nhw adael drws y sied ar agor, rhag ofn y bydda i angen lloches yn ystod y nos. A jest am lwc, mae o'n gadael ei rif ffôn. Rhag ofn, medda fo, cyn cerdded yn ôl i sied y lloc. Dwi'n stwffio'r papur yn ofalus i fy mhoced a mynd am grwydr o gwmpas y lloc. Dwi'n gobeithio na fydda i ei angen, ond mae gwybod fod y pishyn papur yn fy mhoced yn gwneud i mi deimlo fymryn yn well.

Mae Lock E-2 wedi ei lleoli ar groesffordd lle mae'r Canal Champlain yn ymuno â'r Mohawk, a'r Mohawk yn llifo i'r Hudson. Cychod pleser sy'n teithio drwyddi heno. Ac nid y badau camlas *brogue*-aidd sy'n mynd ling-di-long ar hyd camlesi culion Lloegr, ond cychod pleser i alw 'chi' arnyn nhw; iots a chychod hwylio mawreddog, eu perchnogion yn eu siorts, eu crysau polo gwynion a'u sanau uchel yn gwenu'n gyfiawn ar y werin ar hyd y glannau. Dwi'n oedi i wylio un ohonyn nhw'n mordwyo'r lloc. Mae angen i'r cwch godi tua deg metr, ac mae'n mynd yn araf bach i mewn i bydew'r lloc cyn i'r drysau tal gau amdano. Yn raddol, mae'r lloc yn cael ei llenwi gyda dŵr o'r afon uwchben, ac mae'r cwch yn codi fesul metr nes ei fod gyfuwch â lefel y dŵr ar ben y lloc. Mae'r ail set o ddrysau'n agor ac mae'n hwylio yn ei flaen.

Dwi'n dychwelyd at y babell. Erbyn i mi gyrraedd yn ôl, mae yna gwpwl yn eu pedwardegau yn bwyta eu swper ar un o'r byrddau picnic. Maen nhw'n yfed cwrw ac yn chwarae gwyddbwyll, y pryfaid mosgito sydd ar eu gwaethaf yn y gwyll yn mennu dim arnyn nhw. Maen nhw'n aros yno'n sgwrsio'n dawel nes ei bod hi'n rhy dywyll i weld y darnau gwyddbwyll ar y bwrdd. Dwi'n clwydo yn fy mhabell, yn gorwedd ar ben y sach gysgu am ei bod hi'n rhy boeth i orwedd ynddi, y llyfr dwi'n ei ddarllen yn pwyso'n erbyn y pannier wrth fy ymyl, nes i mi syrthio i gysgu ar ganol paragraff.

Sŵn y mellt sy'n fy neffro i am dri o'r gloch y bore. Mae hi'n tresio bwrw, dafnau yn curo'n galed ar do'r babell. Dwi'n cyfri'r eiliadau rhwng y fflach a'r daran. Maen nhw'n agos. Agos iawn. Er mod i'n hanner cysgu ac yn gyndyn i adael clydwch y sach gysgu, dwi'n rhyw amau nad y babell ydi'r lle i dreulio'r storm a dwi'n codi, efo'r sach gysgu wedi'i lapio amdana i, ac yn anelu am gwt y lloc. Dwi'n diolch i'r duwdod eu bod nhw wedi ei adael ar agor i mi, ac yn brysio i mewn cyn i'r glaw trwm socian drwy'r sach gysgu. Sied waith go iawn ydi hi – llawr concrid, cawod ddiwydiannol yr olwg mewn un gornel, sgidiau rwber, cotiau oel a siacedi achub wedi eu hongian ar hyd y waliau. Mae mainc ar hyd dwy ochr, offer trydanol a gwaith coed wedi eu cadw ar hyd y waliau a gwahanol brosiectau ar eu hanner ar y meinciau gwaith.

Mae'r mellt yn dod yn fuan ar ôl ei gilydd, llai na munud rhwng pob un. Trwy'r ffenestri budron mae'r mellt yn goleuo'r dyffryn i gyd am eiliadau byrion. Toeau gwlypion tai a siediau yn adlewyrchu'r golau, eu llewyrch yn goleuo amlinellau adeiladau a choediach. Dwi'n trio gwneud fy hun yn gyfforddus yn y sied, gora medra i.

Does dim cadair, felly dwi'n eistedd ar y llawr, yng nghanol y stafell, ddigon pell wrth unrhyw socedi, wedi lapio yn fy sach gysgu. Dwi'n boenus o flinedig, yn ysu am gael rolio drosodd ar fy ochr a chysgu ar lawr y gweithdy, ond mae'r oerfel a sŵn y storm yn fy nghadw i ar ddi-hun. Dwi'n difaru peidio dod â'r mat cysgu, neu lyfr efo fi o'r babell, ond mae'n rhy hwyr i bicied yn ôl rŵan. Bob hyn a hyn, mae 'na osteg yn y taranu, a dwi'n dechrau gobeithio ei bod hi'n saff i fynd yn ôl i'r babell. Ond mae'r taranau'n dod yn ôl bob tro. Mae chwarter awr yn mynd heibio. Hanner awr. Awr gyfan, yn eistedd mewn sied oer.

Mae disgwyl i storm ddod i ben rywbeth tebyg i ddisgwyl nes fod bag o bopcorn yn barod i ddod o'r meicro. Gwrando ar y popio yn arafu, cyfri'r bylchau rhyngddyn nhw'n cynyddu, nes ei bod hi'n saff iddo ddod allan. Erbyn hanner awr wedi pedwar y bore, mae'r bwlch rhwng y mellt wedi cynyddu i bum munud rhwng pob un, a milltiroedd rhwng y taranau rheini a'r fflachiadau. Am chwarter i bump, dwi'n dychwelyd i'r babell, y sêr wedi ailymddangos yn yr awyr uwch fy mhen. Dwi'n cysgu am ddwyawr, cyn deffro am saith, yn barod i fynd unwaith eto.

# 4
# Erie Canal, NY

*Milltir 306*

MAE BOD AR lwybr beics yn gwneud y reidio'n rhwydd, os fymryn yn ddiflas. Mae'r llwybr yn dilyn glan y gamlas, gan fynd â fi trwy drefi bychan a heibio gwlypdiroedd coediog. Er ei bod hi'n ddiwrnod heulog, mae diffyg cwsg neithiwr wedi fy ngadael i'n ddiegni a chroes. Mae fy nghefn wedi dechrau llosgi yn yr haul, mae gen i boen yn fy mhengliniau ac mae 'na ryw bryder annelwig yn cnoi yng ngwaelod fy stumog.

Ymhen 20 milltir dwi'n stopio yn nhref Schenectady, sy'n dod o'r gair Mohawk 'Skahnétati' – gair yn golygu 'tu hwnt i'r coed pinwydd', sef disgrifiad y bobl leol o bentref newydd y sefydlwyr Iseldiraidd yn 1614. Mae'r ddinas ar ymyl gorllewinol tiriogaeth hanesyddol y genedl Mohawk, fel oedd ffiniau eu tiriogaeth yn 1650. Mae dyffryn y Mohawk yn ficrocosm o batrwm trefedigaethu ar gyfandir Gogledd America. Mae enwau Iseldireg, Ffrengeg a Saesneg yn tystio i frwydrau llywodraethau Ewropeaidd dros hawl am y diriogaeth; brwydrau a draflyncodd y cenhedloedd brodorol yn ystod y rhyfel Ffrengig ac Indiaidd (1754–1763) pan dynnwyd llwythau'r Haudenosaunee, Yeh is-WAH h'reh a Tsakagi i ymladd ar ran Prydain, a llwythau'r Abenaki, Mi'kmaq, Algonquin, Lenape, Ojibwe, Ottawa, Shawnee a Wyandot i ymladd ar ran Ffrainc, mewn brwydr dros y diriogaeth rhwng Nova Scotia a Virginia.

Yn y cyfamser, roedd tirfeddianwyr gwyn yn hawlio tiroedd ffrwythlon dyffryn yr afon, tiroedd oedd cyn hynny wedi eu hamaethu gan bobloedd y Mohawk ar gyfer indrawn neu India-corn. Wrth i Brydain geisio sefydlogi ei hawl ar y diriogaeth, anogwyd pobl wyn i anheddu'r ardal, gan gynnwys Almaenwyr Palatin. Tra fod Beverwijk (newidiwyd i 'Albany', a ddaeth yn brifddinas y dalaith) yn parhau i fod yn ganolbwynt i'r diwydiant masnachu ffwr, roedd y dyffryn yn cael ei amaethu a hynny trwy lafur pobl wedi eu caethiwo.

Yn fuan wedi diwedd y rhyfel Ffrengig ac Indiaidd, ffrwydrodd rhyfel cartref arall yn y *'Colonies'*. Y tro hwn, roedd y brwydro rhwng yr anheddwyr Prydeinig (oedd wedi eu hyfforddi a'u harfogi i ymladd ar ran Prydain yn y rhyfel blaenorol) yn erbyn llywodraeth Prydain, a thros annibyniaeth y dair talaith ar ddeg. Hwn oedd yr *American Revolution*, neu'r Rhyfel Annibyniaeth. Y tro hwn, cafodd yr Iroquois eu llusgo i mewn i'r gwrthdaro ar ochr y trefedigaethwyr hynny oedd yn parhau yn ffyddlon i'r goron (y *Tories*), gan ymosod ar dai a threfi'r bobl a gefnogai'r fyddin gyfandirol (y *Continentals*). Mewn ymateb, yn 1779 anfonwyd mintai dan arweiniad John Sullivan i ddinistrio gafael conffederasiwn y Haudenosaunee ar y rhanbarth, gan ddinistrio 40 o drefi a phentrefi, lladd tua 4,500 o bobl a throi 5,000 o bobl yn ffoaduriaid.

Yn y ddwy ganrif ddilynol, daeth Schenectady a dinasoedd eraill yr afon yn gyrchfan i fewnfudwyr Seisnig, Gwyddelig, Albanaidd, ac Eidalaidd. Heddiw, mae'n ddinas o ryw 67,000, ac yn gartref i ddiwydiant egni adnewyddol. Dwi'n prynu dŵr mewn siop yn yr Italian Quarter, lle mae'r tai i gyd yn rhai sgwâr, twt efo toeau fflat â thrim addurnedig ar hyd eu landerydd. Yna dwi'n croesi pont allan o'r dref, a nôl i gefn gwlad, at y corsydd a choedwigoedd collddail.

Ymhen ugain milltir, yng nghanol y brwgaij, dwi'n dod ar draws olion Yankee Hill, nepell o'r lle mae'r Schoharie Creek yn ymuno â'r Mohawk. Dyma un o'r hen lociau, lle mae olion yr hen ddiwydiant yn suddo'n araf i'r gors, y cwbl wedi mynd yn angof. Mae yna gymdeithas hanes wedi adnewyddu un o'r adeiladau, sef hen storfa ar gyfer traffig y gamlas. Mae'r hen siop yn sefyll ar lan y dŵr ac mae wedi ei thwtio (yn fwy twt nag y byddai yn ei dydd, mae'n siŵr), ei phaentio'n felyn ac yn goch, a'i gadael yn agored i'r cyhoedd. Dwi'n oedi i fwyta fy nghinio ar y portsh llydan sy'n wynebu'r afon. Does neb yma ond fi, a dwi'n gorwedd ar fy nghefn yn yr haul yn trio dychmygu'r lle ar ei anterth, pobl y cychod, pobl y lan, pobl ar eu ffordd i rywle arall, pobl ar frys, pobl flinedig.

Ar ôl Yankee Hill, mae ansawdd y llwybr yn dirywio. Mae o'n mynd yn gul, yn garegog ac yn anwastad. Dwi'n awyddus i gyrraedd Lock 15 cyn iddi nosi, ond mae ansawdd sâl y llwybr yn fy arafu. Dwi prin yn mynd 10 milltir yr awr, ac mae Fort Plain, y dref lle mae Lock 15, yn teimlo'n bell i ffwrdd. Ond mae gen i'r llwybr i mi fy hun, a dwi wedi hen 'laru ar fy nghwmni fy hun, felly dwi'n dechrau canu, i godi ofn ar y gwiwerod yn y coed. Dwi'n cofio geiriau rhyw gân werin am yr Erie Canal o rywle, ac yn rhyw how-ddarnio geiriau'r penillion at ei gilydd:

O the E-ri-e's a-rising
And the whiskey's gettin' low,
And I hardly think we'll get a drink
Till we get to Buff-a-lo-o-o,
Till we get to Buffalo.

Hanner ffordd trwy drydedd pennill seithfed datganiad y gân dwi'n dod ar draws teulu Amish yn gwerthu mefus ar ymyl y llwybr, mewn hetiau gwellt cantel llydan a dillad cotwm plaen. Dwi'n synnu eu bod nhw'n cael digon o draffig ar hyd y llwybr i gyfiawnhau'r ymdrech. Falle fod pobl yn gwybod amdanyn nhw ac yn dod yn unswydd. Dwi ddim yn stopio. Mi fyddai mefus yn neis, ond does gen i nunlle ar y beic i'w cadw nhw, a dwi angen cyrraedd Lock 15 cyn iddi nosi.

O'r diwedd, mae'r dref yn dod i'r golwg trwy'r coed. Os yw Fort Plain yn dref fechan, mae Lock 15 yn anferth, efo argae llydan ar hyd yr afon a chafn digon llydan i long ffitio ynddi ar y pen. Bob hyn a hyn mae cwch yn hwylio i mewn o ben uchaf yr afon, ac mae'r giatiau'n cau a'r dŵr yn cael ei ollwng yn araf o'r cafn nes fod y dŵr yn y cafn yn lefel efo'r dŵr ar ben isaf yr afon. Yna, mae'r giatiau isaf yn agor a'r cwch yn hwylio yn ei flaen i'r lloc nesaf.

Mae rheilffordd yn rhedeg gyfochr â'r afon ar y lan

gyferbyn, a threnau'n mynd heibio bob rhyw hanner awr, yn tynnu rhesi hir o gerbydau glas, coch ac oren, ar eu ffordd i fyny i'r Llynnoedd Mawr, neu i lawr am y porthladdoedd dwyreiniol. Mae'r safle gwersylla wedi ei leoli ar lain o wair ar ochr arall yr afon, lle moel efo ambell goeden fan hyn a fan draw, a rhywfaint o feinciau picnic. Mae 'na babell arall wedi ei chodi yma'n barod, un o'r rhai *ultralight* gwyrddion hynny sydd fel cocŵns bychan, lle i un, a dim lle i droi na throsi. Mae 'na feic wrth ei hymyl, wedi ei glymu i'r goeden agosaf. *Tourer* arall fel fi, yn amlwg. Ond mae o neu hi eisoes wedi mynd i'r cae sgwâr, a dydan nhw ddim yn codi eu pen o'r babell wrth i mi ddadbacio.

Dwi'n mynd ati i godi fy anheddfa fechan innau, pellter rhesymol i ffwrdd, yn yr hanner-gwyll. Yn y cyfamser, mae cwpwl wedi dod i fwyta eu swper ar un o'r byrddau picnic. Mae ganddyn nhw focsys pitsa a photel o win coch, ac maen nhw'n yfed o wydrau grisial go iawn. Mae'r ddau wedi gwisgo'n smart, a dwi'n eu hedmygu am wneud yr ymdrech, hyd yn oed os ydi'r lleoliad lled-ddiwydiannol yn llai na rhamantus.

O fewn hanner awr, maen nhw'n dechrau ffraeo. Dwi'n gorwedd yn y babell erbyn hyn, yn trio cysgu ac alla i ddim clywed y geiriau i ddechrau, dim ond ei lais o'n codi, tôn ei llais hi'n ysgafn am 'chydig cyn iddo godi i gwrdd â thraw ei lais o. Mae hi'n anniolchgar, mae'n debyg... Dydi o ddim yn gwybod be ydi anniolchgar... Ar ôl pob dim mae hi wedi gorfod ei aberthu er ei fwyn o... Er ei fwyn o be? O, mae o'n rêl dyn... Rêl blydi dyn, yn trio taflu ei bwysa o gwmpas...

Dwi'n gwrando'n anesmwyth, yn trio tiwnio'r ffrae allan, ond mae eu lleisiau nhw'n dal i godi a dydan nhw ddim i'w gweld yn malio botwm corn bod ganddyn nhw gynulleidfa, y naill a'r llall yn gorwedd yn anesmwyth (alla i ond tybio) yn eu pebyll neilon. Maen nhw'n dal i fytheirio a gweiddi am awr. Bob hyn a hyn, mae rhuo trên yn torri ar eu traws, ac yna maen nhw'n ôl wrthi a'r unig beth alla i feddwl amdano ydi'r gwydrau go iawn – y rhai grisial a'r gyddfau gwydr wedi eu naddu'n batrymau addurnedig fel eu bod yn dal y golau ac yn disgleirio. Dwi'n disgwyl i glywed sŵn gwydr yn chwalu, ond dydi hwnnw byth yn dod, diolch byth.

O'r diwedd, maen nhw'n gadael, ac mi alla i fynd i gysgu.

## 5

# Green Lakes, NY

## *Milltir 393*

MAE HI'N BWRW glaw pan dwi'n gadael Fort Plain. Mi ddeffrais i a'r beiciwr arall tua'r un pryd, ac mae o wedi dod draw i ddweud 'bore da'. Dwi wedi hanner llwytho fy meic, hanner y panniers ar y beic a'r hanner arall yn dal ar y llawr.

'*My name's Tim.*' Mae Tim o gwmpas yr hanner cant, yn ddyn tal, main, efo llygaid tywyll, a dydi o ddim yn gwenu rhyw lawer. Mi gododd yn gynt na fi ac mae'n barod i adael, ei feic wedi'i lwytho'n dwt. Mae fy mhanniers

Ortlieb gleision i'n newydd ac yn sgleiniog, a rhai Tim yn hen ac yn arw, wedi eu cau gan fyclau hynafol yr olwg. Wrth i mi asesu offer Tim, dwi'n gweld ei lygaid yn symud yn araf dros fy meic innau, yn asesu'r panniers, y racs a'r *drivetrain*.

Dim ond ar ôl asesu'r beic mae'n troi ei sylw ata i, a dechrau holi o ble dwi wedi dod ac i le dwi'n mynd.

'*So, what kind of tires you got?*'

Mae'n closio at y beic, yn plygu lawr i sbio ar y teiars. *Continentals*. Mae'n nodio.

'*That's a good set of tires. Biggest mistake you can make, cutting corners on your tires.*'

Dwi'n nodio. Mi ddaeth y teiars efo'r beic.

'*How you finding your seat?*'

'*Yeah, good.*'

'*Ah, it's a Tina. That's a good seat for a woman.*'

Eto, dwi'n nodio fel petawn i hefyd wedi ystyried hynny wrth ddewis y sêt, er fod honno hefyd wedi dod efo'r beic, a'r beic wedi dod o sêl beics ail-law yn Vermont lle roedd fy nghyfnither, Mary Claire, wedi ei weld a phenderfynu y byddai'n gwneud y tro i mi. Felly mi brynais i'r beic, efo'r racs a'r sêt a'r teiars am $1000, heb ei weld hyd yn oed. Yn amlwg, mae Mary Claire yn gwybod ei stwff.

Does 'na fawr o sgwrs i'w gael ganddo tu hwnt i drafod y beic, felly pan mae o'n rhedeg allan o sylwadau i'w gwneud ar y pwnc hwnnw, mae o'n ffarwelio. Mae'n cychwyn, ac o fewn rhyw hanner awr dw' innau'n mynd i'r un cyfeiriad.

Mae hi'n dal yn gynnar y bore, yn llwydwawr wlithog, wleb, ac mae'r ardal o gwmpas yn fryniau isel ac yn goedwigoedd gwyrddion. Yn sydyn, dwi'n troi cornel ac mae carw coch yn sefyll ar y llwybr o 'mlaen. Mae'n sefyll yn stond, ac er mod i fetrau i ffwrdd, mae'r smwclaw a llonyddwch y bore yn gwneud iddo deimlo'n agos iawn, bron fel petawn i'n medru teimlo ei anadl boeth yn cymylu o 'nghwmpas. Mi rydan ni'n dau yn syllu ar ein gilydd am 'chydig o eiliadau, yn berffaith lonydd, cyn iddo ddeffro o'i barlys a llamu'n garlamus am y coed. Dwi'n gwenu'n wirion wrth feicio ymlaen, er gwaetha'r tywydd tamp.

Dwi'n gweld fawr ddim am oriau wedyn, dim ond glaw. Dwi'n dod i stop dan bont wrth Lock 16, gan fwriadu mochel am ychydig rhag y glaw. Mae o'n lle tamp, mewn man anghysbell, a dwi heb weld neb ers sbel, felly dwi'n cael mymryn o sioc o weld dyn yn dod rownd y gornel yn gwthio hen feic rhydlyd. Dyn mawr efo llais bloesg a barf, a dau fag plastig yn hongian oddi ar ddau gorn y beic, un yn drymach na'r llall, llyfr plant yn hongian allan o'r un hwnnw, y bag yn lled agored i'r glaw ddifetha popeth. Mae o'n mynd yn ei flaen cyn fi, a dwi'n dod ar ei draws eto o fewn hanner milltir, mewn lle tawelach fyth ar y llwybr, yn yfed Bud Light a golwg ci lladd defaid arno.

Dwi'n cael teimlad drwg yng ngwaelod fy mol, er nad ydi o'n gwneud dim ond sbio arna i mewn gwirionedd, a dwi'n mynd fel fflamia am y milltiroedd nesaf, nes fod y glaw yn cilio a'r haul yn dod i sychu pob dim. Erbyn cyrraedd Ilion dwi wedi sychu'n grimp ac mae Tim a'r carw a'r hen ddyn â'i gan Bud Light yn perthyn i fyd arall.

Mae Ilion yn teimlo fel tref ar gaead tun bisgedi, yn rhesi sgwâr o dai taclus a gerddi twt. Mae gofod parchus rhwng pob adeilad ac mae ffensys picedog ym mhob man. Dwi'n picio i'r llyfrgell, adeilad bach twt ar stryd gefn, i anfon rhywfaint o e-byst. Dim ond wrth i mi adael y dref dwi'n dod heibio i ffatri'r Remington Arms Co., adeilad anferth y mae ei bresenoldeb yn esbonio taclusrwydd a chydymffurfiaeth ormesol y lle hwn.

Yn 1816, creodd dyn ifanc o'r enw Eliphalet y reiffl

cyntaf a'i ddefnyddio i ddod yn ail mewn cystadleuaeth saethu. Erbyn diwedd y dydd roedd wedi derbyn digon o archebion gan weddill mynychwyr y gystadleuaeth i sefydlu ei fusnes gwneud gynnau ei hun. Erbyn 1823 roedd y busnes wedi symud i dref Ilion, a dyna sefydlu un o'r cwmnïau arfau mwyaf yn y byd, yn yr adeilad anferth brics coch hwn sy'n edrych fel petai'n ymestyn am filltiroedd. Pob pin yn ei lle, y borfa wedi ei thorri'n gwta, pob car yn y maes parcio'n sgleinio. Mae maint y ffatri'n syfrdanol: bron na ellid ffitio *downtown* i gyd oddi mewn iddi. Hawdd anghofio am eiliad be sy'n cael ei gynhyrchu y tu mewn i'r waliau twt. Ac eto, un o ynnau Remington a ddefnyddiwyd yn 2012 i saethu ugain o blant a chwech o athrawon yn farw yn ysgol Sandy Hooks, Connecticut.

Mae'r ffatri mor, mor fawr. Sut mae hi'n teimlo i fyw mewn tref fel Ilion, drws nesaf i'r fath fehemoth? Rhywbeth fel byw yng ngogledd Cymru, falle, rhwng RAF y Fali a safle'r MOD yn Aber-porth, y naill yn hyfforddi peilotiaid awyrennau rhyfel a'r llall yn profi arfau ar hyd yr arfordir ac yn awyr y gogledd orllewin a'r canolbarth. Mae'r ysgol fomio yn y Fali yn hyfforddi peilotiaid RAF, ond lluoedd arfog gwledydd eraill hefyd, fel y peilotiaid Saudi sydd wedi lladd miloedd o bobl Yemen mewn ymosodiadau o'r awyr ers 2015, a pheilotiaid Israelaidd wrth i'r wlad honno gyflawni hil-laddiad yn Gaza. Mae QinetiQ, y cwmni sy'n defnyddio Aber-porth fel safle profi, yn gwmni preifat sy'n cyflogi dros 8,000 o bobl yn y DU ac sy'n datblygu a phrofi systemau arfau, gan gynnwys awyrennau di-beilot. Prin ydi'r manylion pendant am eu cwsmeriaid, a be ydi nifer y bobl sydd wedi cael eu lladd gan eu 'cynnyrch'.

Yn 2020, bydd cwmni Remington yn mynd yn fethdalwyr, ar ôl 208 o flynyddoedd yn cynhyrchu arfau. Eleni wrth i mi basio'r adeilad, mae teuluoedd naw o'r rhai a gafodd eu llofruddio yn Sandy Hook yn mynd ag achos yn erbyn y cwmni, gan honni bod arferion marchnata'r cwmni yn ddiegwyddor ac yn hybu ymddygiad anghyfreithlon. Bydd yr achos yn cyrraedd setliad o $73 miliwn. Yn 2024, bydd y ffatri yn Ilion yn cau'n barhaol.

*

O Ilion, dwi'n mynd trwy ddinas Utica, heibio i gaffis Eidalaidd, siopau Ecwadoraidd, Mosg Bosniaidd a bariau Dominicaidd cyn stopio yn Lock 20 ryw 5 milltir y tu allan i'r ddinas, gan godi fy mhabell yn yr haul, a phwyso yn erbyn coeden i ddarllen nes i'r pryfaid fy hel i'n ôl i mewn i lochesu. Yn ystod y 19eg, roedd dinas Utica yn gyrchfan bwysig i fewnfudwyr o Gymry yn benodol. Daeth yn brifddinas ddiwylliannol i'r Cymry yn y rhanbarth, ac yn ganolbwynt i ddiwydiant cyhoeddi Cymraeg ei iaith yng ngogledd America. Roedd yn gartref i gyhoeddiadau fel *Y Drych: Newyddiadur Cenedlaethol at Wasanaeth Cenedl y Cymry yn y Talaethau Unedig* ac *Y Wawr: sef cylchgrawn misol y Bedyddwyr Cymreig yn America* ac roedd gweisg y dref yn cyhoeddi llyfrau barddoniaeth, testunau crefyddol, bywgraffiadau, a chyfansoddiadau eisteddfodol yn Gymraeg.

Erbyn heddiw, mae'r mewnfudwyr Cymraeg wedi ymdoddi i'r pair amlddiwylliannol Americanaidd. Does yna ddim tystiolaeth amlwg o'u presenoldeb, a dwi ddim yn ddigon gwybodus i ganfod lle i chwilio amdanyn nhw chwaith wrth i fi wibio trwy'r ddinas.

Y bore trannoeth, dwi'n dod ar draws Tim eto, ac mae o'n sgriblo map i mi ar ddarn o bapur yn dangos y ffordd orau i feicio trwy Syracuse, y ddinas fwyaf i fi fynd trwyddi ers Boston, ac y bydd yn rhai i mi drio ei chroesi cyn hir. Ymlaen â fo wedyn, a finnau yn ei ddilyn yn araf bach trwy Rome, a stopio yno i weld y Fort Stanwix National Monument. Coblyn o hen gaer fawr wedi ei gwneud o bren, mewn siâp seren, wedi ei hadeiladu gan y Prydeinwyr yn ystod y Rhyfel Ffrengig ac Indiaidd, ond ei meddiannu gan y Continentals yn ystod y Rhyfel Annibyniaeth. Mae dyn clên mewn gwisg milwr yn mynd â fi o gwmpas y gaer. Mae'n fy rhybuddio nad yw UDA fel Cymru, a fod yna lawer o bobl ddrwg yn byw mewn dinasoedd Americanaidd, sy'n gwneud i mi bendroni tybed sut le mae o'n meddwl ydi Cymru.

Erbyn Rome, mae'r llwybr beics wedi gwyro i ffwrdd oddi wrth y brif gamlas fodern, i ddilyn olion yr hen gamlas. Dydi'r gamlas yma ddim llawer mwy na ffos lydan, yn llawn pysgod mawr a chrwbanod yn nofio'n hamddenol yn y dŵr gwyrddlas, bas. Mae hi'n fy arwain i at y Green Lakes State Park, a dyna lle dwi'n aros y noson honno, mewn maes gwersylla go iawn, efo cawodydd a phob dim. Dwi'n llwyddo i gyrraedd y lle'n gynnar yn y pnawn, gan adael gweddill y diwrnod yn rhydd i gael trefn ar ddillad budron, a dadflino. Mae'r maes ei hun yn fawr, a'r gwersyllwyr yn rhydd i osod eu pebyll unrhyw le ar y lawnt eang. Mae teuluoedd estynedig ar wyliau teuluol ac wedi creu pentrefi o bebyll, beics, canŵs a baneri lliwgar. Dwi'n codi fy mhabell innau mewn man heulog, a mynd â fy nillad budron i'w golchi yn y cwt cawod, gan glymu rhaff rhwng dwy goeden, a chreu lein ddillad i sychu fy sanau a siorts beicio. Efo popeth wedi ei dynnu oddi ar y beic, dwi'n mentro i lawr i'r pentref i chwilio am fwyd, y beic fel pluen wedi diosg y panniers i gyd.

Yn yr archfarchnad dwi'n prynu lwmp o gaws, tomato, bara, afal a *doughnut 'apple fritter'*, a chael bocs o *fries* o McDonalds er mwyn defnyddio eu *wi-fi*. Nôl yn y gwersyll, fy nghroen yn lân, yn ddi-chwys ac yn arogli fel sebon, dwi'n gosod fy mat campio yn erbyn boncyff coeden. Wrth led orwedd, yn bwyta caws a thomato efo llafn cyllell boced, yn yfed dŵr llugoer o botel lychlyd, dwi'n teimlo'n berffaith ddedwydd. Mae hi bron fel petawn i wedi bod yn dal fy ngwynt ers gadael Boston, yn cario pwl o bryder annelwig, yn bwysau trymllyd yn fy stumog ac yn densiwn tynn o gwmpas fy ysgwyddau. Ond wrth orwedd ar y gwair o flaen fy mhabell, bron nad ydw i'n teimlo rhywbeth yn llacio, y pwysau'n codi rhyw fymryn.

Nes ymlaen y noson honno, wedi cael cyfle i ddadflino, dwi'n mynd i chwilio am y llynnoedd enwog sy'n brif atyniad y parc. Ond dwi'n camgymryd maint y parc, a threulio tri chwarter awr yn crwydro'n ddi-gyfeiriad, yn styrbio ceirw a thwrllaod sy'n trio mwynhau haul olaf y dydd mewn llennyrch yn y coed. Dwi'n cyrraedd glan y dŵr yn y pen draw, i gael fy nghyfarch gan arwydd piwis yn datgan mai'r gosb am nofio mewn rhan anawdurdodedig o'r llynnoedd yw hyd at 15 niwrnod o garchar. Dim rhyfedd fod yr Unol Daleithiau'n carcharu llawer iawn mwy o'i dinasyddion na'r un wlad arall.

Mae'n dechrau machlud erbyn hyn, ond mae'r llynnoedd yn odidog. Mae lliwiau'r machlud wedi eu hadlewyrchu ar hyd yr wynebau a'r dŵr yn las llachar. Mae'r llynnoedd yn rhai meromictaidd – hynny ydi, dydi'r dŵr yn yr haen isaf yn y llynnoedd a'r dŵr yn yr haen uchaf byth yn cymysgu. Mae'r ddau lyn yn rhai dwfn, y naill yn 195 troedfedd o ddyfnder a'r llall yn 180, ac yn gorwedd ar waelod cafn o tua 150 troedfedd o ddyfnder yn y graig. Amcangyfrifir fod 150 troedfedd o waddodion wedi casglu o dan y ddau lyn, sy'n golygu bod dyfnder y twll gwreiddiol yn nes at 500 troedfedd. Ffurfiwyd y llynnoedd bymtheg mil o flynyddoedd yn ôl, ar ddiwedd yr oes iâ, wrth i ddyfroedd mawr symud ar hyd wyneb y cyfandir, ac mae un ddamcaniaeth yn awgrymu eu bod yn blymbyllau ar waelod rhaeadr anferth, safle rhyw fath o Niagra cyn-hanesyddol.

Mae dychmygu'r dyffryn coediog, tawel hwn fel safle i'r ffasiwn drais a distryw hydrolegol yn amhosib, a heno mae wyneb y llyn yn berffaith lonydd, un o nodweddion llyn meromictig, yn ôl yr arwyddbyst. Mae'r llynnoedd yn cael eu llenwi o ddwy brif ffynhonnell. Mae haen uchaf y dŵr, yr haen ocsigenedig, yn dod yn sgil gwaddodiad, sef dŵr glaw neu eira tawdd. Ond mae dŵr yr haen isaf, monomolimnionaidd, ewcsinig, yn dod o ddŵr sydd wedi treiddio trwy'r graig, ac sy'n llawn mineralau fel calsiwm, sylffwr a magnesiwm. Dydi'r ddwy haen ddim yn cymysgu o gwbl, heblaw am adegau prin pan fydd y calsit yn gwaddodi, yn troi'r dŵr yn las hufennog ac yn ffurfio creigresi calsit ar lannau'r llyn. Ffurfiau gwyn, sy'n edrych fel cymylau, neu ffwng, ond sy'n galed fel asgwrn ydi'r rhain. Yn hytrach na rhyfeddu, dwi'n teimlo ias ryfedd wrth eu gweld, dan wyneb y dŵr. Mae o fel edrych ar esgyrn, yn y llwydwyll ar ôl y machlud, a dwi ddim yn aros yn hir i sbio. Falle nad ydi'r enw ar y rhan o'r llyn lle mae'r greigres yn ffurfio, Deadman's Point, ddim yn help chwaith.

Wrth ben bas y llyn dwi'n dod o hyd i'r 'man nofio awdurdodedig', lle maen nhw wedi gosod rhaffau i greu lonydd tebyg i bwll nofio, a'r cwbl wedi ei reoleiddio yn ofalus. Mae'n ddigon teg, mae'n siŵr, i warchod y llyn rhag ymwelwyr diofal a di-barch, ond mae'r *lane-ropes* yn teimlo ychydig bach yn eithafol. Dwi'n brysio yn fy mlaen, i geisio ei gwneud hi o gwmpas y ddau lyn ac yn ôl i'r babell cyn iddi dywyllu, gan basio *power-walkers* penderfynol mewn tracsiwtiau a threinyrs. Finnau mewn hen fflip-fflops digon tila, a fy un pâr o siorts glân.

Dwi'n dal yn bellach nag oeddwn i wedi bwriadu oddi wrth y maes gwersylla, ac mae hi'n dechrau nosi, yn tywyllu go iawn, a dwi ar fy mhen fy hun mewn coedwig. Does gen i na thortsh na map na dim i fy helpu i gael hyd i'r maes pebyll, a dwi'n dechrau teimlo'n nerfus. Dwi'n rhedeg, yn tynnu fy fflip-fflops er mwyn symud yn gynt ar hyd llawr y goedwig, pinnau'r coed yn feddal rhwng fy modiau wrth i mi ganolbwyntio ar beidio â baglu dros wreiddiau'r coed. Mae'r tywyllwch yn gwneud pob synnwyr arall yn fwy siarp, ac mae'r coed o fy nghwmpas yn sŵn i gyd, yn bethau sy'n syrthio, yn fflapian, yn drydar ac yn siffrwd yn y gwyll.

Yn sydyn, dyma weld llwybr yn troi am i fyny, a chan ddyfalu y bydd yn dod â fi i gyfeiriad cyffredinol y maes pebyll, dwi'n dechrau dringo. Wrth roi fy fflip-fflops yn ôl am fy nhraed cyn cychwyn am i fyny, maen nhw'n taro'r llawr efo slap gan ddychryn rhyw anifail o'r gwrych wrth fy ymyl, a dwi bron â neidio allan o 'nghroen. Mae hwnnw'n gwneud stŵr mawr wrth frysio i ffwrdd, a dwi'n ymwybodol o'r holl lygaid bach sy'n medru fy ngweld (neu fy arogli) a finnau'n hollol anymwybodol ohonyn nhw.

Dwi'n ocheneidio mewn rhyddhad wrth i olau'r pebyll ddod i'r golwg trwy'r coed. Dwi'n ymlwybro'n dawel at y babell a'r beic, ac yn breuddwydio y noson honno am lygaid a phawennau a choedwigoedd di-ben-draw.

# 6

# Macedon, NY

## Milltir 473

'SO HAVE YOU heard the news?'
   Dwi'n amneidio, do. Dwi wedi clywed.
   Mae Tim a finnau wedi taro mewn i'n gilydd sawl gwaith ers cwrdd y bore hwnnw yn Loc Fort Plain. Mae Tim yn *tourer* profiadol, ar ei ffordd yn ôl o feicio o amgylch yr Adirondacks, ac mi rydan ni wedi bod yn cyd-feicio bob hyn a hyn, yn stopio yn yr un llefydd am seibiant, yn sgwrsio. Mae Tim yn ddoeth, ac mae o wedi fy nghymryd i o dan ei adain, yn ei ffordd dawel ei hun. Ro'n i wedi ei

gyfarfod o'n Syracuse y bore 'ma, wrth i'r ddau ohonon ni drio croesi canol y ddinas heb gael ein gwastadu gan lorri neu Audi trwm. Ro'n ni wedi gwahanu wedyn, a beicio am y rhan fwyaf o'r diwrnod ar ein pennau ein hunain, cyn ailgyfarfod yn Newark i feicio'r milltiroedd olaf tua Macedon, lle dwi am dreulio'r noson heno.

'*So how do you feel about it?*'

Mae Tim yn un o'r Americanwyr prin hynny sydd ddim ym malio dim am drafod gwleidyddiaeth, sy'n braf.

'*Not gonna lie, I'm pretty pissed,*' medda fi, heb godi'n llygaid o'r llwybr.

Fy nghyfnither decstiodd y newyddion y bore hwnnw, yn fuan ar ôl i mi a Tim wahanu y tu allan i Syracuse. Yn sefyll mewn cae chwarae ar ymyl y gamlas, ac wedi gyrru fy mhleidlais bost i mewn ers wythnosau, ro'n i wedi anghofio yn llwyr mai heddiw oedd diwrnod y canlyniad. Ac wrth gwrs, fel pawb arall, ro'n i wedi cymryd yn ganiataol na fyddai pethau'n mynd o chwith – doedd yna ddim lle i boeni. Felly pan gofiais i mai heddiw oedd y diwrnod, tecst ffwrdd â hi yrrais i at fy nghyfnither, Maggie:

'*So, are we still in the eu then? lol*'

Mae'n ychydig funudau cyn i'r ateb gyrraedd:

'*Ymm, well, no. The pro-EU vote lost.*'

Anghrediniaeth. Mi ffoniais gyfnither arall, Colleen, am gadarnhad. Troi allan nad jôc mohoni. Mi roedd gen i sawl rheswm i fod yn flin am y penderfyniad: yn un peth, dyna'r dair mlynedd ddiwethaf o astudio gwleidyddiaeth yr Undeb Ewropeaidd, a sgwennu traethawd hir am ymwneud Cymru â'r Undeb, yn wastraff (ish – mi oedd o'n draethawd reit sâl beth bynnag). Ond yn fwy na hynny, ro'n i'n hyderus yn fy ninasyddiaeth a fy hunaniaeth Ewropeaidd, yn ystyried fy hun yn un o 'Ewropeaid ifanc' Umberto Eco[1] ar ôl treulio 9 mis ar gwrs Erasmus ym Mhrâg, ac wedyn 7 mis yn gweithio ym Madrid, yn disgyn mewn cariad ac yn magu cysylltiadau ac yn (trio) siarad – rhywfaint – o bedair iaith Ewropeaidd. Yn saff yn fy swigen, ac yn llawn delfrydau am Ewrop unedig, aml-ieithog, (ac ie, yn ddall i'r hiliaeth tu ôl i 'Fryngaer Ewrop' a dinistr y peiriant economaidd uniongred ar wledydd y cyrion – nid mai'r pryderon hynny oedd tu ôl i'r drwgdeimlad Prydeinllyd tuag at yr Undeb). Llanast.

Dwi'n sefyll yn gegrwth yn y parc, wrth i'r dyfodol ddechrau teimlo fel lle mymryn mwy dyrys, llai gobeithiol. Mi all pendil cynnydd droi i'r cyfeiriad arall, mae'n ymddangos, a dwi'n dal yn ddigon ifanc, heddiw, i hynny ddod fel sioc. Dwi'n berson mymryn yn naïf, fymryn yn or-optimistaidd, ond heddiw mae'r crac yn y sbectol binc wedi ymestyn sawl modfedd yn bellach dros y gwydrau.

Ond allwn i ddim sefyll yn y parc drwy'r dydd, felly sianelais fy anghrediniaeth, fy nghynddaredd a fy sioc i fy nghoesau, a beicio'r milltiroedd nesaf fel peiriant, gan osgoi dal llygaid neb o'r beicwyr na'r cerddwyr eraill oedd yn gwibio heibio i mi, fy nannedd wedi crensian yn dynn.

Erbyn i mi siarad efo Tim, dwi wedi dechrau prosesu pethau rywfaint. Mae Tim ei hun yn eithaf blasé am y newyddion o Brydain. Fymryn yn anghrediniol, fymryn yn ddirmygus, ond, wel, dydi hi ddim yn broblem iddo fo (does 'na neb yn meddwl ar y funud nad Hillary fydd yn symud i mewn i'r Tŷ Gwyn yn mis Ionawr…).

---

[1] 'Erasmus has created the first generation of young Europeans. I call it a sexual revolution: a young Catalan man meets a Flemish girl – they fall in love, they get married and they become European, as do their children' – Umberto Eco, 2012 https://www.theguardian.com/world/2012/jan/26/umberto-eco-culture-war-europa

Yn y diwedd, dwi'n beicio'r pellter mwyaf dwi wedi ei wneud mewn diwrnod hyd yn hyn – 80 milltir i gyd, a hynny cyn tri y pnawn bron, diolch i wynt o'r cefn sy'n fy ngwthio ymlaen. Macadon ydi'r lloc olaf y byddai'n aros ynddi, a fory mi fydda i'n troi oddi wrth y gamlas i gyrraedd Niagra Falls. Mae hi'n fin nos braf, mae'r golau'n euraidd a'r lloc yn lle hamddenol, yn llawn teuluoedd sydd wedi dod am bicnic. Dwi'n gwneud y fathemateg, a dyma 473 o filltiroedd wedi pasio dan rwber y teiars.

Y bore wedyn, dwi'n cymryd fy amser i godi, ac yn cychwyn tua Fairport. Mae'r gamlas yma yn anifail tra gwahanol i'r bwystfil yn nwyrain y dalaith, y gamlas lydan, ddofn, oedd yn ddigon mawr i gludo llongau diwydiannol mawr ar ei hyd. Peth gul a dof ydi hi erbyn hyn. Mae'r llwybrau beics sy'n cyd-redeg yn llawn rhieni a'u plant, a sglefrwyr, a dydi'r trefi ddim yn edrych fel petaen nhw'n gyfarwydd o gwbl efo'r syniad o ddiwydiant trwm. Llefydd dosbarth canol cyfforddus ydyn nhw, caffis bach chwaethus wrth lannau'r dŵr, a borderi blodeuog ar hyd y ffrynt. Dwi'n stopio am seibiant yn Bushnell Basin, ac mae hen Wyddeles yn dod draw i godi sgwrs. Rydan ni'n trafod yr Undeb Ewropeaidd a'r pêl-droed, ac mae hi'n trafod y posibilrwydd o symud yn ôl i Iwerddon. Falle. Mae ganddi blant yma, sydd â theuluoedd eu hunain, ac mae bywyd yn braf. Ac eto.

Ymlaen wedyn i Spencerport. Tref fechan hen ffasiwn, efo pont ryfedd dros y gamlas. Pont godi, a adeiladwyd yn 1914, sy'n llythrennol yn codi i ben platfform dros yr afon pan fod angen i gychod basio. All ceir ddim croesi pan fo'r bont wedi ei chodi, ond mae grisiau bob pen yn caniatáu i gerddwyr ddringo i ben y platfform a pharhau i groesi'r bont ar ei lefel uchaf.

O dan y bont, dwi'n cyfarfod Rob, hogyn ifanc sydd wedi

ei gyflogi gan yr Empire State Canal i gynnal y lloc. Hogyn yn breuddwydio am ddianc ydi Rob. Mae'n fy annog i i adael y trefi, a mynd i gefn gwlad go iawn.

'Out there, there is real freedom... No cops, no nothin'... Here, people will stab you in the back before you can even say "what's happenin". Out there is good folk, everybody helpin' each other, you know?'

Dwi'n gadael Rob yn sbio'n hiraethus lawr y lôn, ac yn mynd yn fy mlaen. Yn anfwriadol, dwi'n cael fy hun *out there*, yn mynd heibio ffermydd a phentrefi efo placardiau yn eu gerddi yn datgan eu cefnogaeth i'r ymgeisydd Trump, ac o blaid eu hawl cynhenid i gario gwn. Dwi'n cael teimlad anesmwyth iawn wrth fynd heibio arwyddion yn dweud 'Repeal the S.A.F.E. act'. Y SAFE act yw'r ddeddf ddaeth i rym yn 2013, yn dilyn cyflafan Sandy Hook, deddf yn cyfyngu ar argaeledd arfau *assault*, fel y gwn Remmington rhannol-awtomatig a ddefnyddiwyd i ladd yr 20 o blant a 6 aelod o staff yn ysgol Sandy Hook. Dydw i ddim yn oedi yn yr ardal yma.

Dwi'n ailymuno â'r Erie am un tro olaf yn Lockport, lle mae'r gamlas yn codi trwy Lociau 34 a 35 i fyny'r Niagra Escarpment, y silff o graig Silwraidd sy'n ymestyn o ogledd talaith Efrog Newydd, o dan Llyn Ontario, trwy dalaith Ontario yng Nghanada, i fyny ar hyd ymyl gogleddol Llyn Huron a Llyn Michigan ac i lawr i ochr orllewinol y llyn. Dyma'r silff mae'r afon Niagra yn hyrddio ei hun trosti, ond yn fama dim ond pymtheg metr o glogwyn sydd angen i'r gamlas ei goresgyn. Mae'r llwybr beics yn mynd heibio cyfres o 5 lloc a adeiladwyd yn wreiddiol i godi cychod ac sy'n ffurfio pistyll uchel o ddŵr gwyn heddiw.

O Lockport, dwi ar y briffordd yr holl ffordd i Niagra Falls, y pistyll mawr ei hun. Dwi'n dod i mewn i'r dref drwy'r Italian Quarter, ac mae 'na gar yn tynnu mewn

wrth fy ymyl wrth olau coch, ac yn agor y ffenest;
   '*Going far?*'
   '*Ym, yeah, to Oregon, hopefully.*'
   Mae'r golau'n newid ac mae'r car yn tynnu mewn ar y palmant o 'mlaen i.
   '*You really going cross country?*'
   Dyn yn ei bumdegau sydd wrth y llyw.
   '*How far you come up to now?*'
   Dwi'n esbonio mod i wedi beicio rhyw 500 milltir o Cape Cod, ac mae o'n edrych yn lled bryderus mod i dan yr argraff y galla i ei gwneud hi i ben arall y wlad ar fy mhen fy hun. Dwi'n gwenu'n gwrtais ac yn nodio ar ei gynghorion i fod yn ofalus o bobl ddiarth. Mae Americanwyr yn wallgo, medda fo. Nid fel ni ym Mhrydain. Dwi'n dweud dim.

# 7
# Niagra, ON

*Milltir 600*

DWI'N EI GLYWED ymhell cyn i mi ei weld o. Sŵn rhuo, sy'n codi'n uwch ac yn uwch, nes yn sydyn reit, dyna'r afon o fy mlaen. Nid afon chwaith, ond rhywbeth mwy, rhywbeth nad oes gan y Gymraeg yr eirfa i'w disgrifio. Môr, yn llifo tros ddibyn, y dŵr yn wyrddlas oer, yn lliw soled, fel paent yn cael ei dywallt. Dwi'n ei gyrraedd o'i ben uchaf, lle mae'r dŵr yn carlamu'r metrau olaf cyn syrthio i lawr i'r dibyn. Mae taranu carnau'r dŵr yn dwysáu a dwysáu, nes yn sydyn mae'r cwbl wedi mynd, wedi syrthio mewn cwmwl o ewyn, niwlen drwchus rhyngom ni a Canada. Niagra Falls.

Dwi'n crwydro am dipyn o gwmpas y parc ar ochr yr Unol Daleithiau, yn gwylio'r rhaeadr o wahanol onglau, yn gwthio'r beic yn drwsgl trwy dyrfeydd o bobl. Dwi'n cario'r beic i lawr cyfres o risiau i blatfform uwchben y dŵr, lle mae golygfa o'r ail raeadr. Dwi'n aros nes fod y bobl wrth y rheilen yn mynd cyn symud yn nes, gan drio 'ngwneud i a'r beic mor fach â phosib i ffitio yn y gofod cyfyng. Mae'r olygfa'n anhygoel, er gwaetha'r twristiaid chwyslyd efo'u camerâu a'u clebar, dwi'n teimlo fel petawn i yn fy myd bach fy hun. Hynny ydi, nes i ryw ddyn blin yr olwg roi pwniad i mi. 'W, sori,' medda fo, ond smalio bod yn sori mae o, ac eisiau fy symud o'r ffordd er mwyn iddo fo a'i gariad gael selffi. Dwi'n ystyried aros lle'r ydw i allan o sbeit, ond yn cymryd yr *hint* ac yn symud yn ddigon dof, gan dywys y beic trwmlwythog nôl am y grisiau. Yn sydyn, tu ôl i mi, dwi'n clywed bonllefau. Mae'r dyn ddaru fy mhwnio newydd fynd i lawr ar un ben glin i ddyweddïo hefo'i gariad. Twat.

Ymlaen â fi i Ganada. Pont ydi'r ffin, y dynion pasbort mewn cytiau fel tollbyrth ar draws y lôn. Mae toll i'w thalu hefyd, o hanner can doler i feic, sy'n gyfystyr â gwariant mwy na thridiau ar fwyd. Dwi'n aros fy nhro tu ôl i'r ceir, nes cyrraedd y dyn pasbort, sydd ddim yn orawyddus i fy ngadael i fewn i Ganada heddiw. Mae o'n amheus o'r ffaith nad ydi fy acen yn cyd-fynd â'r pasbort Americanaidd, ac mae'n ddirmygus o unrhyw un sy'n teithio am gyfnod estynedig. *'What is your current address?'* Ydi pabell yn gyfeiriad?

Ta waeth, dwi'n cael pasio yn y pen draw, yn cael stamp bach yn y llyfryn, ac yn cyrraedd yr uffern ar y ddaear ag ydi Niagra Falls, Ontario. Mae'r ddinas yn ymosodiad ar y synhwyrau, Sodom a Gomorrah yn syth o ffilm. Mae'r brif stryd yn llawn casinos ac arcêds, goleuadau'n fflachio a cherddoriaeth uchel yn diasbedain.

Dwi'n mynd at ymyl y dŵr, lle mae rhyw fath o barc neu ganolfan ymwelwyr i bobl fedru edrych ar y rhaeadr. Siopau hufen iâ a stondinau yn gwerthu myrdd o stwffiach rhad – modelau o'r rhaeadr i'w glynu at oergelloedd, gleiniau'n sillafu'r gair NIAGRA ar freichledi, cardiau post, calendrau, crysau T. Dwi'n meddwl nôl am Cohoes Falls, ben arall i'r afon, yn Waterford.

Wrth adael Lock E-2, nôl ben arall i'r Erie, mi ddoes i ar draws rhaeadr Cohoes ar un o'r boreau cyntaf hynny, rhaeadr lle mae'r afon Mohawk yn plymio 90 troedfedd dros ymyl dibyn. Dyma'r fan, yn ôl y traddodiad Haudenosaunee, lle plymiodd Y Tangnefeddwr Mawr, cyd-sefydlydd Cynghrair y Haudenosaunee, i ddyfroedd yr afon ar ddarn o goeden, a goroesi, er mwyn profi ei nerth a'i allu i'r llwythau yn rhanbarth y Llynnoedd Mawr, a hynny er mwyn perswadio'r pum llwyth i ffurfio cynghrair yn 1142 (o bosib). Ffurfiwyd y Haudenosaunee o bum llwyth yn wreiddiol; y Kanien kehá ka, yr Onyota'a:ka, yr Onoŷda'gegá, y Gayogo hó n a'r O-non-dowa-gah. Yn 1722 ymunodd y Skarù:r, gan ffurfio undeb y Chwe Llwyth. Erbyn hyn, amcangyfrir fod 80,000 o aelodau'r llwythi a'r cenhedloedd hyn yn byw yn yr Unol Daleithiau, gyda 45,000 arall yng Nghanada. Yn Efrog Newydd, mae eu tiriogaeth yn cynnwys y Tuscarora, y Tonawanda, yr Akwesasne, yr Onondaga, y Cattaraugus a'r Allegany Reservations.

Y bore hwnnw, wrth raeadr Cohoes, roedd y dŵr yn taranu dros y creigiau yn ewyn gwyn, tarth yn codi o'r colofnau dŵr ac yn chwythu'n niwlen oer i fyny i le o'n i'n sefyll. Yn wahanol i Niagra, doedd yna neb ond fi yno, yn gwylio'r dŵr yn tasgu, ac mi rois fraw i dwrlla boldew oedd yn torheulo ar y wal uwchben yr afon, ac mi neidiodd i mewn i'r brwgaij, ei ben ôl bach crwn yn siglo tu ôl iddo.

Mae'r dibyn yn Cohoes yn ymestyn am dri chan metr hyd at y clogwyni llwydion ar lan arall yr afon, y graig fel petai'n cribo'r dŵr yn gudynnau gwynion. Doedd y llif ddim ar ei ffyrnicaf y diwrnod hwnnw, ac roedd modd gweld y creigiau noeth lle roedd yr afon wedi dyrnu tyllau, cwpanau a cheubyllau dyfnion yn y graig. Roedd yna deimlad o gael dy lyncu dan y dwndwr byddarol, a doedd fy llygaid ddim yn ddigon mawr i amsugno'r cyfan.

Er bod Cohoes Falls yn frawd bach i Niagra Falls, mewn rhai ffyrdd, does yna ddim diwydiant twristaidd wedi datblygu o'i amgylch, yn bennaf oherwydd natur ddiwydiannol yr ardal sy'n ei amgylchynu. Mae Cohoes yn llai o ran maint na Niagra – tua 90 troedfedd ar ei uchaf, o gymharu â 163 troedfedd Niagra. Ond tra fod 12 miliwn o ymwelwyr yn ymweld â Niagra yn flynyddol, does dim diwydiant twristiaeth gwerth sôn amdano yn Cohoes, a dim cofnod o nifer yr ymwelwyr. Ac wrth sefyll o flaen y cwymp mawr yn Niagra, ynghanol berw cannoedd o bobl eraill, swnllyd, mae'n rhaid i mi gyfadde, petawn i'n goro esbonio pam fod Niagra yn haeddu 12 miliwn o ymwelwyr, a Cohoes ddim, mi fyddwn i'n ei chael hi'n anodd.

Mae fy mhrofiad o'r ddau le mor wahanol. Mi ddois i ar draws Cohoes ar ddamwain, heb ddisgwyl canfod y ffasiwn beth. Do'n i erioed wedi clywed amdano, na'i glywed yn cael ei ddisgrifio fel 'rhyfeddod' neu *'must-see'*, ac felly doedd fy nghanfyddiadau i ddim wedi eu siapio gan unrhyw ddisgwyliadau.

Ar y llaw arall ro'n i'n gwybod pob math o bethau am Niagra. Roedd fy mhrofiad o'i weld wedi ei ragbaratoi a'i gynllunio'n ofalus gan gyfres o lwybrau i fy nhywys i'r mannau gwylio gorau; roedd platfformau penodol wedi eu hadeiladu er mwyn i mi, a'r degau o filoedd eraill, gael tynnu lluniau o'r onglau 'gorau'. Tybed sawl mil llun o'r union un olygfa, o'r union un ongl sydd wedi eu tynnu heddiw? Dwi'n sylweddoli mai rhyw ddau neu dri llun a dynnwyd gen i yn Cohoes, tra mod i wedi tynnu degau o luniau o Niagra Falls, er mod i wedi fy amgylchynu gan sawl mil atgynhyrchiad o'r olygfa, wedi argraffu ar fy nghyfer ar bob ffurf dan haul, o jig-so i gardyn post i glôb eira.

Mae'n fy atgoffa o eiriau John Berger, yn ei lyfr *Ways of Seeing*, am sut mae camerâu, a'r gallu i greu atgynhyrchiadau o weithiau celf, wedi newid ein perthynas gyda'r gwaith celf gwreiddiol, a sut y rhoddir gwerth ar y gwreiddiol. Nawr fod modd i ni weld fersiynau safon uchel iawn o weithiau celf (a golygfeydd) mae'n codi'r cwestiwn, oes gwerth ymweld â'r gwreiddiol? Fel y lluoedd sy'n mynd i weld y 'Mona Lisa', dwi wedi dod i weld Niagra Falls, i wneud dim byd mwy, mewn gwirionedd, na thynnu llun fy hun, copi o lun sydd ar gael yn llawer haws ar y we, dim ond i brofi i mi fod yma, '*I woz here*'. Ond pam fod angen gweld rhywbeth a welwyd sawl gwaith eisoes?

Dywed Berger, yng nghyd-destun gwaith celf, ein bod yn ceisio gwarchod gwerth y gwreiddiol trwy roi ystyr iddo. Nid dod i weld y gwreiddiol am ei fod yn ddarlun hardd ydan ni, ond am ei fod yn 'wreiddiol'. Y mwyaf yr atgynhyrchir y darn celf hwnnw, ar fat bwrdd, clustog neu boster, y mwyaf y cynyddir 'pwysigrwydd' a 'gwerth' y gwreiddiol.

Felly hefyd Niagra. Dydi o ddim yn fwy arbennig na Cohoes oherwydd ei rinweddau cynhenid fel rhaeadr, ond oherwydd y peiriant atgynhyrchu sy'n sicrhau ei fod yn hollbresennol, nes fod ymweld â Niagra yn ddefod i weld y gwreiddiol, tra fod Cohoes, sydd heb gael ei atgynhyrchu, yn ddiwerth o fewn y metric hwnnw. Er fod ffoto o'r ddau mor brydferth â'i gilydd, mae llun Niagra yn fwy pwysig oherwydd nad ydi tystio i ymweld â gwreiddioldeb Cohoes yn cyfri dim. Mae gwreiddioldeb Niagra *yn* cyfri.

Ond gwreiddioldeb neu beidio, dwi ar frys i adael y dref swnllyd, felly dwi'n dod o hyd i ATM i dynnu rhywfaint o bres Canada, ac yn cael map o'r dalaith mewn garej. Dwi'n dod o hyd i swyddfa dwristiaeth, ac mae dynes glên yn dangos y ffordd o Niagra Falls i Fonthill, lle dwi'n bwriadu aros y noson honno. Ac i ffwrdd â fi cyn gynted ag y medra i, yn rhannol i ddianc rhag y ffasiwn ddinas, ac yn rhannol am ei bod hi'n prysur hwyrhau a finnau efo dipyn o ffordd i fynd eto.

# 8
# Ontario, ON

## *Milltir 835*

DWI WEDI PENDERFYNU nad ydw i'n hoffi Canada. Ar ôl noson braf yn Fonthill, mae beicio oddi yno i Selkirk yn burdan undonog. Mae'r tywydd wedi troi'n oer, niwlen fain a gwynt i 'nhalcen wrth i mi feicio ar hyd ymyl llyn Erie. Mae fy ngolygfa gyntaf o'r llynnoedd mawr yn siomedig – yn llwyd, yn wlyb ac yn oer. Mae yna deimlad annaearol yma, fel bod ar yr arfordir, ond fod yna elfennau hanfodol ar goll. Mae i'r trefi nifer o drapings tref arfordirol arferol; harbwr bychan, bwïau streipiog a broc yn addurniadau morwrol ar ymylon tai neu mewn gerddi; ac mae hyd yn oed y tai yn teimlo fel tai haf. Ond mae rhywbeth hanfodol ar goll, aroglau a symudiad cyson y môr. Mae yna lonyddwch i'r lle, a falle mai dyna pam mod i'n teimlo'n anesmwyth drwy'r dydd.

Wrth edrych ar fapiau cyn cychwyn, sylwais fod y lôn yn dilyn yr arfordir yr holl ffordd ac ro'n i wedi edrych ymlaen at feicio ar hyd ymyl y dŵr. Ond dwi'n cael fy siomi. Mae'r llain o dir sydd rhwng y lôn a'r môr yn rhes ddiddiwedd o dai preifat efo gwrychoedd uchel ac arwyddion 'PRIVATE PROPERTY; TRESPASSERS WILL BE PROSECUTED.' Does dim golwg o'r dŵr am filltiroedd torcalonnus, a dwi'n grwgnach i mi fy hun am eiddo preifat ac amgáu tiroedd ac anghyfiawnderau cyfalafiaeth, nes dod o hyd i hances boced o draeth cyhoeddus, lle mae gŵr a gwraig yn eistedd ar bob o ddec-chair, mewn siwtiau nofio efo blancedi drostyn nhw, yn syllu ar y dŵr llwyd.

Dwi'n pendwmpian ar y traeth, ac yn cael rhyw damaid o ginio cyn cychwyn yn fy mlaen. O'r diwedd, mae'r rhesi diddiwedd o dai yn troi'n gaeau – ond mae'r rheini yr un mor filwriaethus eu harwyddion 'TRESPASSERS STAY OUT', a heb gysgod y coed a'r tai mae'r gwynt yn codi nes mod i'n cwffio'n llafurus am bob metr.

Erbyn iddi ddechrau nosi, dwi'n ôl ym mröydd y tai gwyliau, yr arfordir wedi ei barselu'n draethau bach preifat. Heb drefnu lle i aros, ro'n i wedi gobeithio codi fy mhabell ar gornel o draeth, ond mae pob modfedd fel petai wedi ei meddiannu gan gyfalafwyr barus, heblaw am y Provinical Park, fersiwn Canada o'r State Park cyhoeddus. Mae swyddfa'r parc wedi cau, ond mae rhywun arall wedi cyrraedd yn hwyr hefyd ac mae'n dweud y medrwn ni aros dros nos a thalu trannoeth, felly mewn â fi i'r parc i godi fy mhabell.

Mae'r parc yn un coediog, efo llwybr troed yn arwain at lan y dŵr. Mae niwl y dydd wedi codi rhywfaint, a dydi hi ddim yn teimlo mor llwm wrth i mi grwydro at y dŵr, i wylio'r machlud yn troi'r llyn yn binc, cyn dianc nôl i'r babell wrth i'r mosgitos ymddangos. Yn flinedig ac yn ddigon digalon, dwi'n syrthio i gysgu bron yn syth.

Am 11.50 pm, dwi'n clywed sŵn. Dwi'n deffro'n sydyn, yn adrenalin i gyd, y synhwyrau oll yn fyw. Mae yna sŵn crafu ac anadlu trwm yn dod o adlen y babell. Dwi'n estyn am fy nhortsh, ac yn ei fflachio i gyfeiriad y sŵn, gan obeithio bydd y golau'n dychryn beth bynnag sydd yno. Mae'r golau, neu fy sŵn i'n symud yn ddigon i styrbio'r anadlwr, a dwi'n clywed y creadur yn rhedeg i ffwrdd.

Mae cysgu mewn pabell yn wers yn arswyd yr anwybod. Yn grynedig, dwi'n agor blaen y babell i weld pa ddifrod mae'r creadur wedi ei wneud. Mae un o'r panniers ar agor ac olion dannedd bach wedi cnoi'r caead. Mae maint ôl y dannedd yn awgrymu rhywbeth maint ci bach – llwynog falle, neu dwrch daear. Mae o wedi methu cael y bwyd o'r pannier, ond dwi'n sylwi bod y bag tampons wedi diflannu. Gobeithio tagith y diawl bach arnyn nhw! Dwi'n mynd ati yn y tywyllwch i hongian y bag bwyd oddi ar rywbeth uchel. Mae cangen coeden braidd yn uchelgeisiol am hanner nos, felly dwi'n setlo am gau'r bag yn dynn a'i hongian oddi ar handlebars y beic. Fy rhesymeg hanner-effro ydi bod troedfedd oddi ar y llawr yn well nag *ar* y llawr.

Dwi'n trio cysgu eto, ond dwi'n egni nerfus drwydda i i gyd, fy nghlustiau wedi moeli i wrando'n astud ar bob smic. Mae'r awel yn swnio fel pawennau tu allan i'r babell a dwi'n dechrau clywed anadlu. Alla i ddim yn fy myw â dweud ai fi sy'n ei ddychmygu neu beidio. Dwi'n troi a throsi'n flinedig ac yn ffwndrus am awr cyn suddo i ryw hanner cwsg pytiog.

Tro nesaf dwi'n deffro, mae hi'n 1.47 yb. Mae'r sŵn yn ôl. Natur hynny o olau sydd am 1.47 y bore yw ei fod fel petai'n ymdreiddio o bob gwrthrych. Mae popeth – defnydd y babell, siâp y sach gysgu, fy nghroen, y cwbl fel petai wedi amsugno golau ac yn ei belydru allan. A phan dwi'n agor drws y babell, y coed sy'n dywyll nid yr awyr. Mae honno'n serog, ambell gwmwl a'u hymylon euraidd i'w gweld yn glir. Dwi'n sylwi ar y pryfed golau, fflachiadau glas olau, fel canhwyllau corff yn hedfan o gwmpas y coed, mor fach a byrhoedlog fel nad ydi'r llygaid yn siŵr ohonyn nhw.

Dim ond wedyn ydw i'n gweld y fflach, sydd ddim yn ffynhonnell olau ynddi ei hun, ond yn adlewyrchiad – arwyneb oeraidd yn fflachio golau ata i, llygaid duon uwchben rhes o ddannedd milain.

Brochlwynog.

Mae'n dechrau 'sgyrnygu wrth fy ngweld i'n sbio. Mae wedi dringo i ben y beic, ac wrthi'n trio agor y bag. Mae o'n anferth, maint ci defaid, efo cynffon hir yn cadw ei gydbwysedd wrth iddo eistedd ar yr handlebars, ei grafanc ar y bag. Mae'n edrych yn syth ata i, a dwi'n teimlo fel dweud, 'Aha, dyma fi wedi dy ddal di,' ond mae o'n sbio arna i gystal â dweud, 'Ia, a?' Does yna ddim arwydd o ofn na chywilydd arno, ac mae'n troi'n ôl i drio agor y bag. Mae'r hyfrdra yn fy llorio.

Dwi erioed wedi dod ar draws brochlwynog yn y cnawd cyn heddiw. Dwi wedi gweld digonedd o rai marw ar ochr y lôn, a phethau digon dychrynllyd ydi'r rheini, *rigor mortis* wedi dal eu gwep mewn sgyrnygiad ffyrnig, ac aroglau'r pydredd yn eich dilyn i lawr y lôn. Ond maen nhw'n edrych yn llawer llai o faint ar ymyl y lôn – mae'r sbesimen hwn yn llawer mwy nag o'n i'n ei ddisgwyl.

Dwi rhwng dau feddwl. Ar y naill law, dwi angen achub fy mhannier a fy mwyd at fory; ar y llaw arall, does gen i ddim syniad pa mor ffyrnig yw brochlwynog llwglyd, na pha fath o fygythiad corfforol ydi brochlwynog i mi. Dwi'n cadw fy mhellter, yn trio amcangyfrif pa mor bell fyddai brochlwynog yn medru neidio. Dwi'n fflachio fy nhortsh ato, a chlapio fy nwylo rhag ofn i'r golau a'r sŵn ei styrbio. Dydi o ddim. Dwi'n chwilio am rywbeth i daflu tuag ato fo. Mae yna foch coed ar y llawr a dwi'n codi un a'i daflu. Mae'n codi ei ben ac yn hisian arna i'n flin, cyn cario mlaen i drio agor y bag. Mae hi'n standoff, a dwi'n meddwl mai'r brochlwynog sydd wedi ennill. Dwi'n ddiymadferth wrth amddiffyn fy mhanniers, heblaw am syllu fel llo. O'r diwedd, bwcwl y bag sy'n cael y gorau arno fo. Mae'n blino trio ei agor, yn llamu'n osgeiddig oddi ar y beic ac yn sgwario nôl am y coed yn jiarff i gyd. 'Doedd dy gnau menyn a Ryvita di ddim mor neis â hynna eniwe.' Dwi'n nôl y pannier ac yn ei gario i'r bloc toiledau, yn ei stwffio ar un o drawstiau'r to a mynd nôl i gysgu.

Drannoeth, dwi'n codi ben bore. Wrth ddod allan o'r babell dwi'n sylwi ar rywbeth nad o'n i wedi sylwi arno yn y tywyllwch. Yn arwain o ddrws y babell i'r coed, *a la* Hansel a Gretel, mae llwybr o dampons. Dwi'n dilyn y llwybr nes cyrraedd y bag, wedi ei adael dan wrych. Ar y llawr mae tampon wedi hanner ei fwyta. Dwi'n hel y cwbl yn ôl yn frysiog ac yn mynd ati i adael Canada cyn gynted ag sy'n gorfforol bosib.

\*

Dwi mewn hwyliau drwg ar ôl digwyddiadau'r noson flaenorol. Mae Ontario'n ddrud a does dim wi-fi yn unlle. Yr unig beth dwi eisiau ydi siarad efo Mam a Dad. Mae'r llyn yn bresenoldeb marwaidd, gormesol, ac mae'r gwastadeddau diddiwedd yn blino'r enaid. Dwi'n aros am noson arall mewn parc campio drud, ac wrth iddi dywyllu mae brochlwynog arall yn trio stwffio ei ben i mewn i'r babell.

Y broblem, mae'n debyg, ydi fod y brochlwynogod wedi dysgu bod pobl yn gadael bwyd mewn pebyll ac maen nhw wedi arfer dod i chwilota, ond ar ôl yr ymweliad ddechrau'r noson dwi'n cael llonydd, ac yn cysgu fel arth. Fore trannoeth, dwi'n deffro mewn hwyliau llawer gwell. Mae hi'n ddiwrnod heulog, ac mae'n teimlo fel mod i wedi gadael ardal y tai haf a dod i ran o Ontario lle mae pobl yn byw yno drwy'r flwyddyn. Dwi'n mynd trwy drefi bychan fel Port Rowan a Port Burwell, cymunedau gwledig ar lan y llyn. Mae yna boblogaeth Mennonite weddol o faint yn yr ardal hefyd, a dwi'n mynd heibio sawl fferm lle mae'r teulu i gyd allan yn y caeau yn gofalu am eu cnydau heb beiriannau, mewn dillad llaes a hetiau gwellt.

Mae tua tri o'r gloch pan dwi'n cyrraedd tref fach Port Stanley. Mae'n teimlo fel tref glan môr o'r iawn ryw, yn gaffis ac yn siopau hufen iâ prysur, archfarchnadoedd, llyfrgell a digon o fynd a dod. Dwi'n sbio o gwmpas y dref ac wrth i mi groesi'r bont mae beiciwr lôn mewn leicra yn dod i stop, ac yn dechrau fy holi i am y trip. Dwi'n ei holi yntau ydi o'n gwybod am le addas i aros. Mae'n rhoi cyfeiriad parc gwarchodaeth tu allan i dref St Thomas i mi, a'i rif ffôn – mae croeso i mi aros efo fo a'i deulu hefyd os ydw i awydd. Mae'n dweud wrtha i i feddwl am y peth, ac yn cynnig cyfarwyddiadau i ddod o hyd i flwch ffôn cyhoeddus rhwng fama a St Thomas, i roi galwad iddo os hoffwn i dderbyn y cynnig.

Ar ôl dwy noson efo'r brochlwynogod, dwi'n derbyn y cynnig yn eithaf sydyn. Dwi'n ffonio o'r ffôn yn neuadd y dref, ac mae o'n beicio draw i fy nhywys i'n ôl i'r tŷ. Doctor Mac a'i wraig Karen ydi enwau fy ngwesteiwyr, cwpwl yn eu pumdegau sy'n byw mewn tŷ mawr ar gyrion St Thomas.

Rydan ni'n cael plataid mawr o *chicken wings* i swper, cyn gyrru'n ôl i Port Stanley am hufen iâ wrth y dŵr. Ar y ffordd yn ôl i'r tŷ, rydan ni'n mynd heibio i Jumbo, cerflun mawr o eliffant, i goffáu yr eliffant go iawn gafodd ei daro gan drên yn y dref. Mae Mac a finnau'n sgwrsio am y daith, a dwi'n cael rhywfaint o hanes Mac ei hun. Mi fuodd o ar daith feics yn ei ugeiniau, o Ontario i Florida, ond ar ôl ychydig wythnosau mi wnaeth dau ddyn ymosod arno'n rhywiol, ac roedd wedi treulio'r ugain mlynedd ganlynol yn dod i delerau efo'r ymosodiad. Ychydig flynyddoedd yn ôl, a fyntau yn nesáu at ei bumdegau, roedd wedi ail-wneud y daith, a'r tro hwn, wedi ei chwblhau.

Dydi o ddim yn dweud dim byd yn uniongyrchol, ond mae'r ddau ohonan ni'n gwybod yn iawn beth sydd rhwng y llinellau. Dwi wedi cael rhybuddion di-ben-draw yn erbyn teithio fel dynes ar fy mhen fy hun, ac er fod sawl math o fygythiad gwirioneddol ar daith fel hon – traffig, anifeiliaid gwyllt, stormydd a thywydd garw, problemau iechyd – mae'r rhain yn beryglon sydd ar y cyfan ddim yn gwahaniaethu ar sail rhyw (os unrhyw beth, mae gyrwyr yn llai tebygol o daro beicwyr benywaidd na rhai gwrywaidd, o ryw siofiniaeth ryfedd). Ond yn bresennol, wrth gwrs, mae'r perygl *'stranger danger'*, y perygl o drais yn erbyn merched, a'r pryder bod dynes ar ei phen ei hun mewn lle dieithr mewn perygl enbyd.

Ond tra fod trais yn erbyn merched yn bodoli; trais gan bobl sy'n agos atom ydi'r perygl mwyaf. Ac eto, pan ydw i neu fy ffrindiau yn cychwyn perthynas newydd efo dyn, does neb yn mynegi pryder, nac yn rhybuddio – 'ydi hyn wir werth y perygl?', tra fod mynd ar y daith hon wedi bod yn wahoddiad agored ar gyfer llith ddiddiwedd o rybuddion a thwt-twtian, fel petawn i ddim yn medru gwneud penderfyniadau fy hun am y math o risg dwi'n fodlon ei gymryd. Dwi'n gorfod cyfiawnhau fy hun yn ddiddiwedd, ac mae'n flinedig.

Dwi'n deall y pryderon. Ond mae'r ofn mae pobl yn ei fynegi ar ran merched sy'n teithio ar eu pen eu hunain yn anghymesur â'r gwir berygl, yn enwedig o gymharu â pheryglon llawer, llawer mwy cyffredin. Mae'n anodd peidio â theimlo fod y gor-bryder hwn dros ferch ar ei phen ei hun yn estyniad ar yr un gofal tadofalaethol hwnnw sydd wedi cael ei ddefnyddio'n hanesyddol i gyfyngu ar ryddid a hunanlywodraeth merched dros y blynyddoedd.

Dydi Mac ddim yn holi a ydi hyn 'werth y risg'. Rydan ni'n trafod pethau ymarferol am gadw'n ddiogel, rhai tactegau (mae rhoi baner Americanaidd ar gefn dy feic yn dy wneud di'n llai tebygol o fod mewn gwrthdrawiad, mae'n debyg – eto, siofinistiaeth). Mi ydan ni'n sgwrsio am weddill y daith, ac mae o'n sôn fod ganddyn nhw ffrindiau yn Sombra, y dref nesaf ar y daith. *'I'll give them a call,'* meddai Karen, *'they love having people to stay,'* a dyna sortio llety nos fory. Sombra fydd y stop olaf yng Nghanada, cyn dychwelyd i'r Unol Daleithiau.

*

Ymlaen â fi fore wedyn, efo Mac yn beicio efo fi am ychydig filltiroedd. Rydan ni'n sgwrsio am ymchwil Mac yn y coleg ar hanes beicio yn UDA. Mae'n debyg mai beicwyr oedd y rhai cyntaf i ymgyrchu i gael lonydd tarmac dros America, ac i'w cymdeithas dros safon lonydd gael ei throi ymhen blynyddoedd yn gymdeithas foduro enwog, ac ymhlith ei haelodau erbyn hyn mae rhai o'r gyrwyr sy'n achosi'r perygl mwyaf i fywydau seiclwyr.

Dwi'n ffarwelio â Mac wrth London, ac i ffwrdd â fi trwy bentrefi gwledig unwaith eto. Rhwng Newbury a Sombra dwi'n dilyn rhywbeth o'r enw'r Bentpath Line, 40 milltir o lôn berffaith syth, dim byd ond milltiroedd ar filltiroedd o gaeau ŷd ac ambell fferm bob hyn a hyn, yr adar duon wedi diflasu gymaint â fi ar y tirlun undonog, yn eistedd fesul un ar bob postyn ffens yn mynd 'pop-pop-pop' wrth i mi fynd heibio.

\*

Yn y diwedd, dwi'n aros am ddwy noson yn Sombra. Dw i wedi bod yn beicio am 14 diwrnod erbyn hyn, er ei bod hi rywsut yn teimlo'n llawer hirach. Dwi heb gael seibiant ers Boston, ac wedi beicio 835 o filltiroedd heb ddiwrnod i orffwys. Pan dwi'n deffro ar y bore cyntaf yn Sombra, yr awyr dywyll yn darogan gwae, mae fy ngwesteiwyr Tracey a Steve yn fy ngwahodd i aros am noson ychwanegol. *'The weather is gonna be awful, and it's Canada day – we can't let you go back into the States on Canada day!'* Mae fy nwylo a fy mhengliniau wedi dechrau brifo o ddifri, ac mae fy nghorff i gyd yn erfyn am seibiant, felly dwi'n derbyn y cynnig, gan deimlo fod yr arfer newydd 'ma o dderbyn haelioni dieithriaid yn mynd yn erbyn pob greddf o fy magwraeth led-Fethodistaidd mewn pentref chwarelyddol, lle dim ots be sy'n cael ei gynnig, chi'n dweud 'na, dim diolch, na wir i chi, dim diolch, na dwi'n iawn, dim diolch.'

Dwi'n treulio'r bore yn y gwely, y tro cyntaf i mi fod mewn gwely'n hwyrach na 7.30 y bore ers wythnosau. Amser cinio, dw i a Tracey yn mynd am sbin fyny i Sarnia, dinas wrth geg yr afon St. Clair, lle mae Llyn Huron yn culhau yn edafen o afon. Mae'r Blue Water Bridge yn croesi o Sarnia i Port Huron, nôl yn yr Unol Daleithiau, ac yn y parc yn fanno rydan ni'n dal diwedd yr orymdaith Canada Day, pawb mewn gwyn a choch a'u hwynebau wedi paentio. Dw i a Tracey yn mynd i dreilar bwyd o dan y bont i ddathlu efo pryd traddodiadol o Poutine, sef *chips*, caws ceulad a grefi.

Yn ôl yn y tŷ mae'r dynion yn gwylio'r gêm bêl-fasged rhwng y Cleveland Indians[2] a'r Toronto May Birds. Ar y teledu, mae cyflwynydd yn cyfweld â theulu o Syria sydd wedi dod i fyw i Ganada, ond sy'n gorfod aros iddi dywyllu cyn mwynhau barbeciw Canadaidd traddodiadol, am ei bod hi'n fis Ramadan. Mae Bob (gŵr rhywun) yn grwgnach y dylai'r teulu ddangos parch i'r wlad sy'n rhoi lloches iddyn nhw, a fod gwrthod bwyta barbeciw fel pawb arall yn anniolchgar. Dwi'n tynnu sylw at y ffaith nad ydi Bob yn cael barbeciw heddiw chwaith. Mae Tracey'n hwylio fewn ac yn gyrru Bob i nôl mwy o gwrw o'r garej, ac yn newid y sianel.

I swper, mae Steve wedi paratoi cebábs cyw iâr ac eidion, samwn wedi grilio, a madarch wedi stwffio. Rydan ni'n llenwi'n boliau ac yn eistedd yng nghefn y tŷ i wylio'r haul yn machlud dros yr afon.

---

[2] Newidwyd enw'r tîm i'r 'Cleveland Guardians' yn 2022.

# 9

# Lexington, MI

## *Milltir 885*

'WHAT'S DRIVING YOU to do this? Who hurt you?'
Dwi'n gwenu'n anghyfforddus mewn ymateb i gwestiwn melodramataidd y mecanig o Detroit, wrth iddo fo sbio'n daer a phryderus arna i o ochr arall y tanllwyth o dân. Mae o a'i wraig wedi fy ngwahodd i ddod i eistedd efo nhw o flaen eu pabell ar lan Llyn Huron er mwyn holi am y daith, o le ydw i wedi dod, i ble ydw i'n mynd, ac i holi fy nghas gwestiwn i, sef pam. Dwi'n teithio ers 17 diwrnod, ac wedi beicio 885 o filltiroedd; mae fy nghefn wedi llosgi'n bothelli

coch; does gen i ddim syniad lle fydda i'n cysgu nos fory... ac mae hwn yn meddwl mod i'n gwneud hyn achos fod 'na fachgen wedi dympio fi?

'*No one "hurt" me,*' medda fi '*I guess I just wanted an adventure, to test myself.*' Mae'r ddau yn gwenu'n ôl yn garedig, ac yn nodio eu pennau. Dydan nhw ddim fel petaen nhw wedi eu hargyhoeddi – ac os ydyn nhw, yna tydi'r ateb yn sicr ddim yn eu bodloni. Be mae hogan 23ain oed o Gymru yn ei wneud yn croesi cyfandir ar ei phen ei hun bach ar feic mawr trwm? Dydi 'ran 'myrath' ddim yn ateb sy'n bodloni pobl ar y cyfan. Maen nhw eisiau stori efo mwy o gig arni – torcalon a thrasiedi, rheswm fyddai'n gyrru hogan ifanc i'r ffasiwn eithafion i 'ffendio ei hun' neu ryw ystrydeb arall. Mae fy stori i'n siomedig o fyr a diddrama.

Pan oedd o'r un oed â fi, mi wnaeth Dad gerdded o Georgia i Maine, taith o dros 3 mis. Hyd y gwn i, does yna neb erioed wedi gofyn iddo '*who hurt you?*' nac wedi gofyn 'pam?' Achos i ddyn ifanc, mae'r ateb yn amlwg, does yna ddim angen gofyn y cwestiwn. Wrth gwrs fod dynion ifanc, os oes ganddyn nhw'r amser a'r adnoddau, eisiau mynd ar antur. Dydi merched, yn gyffredinol, ddim yn cael yr un gras.

Dwi'n meddwl am y llyfrau fues i'n eu darllen cyn cychwyn – *On the Road*, Jack Kerouac (1957), *Into the the Wild*, Jon Krakauer (1996), *This Vast Land*, Stephen E. Ambrose (2003), *Free-wheelin': A Solo Journey Across America*, Richard Lovett (1992), *River Horse*, William Least Heat-Moon (1999) – ac *A Lady's Life in the Rocky Mountains*, Isabella Bird (1879), yr unig ferch ar y rhestr. Wrth gwrs, mae yna lyfrau teithio gan ferched – mae Dervla Murphy (1931–2022) wedi sgwennu am feicio o Iwerddon i India, ac am deithio fel mam efo plentyn ifanc. Ond yn gyffredinol, pan mae merched yn ysgrifennu am anturiaethau, maen nhw'n gorfod cyfiawnhau'r dyhead i deithio, mewn ffordd nad ydi sgwennwyr gwrywaidd, yn hanesyddol, yn gorfod ei wneud. Nid i ddweud nad ydi dynion yn sgwennu am eu teimladau wrth deithio, na chwaith fod yna unrhyw beth yn bod mewn ysgrifennu am weddnewidiad personol neu drawma wrth sgwennu am deithio, anturio, neu chwaraeon. A dweud y gwir, dwi'n siŵr byddai llyfrau fel *On the Road* dipyn gwell o weld rhywfaint o aeddfedu neu ddatblygiad personol ym mhersona'r prif gymeriad. Mae'r ffaith fod llyfrau gan ferched yn tueddu i fod ym mhatrwm *Eat, Pray, Love* gan Elizabeth Gilbert, neu *Wild* gan Cheryl Strayed yn atgyfnerthu'r syniad bod rhaid i hogan neu ddynes fod wedi dioddef rhyw fath o drawma, neu argyfwng mewnol, i fod eisiau gadael diogelwch y cartref a mynd ar daith. Mae o'n rhwym dwbl, achos tra bod disgwyl i ferched fod wedi eu 'difrodi' mewn rhyw ffordd er mwyn cael eu cymryd o ddifri wrth ysgrifennu am deithio neu anturio, o wneud gormod o ysgrifennu am y tirlun 'mewnol', maen nhw'n cael eu beirniadu am fod yn fogel-syllog. Dydi'r drofeg ddim yn fodlon aros rhwng cloriau'r llyfr, mae'n llithro allan i'r byd go iawn ac yn effeithio ar sut mae teithwyr benywaidd yn cael eu gweld a'u trin.

'*800 miles,*' medd y mecanig yn fyfyriol. '*And you got what, like three thousand more to go? Man.*' Dwi'n sylwi wrth ddynesu at y 1,000 milltir gyntaf bod agweddau pobl tuag ata i yn dechrau newid. Ai am fod pobl yr arfordir yn methu meddwl mewn pellteroedd mawrion fel pobl gwastadeddau'r berfeddwlad, yntau oherwydd fod y gymhareb o filltiroedd wedi eu beicio *vs* y milltiroedd i ddod yn fwy cytbwys, ond erbyn hyn dwi'n cael llai o bobl yn rhoi'r edrychiad 'ha, gawn ni weld am hynny' pan dwi'n dweud mod i'n mynd i feicio i Oregon. Yn hytrach, mae o'n edrychiad tebycach i 'blydi hel, ti ddim yn gall,' ond wyt, ti'n mynd i'w gwneud hi. Mae gan bobl y berfeddwlad fwy o ffydd.

Mae'r sgwrs yn troi at y mecanig a'i wraig. Mae Dana a Jerry yn dod o Warren, wrth gyrion Detroit. Maen nhw'n mwynhau teithio, ond ddim tu allan i Michigan. Beth sydd gan weddill y byd sydd ddim gan Michigan? Mae'r ddau wedi bod yn briod cyn hyn, ac wedi cyfarfod ei gilydd yn eu pumdegau. Mae bywyd yn annheg, felly pan ti'n cwrdd â rhywun fel Dana, medd Jerry, ti'n gafael amdani'n dynn ac yn gwneud y gorau, hyd yn oed os wyt ti'n hanner cant ac yn ddi-waith. Mae Dana'n gwenu'n swil.

*'You only got one life,'* medd Dana. *'I know I don't know you well, and I hope you don't mind me sayin' this, but I'm mighty proud of you. I think what your doin' is pretty special.'*

Dwi'n gwrido, ac mae'r sgwrs yn symud yn ei blaen. Dwi'n teimlo'n chwithig, mod i'n camarwain pobl fel Jerry a Dana. Dydi be dwi'n wneud ddim yn teimlo'n arbennig. Dydi o ddim yn cymryd sgil, na chynllunio, na llawer o waith, mae ond yn fater o eistedd ar y beic a phedlo yn ara' bach am gymaint o oriau â phosib bob dydd. Gorchest o amynedd yn fwy na dim byd arall. Os ydi o'n dangos unrhyw beth, mae'n dangos mod i'n ddiog ac yn fodlon mynd i eithafion wrth brocrastinatio, ac osgoi cael swydd go iawn.

Yn y diwedd mae'r sgwrs yn tawelu, a dwi'n troi'n ôl am y babell am 'chydig o gwsg. Mae Cymru newydd fynd trwodd i rownd gyn-derfynol yr Ewros, ac mewn pwl o hiraeth ac angerdd byrhoedlog dros y tîm cenedlaethol dwi wedi gosod fflag fach ar flaen y babell, rhag ofn fod unrhyw un yn Michigan yn digwydd dilyn twrnament 'soccer' Ewropeaidd. Mae'r cwbl yn teimlo'n bell i ffwrdd – does

# Lexington, MI

gen i ddim cysylltiad i'r we i fod yn dilyn y canlyniadau, hyd yn oed petai gen i ddiddordeb, ac a bod yn gwbl onest does gen i ddim.

Ro'n i wedi teithio o Ganada i Michigan y diwrnod hwnnw, gan groesi afon St. Clair ar fwrdd fferi fechan. Roedd dau blismon yn gwarchod ochr America'r ffin, yn sbio'n ddidaro drwy ein pasports cyn gadael ni drwodd. Am ei bod hi'n dod at y *4th of July,* mae pawb ar eu gwyliau, a phobl Michigan yn heidio yn eu pebyll at y glannau, felly mi fachais i le yn y maes pebyll cyntaf ddois i ar ei draws oedd yn dal efo llefydd gwag. Maes digon dymunol mewn tref o'r enw Lexington, ar lan Llyn Huron. Mi osodais fy mhabell a threulio'r pnawn yn torheulo ar lan y llyn. Mi roedd hi'n ddiwrnod poeth a'r dŵr yn glir fel grisial ac yn llonydd fel peth marw. Yn y pellter roedd llongau mawrion yn llithro'n araf a thawel ar eu ffordd i borthladdoedd fel Sarnia. Roedd ehangder y llyn yn syfrdanol, ac eto roedd y llonyddwch oedd yn ymestyn am filltiroedd a milltiroedd yn crebachu'r gofod ac yn rhoi teimlad rhyfedd o glawstroffobia.

Wrth noswylio, mae Dana a Jerry yn rhoi potel o ddŵr a bocs o resins i mi, ac yn dymuno'n dda. Os oes yna unrhyw un yn sbesial, cariadon canol oed, yn gwersylla ar ochr llyn ydi'r rheini, siŵr gen i.

## 10

# Port Austin, MI

## *Milltir 995*

DYDI DANA a Jerry ddim wedi deffro pan dwi'n cychwyn fore wedyn. Mae hi'r 3ydd o Orffennaf, y diwrnod cyn y 4ydd o Orffennaf, un o wyliau mwyaf yr Unol Daleithiau. A hoff ffordd pobl Michigan o dreulio'r gwyliau hwnnw ydi dod i aros mewn maes carafannau neu babell ar lan y llyn. Mae pobl de Michigan yn dod i ogledd Michigan, a phobl gogledd Michigan yn mynd i dde Michigan, ac mae pob patsyn o laswellt yn cael ei lenwi efo *coolers* cwrw, pebyll sy'n drewi ers cael eu stwffio'n damp nôl mewn i'r bag llynedd, barbiciws, beics, rhwydi tenis symudol, cadeiriau plyg a phob darn arall o offer sydd ei angen er mwyn treulio penwythnos yn yr haul.

Dwi rywle yng nghanol Michigan, yn beicio ar hyd ymyl penrhyn ar ochr ddwyreiniol y dalaith sy'n codi fel bawd i'r llyn. Mae'r dŵr yn wyn yng ngolau'r bore ac yn toddi i'r gorwel gwelw, dim ond amlinell ambell gwch i ddangos lle dylai'r ffin rhwng dŵr ac awyr fod. Mae'n taflu rhyw lesmair dros rywun – mae gan yr holl drefi ar hyd yr arfodir yma enwau hawdd i'w hanghofio ac mae popeth fel petai'n hanner toddi i'r peth nesaf yn y gwres.

Mae'r trefi'n llefydd amwys, hanner amaethyddol, hanner morwrol, ond heb y peth garw 'na sydd mewn trefi arfordirol go iawn, trefi sy'n cael eu bwyta'n fyw gan ddŵr hallt, ac sy'n cael eu dyrnu bob gaeaf gan stormydd a llanwau uchel. Mae'n debyg fod y Llynnoedd Mawr yn gyrff o ddŵr digon eang fel bod y lleuad yn tynnu rhywfaint ar y dŵr, ac yn creu penllanw o ryw 5 centimetr ar ei anterth, ond dim byd y byddai rhywun yn sylwi arno. Mae yna rywbeth ofnadwy o lonydd am y llefydd yma. Mae'r trefi'n gwagio at ganol dydd, y siopau'n tawelu, ac mae'r môr mawr llonydd maen nhw'n clwydo ger ei lan yn adlewyrchu'r llonyddwch hwnnw'n ôl. Mae o'n deimlad od iawn.

Tref felly ydi Port Hope, ond fod yna gynnwrf ar y stryd heddiw. Mae'r arwyddion ar ochr y ffordd yn dweud mai dyma ddydd gormydaith fawr Port Hope, a dwi yno mewn pryd i ddal y cwbl. Dwi'n parcio'r beic mewn man diogel ac yn gorwedd ar draeth wrth y dŵr i gael nap i ddisgwyl i'r ormydaith basio. Dwi'n pendwmpian yn yr haul, nes cael fy neffro gan sŵn cerddoriaeth uchel, a dwi'n dilyn y sŵn at y stryd fawr, lle mae'r orymdaith wedi cychwyn.

Nid lle llonydd mo Port Hope heddiw. Heddiw, mae'r dref yn berwi o gynnwrf, ac mae o'n fy atgoffa i o noson tân gwyllt nôl yng Nghapel Bryn, ac o'r Liberty Hall Fair nôl yn South Dennis. Byrddau tresl ym mhobman, yn gwerthu lemonêd a chacennau a bisgedi, a phlant yn rhedeg yn wyllt. Tua 300 o bobl sy'n byw yn Port Hope yn ôl y cyfrifiad swyddogol, ond heddiw mae fel petai poblogaeth y dref wedi treblu.

Mae'r brif lôn wedi ei chau, a thyrfeydd bob ochr wedi gosod cadeiriau campio rhwng y *coolers* cwrw i wylio'r orymdaith. Un o'r atyniadau mawr yw'r hen dractorau. Mae tractorau o bob oed a rhywogaeth, ac ambell beiriant ffarm arall, yn gwneud 5 milltir yr awr trwy stryd brysur yn gorymchwyrnu i lawr y ffordd. Mae rhai'n gollwng stêm o simneau amheus yr olwg, ac mae gan ffefrynnau'r dorf gyrn uchel, swnllyd. Nesaf, daw y *floats*, y bobl hynny sy'n dewis eistedd ar dreilars tu ôl i bic-yps, wedi'u hanner addurno efo amrywiol faneri, rhubanau a llieini gwely wedi eu paentio. Mae'r rhan fwyaf o'r dynion yn ddi-grys. Mae un *float* yn cario tri dyn, sêr coch wedi eu paentio dros eu boliau, ac Yncl Sam *inflatalble* yn chwifio'n feddw. Tu ôl iddyn nhw, mae grŵp o chwech yn cael parti Hawaiaidd mewn marcî y maen nhw wedi llwyddo i'w gysylltu i gefn hen ffyrgi fach, wedi ei baentio â blodau pinc. Nesaf, fflôt Ei Mawrhydi, y Michigan Bean Queen, sy'n stopio yn Port Hope ar ei thaith o amgylch y dalaith, yng nghwmni ei morynion. Mae unrhyw ferch sengl rhwng 17–22 oed o Michigan yn gymwys i ymgymryd â rôl y Michigan Bean Queen, brenhiniaeth sy'n dyddio'n ôl i bedwardegau'r ganrif ddiwethaf. Swydd y Bean Queen yw cynrychioli diwydiant ffa sych talaith Michigan, ac mae hi'n derbyn ysgoloriaeth o $1,250, plac, sash a phortread swyddogol.

Wedi gweld digon, dwi'n llithro'n dawel o'r dorf, yn mynd i nôl y beic ac yn parhau yn fy mlaen.

\*

Ar ôl Port Hope, mae pethau'n dechrau troi'n fwy trefol eto. Mae pethau'n mynd yn fwy twristaidd, ac mae fy ngobeithion o ddod o hyd i rywle tawel i godi pabell ar lan y llyn yn cael eu chwalu gan y rhes ddiddiwedd o dai moethus sydd wedi eu hadeiladu ar lan y dŵr, efo'u harwyddion 'PRIVATE BEACH NO TRESPASSING' wedi'u plannu'n dalog o flaen eu lawntiau gwyrddion. Mae gen i gasineb penodol iawn at yr arwyddion hyn. Mae tyfu fyny ar ddarn o dir comin mewn ardal lle mae llwybrau cyhoeddus yn croesi pob cae, a hawliau eiddo preifat yn fwy o gyngor clên nag o ddeddf wedi fy ngwneud i'n rhywun sy'n cael trafferth gwerthfawrogi obsesiwn y bobl yma efo perchnogaeth breifat. Er hynny, does gen i ddim bwriad ei tsianso hi – yn ogystal ag arwyddion **PRIVATE PROPERTY** mae llawer o'r rhain yn berchen gynnau hefyd (mae gan tua 40% o oedolion Michigan o leiaf un gwn, yn ôl pob tebyg, i gymharu efo llai na 15% ym Massachusetts, a tua 66% o oedolion Montana). Ymlaen â fi, gan obeithio gweld y condos yn cilio, ond maen nhw'n ddi-ddiwedd.

Mae hi'n dechrau nosi erbyn i mi gyrraedd Port Austin, ac er chwilio o gwmpas y dref am rywle i wersylla, mae pob man yn llawn, ac mae hi'n mynd braidd yn Mair-a-Joseff-ac-Asyn arna i yn chwilio. Yn y diwedd dwi'n dod o hyd i damaid o draeth cyhoeddus, ac yn tin-droi wrth fwrdd picnic am awr neu ddwy, yn darllen llyfr ac yn gwylio pobl. Mae yno arwydd yn dweud dim gwersylla, ond dwi'n siŵr na fydd neb yma i tsiecio. Dwi'n hel fy nhraed yno, yn disgwyl i'r lle wagio, ond i'r gwrthwyneb, wrth iddi hwyrhau mae mwy a mwy o bobl yn cyrraedd, yn gosod eu barbiciws, golwg fel eu bod yn pasa aros am hir arnyn nhw, ac mae'r traeth yn un bychan iawn, iawn. Dwi'n ystyried fy opsiynau. Mi allwn i ddal i din-droi nes ei bod hi'n hwyr, gan obeithio bydd pawb yn gadael – ond gan risgio pe na bai pawb yn gadael y bydd hi'n rhy hwyr a thywyll i fynd i chwilio am le arall.

Yr ail opsiwn fyddai mynd i chwilio am le arall, ac os fyddwn yn methu canfod nunlle arall, dod nôl i fama a chymryd fy siawns. Dwi'n hapusach efo ods yr ail opsiwn, felly dwi'n ail-lwytho'r beic, gwagio'r tywod o fy sanau ac yn troi'n ôl am Port Austin. O sbio ar y map, mae yna ambell ddarn o dir gwyrdd i'w weld, felly dwi'n mynd i chwilio am y rheini i ddechrau.

Dwi'n dod o hyd i gae chwarae mawr agored, wrth ymyl y brif ffordd sydd ddim yn teimlo'n ddiogel chwaith. O siarad efo gwahanol bobl am gampio gwyllt, mae diffiniad pawb o 'ddiogel' yn amrywio, yn dibynnu i raddau helaeth ar ryw, dosbarth cymdeithasol a sut maen nhw wedi eu hiliaethu. Dwi'n chwilio am rywle fydd naill ai o'r golwg yn llwyr (ar ben mynydd falle), neu sy'n gyfan gwbl yn y golwg, lle mae pobl yn how gadw golwg (parciau cyhoeddus mewn trefi bach, locs ar yr Erie). Dwi wedi cael cyngor, petawn i byth yn styc i fynd i chwilio am eglwys, neu ofyn i bobl am gael gosod pabell yn eu gardd, dau beth dwi wedi bod yn gyndyn o wneud, am fod mynd ar ofyn pobl ddiarth, a'r syniad o gael eich gwrthod yn rhywbeth sy'n codi mwy o ofn arna i nag sy'n rhesymol. Ond dwi wedi beicio 70 milltir heddiw mewn haul tanbaid, ac mae hi'n tywyllu, ac mae ofn a blinder yn dechrau dweud arna i. Wrth i mi feicio mae fy llwnc yn dechrau llenwi efo rhwbeth caled, nerfys, ac mae pob ymdrech i resymu efo fi fy hun yn troi'n sgwrs gylchol ddiddiwedd yn fy mhen. Yr unig beth dwi'n gwybod i sicrwydd ydi mod i bron â marw eisiau cysgu, a dod i stop.

Hyd yma, dwi wedi bod yn lwcus nad ydi hi wedi mynd yn argyfwng arna i wrth ddod o hyd i le i gysgu. Dwi fel arfer efo syniad lle fydda i'n mynd ryw ddiwrnod o flaen llaw, ac er ei bod hi wedi mynd yn ben set ambell waith, dwi heb fod mewn sefyllfa o fethu ffendio lle. Ond heno, dwi'n wirioneddol banicio, y blinder yn porthi'r panig ac yn creu bwganod o bob dim. Yn yr holl lyfrau wnes i eu darllen cyn cychwyn y daith hon, mi roedd y dynion yn disgrifio cysgu mewn ffosydd, mewn gwrychoedd neu gorneli cae, ond does yna ddim gobaith y byddwn i'n llwyddo i gysgu petawn i'n trio gwneud yr un peth – mi fyddwn i ar bigau'r drain drwy'r nos, yn cachu brics. Alla i ddim dychmygu sut fyddai'n teimlo i fod y math o berson sy'n hapus i gysgu mewn ffos ar fin y ffordd mewn gwlad ddiarth. Dwi'n siŵr fod eu pwysau gwaed nhw'n is na'n un i.

Dwi'n troi i mewn i stryd swbwrbaidd, tai taclus a gerddi mawrion efo lawntiau helaeth. Dwi'n mynd yn araf bach i fyny'r stryd, yn aros i weld oes yna rywun yn yr ardd. Ond mae hi'n hwyr, ac mae'r rhan fwyaf o bobl wedi mynd i'w tai. Mae'r lwmp yn caledu eto, ond yn sydyn dwi'n gweld dynes mewn blows a sgert las yn dyfrio planhigion o flaen tŷ. Dwi'n anadlu'n ddwfn ac yn dweud,

'*Good evening.*'

Mewn un gegaid gyflym dwi'n esbonio fy sefyllfa, mod i'n mewn twll heb unlle i aros, mod i'n dod o wlad arall ac a fysa hi'n ystyried gadael i mi godi tent yn yr ardd. Mae fy llais yn ddagreuol erbyn i mi orffen, ac mae hi'n edrych yn nerfys. Mae 'nghalon i'n suddo. Mae hi am ddweud na.

'*Just let me think a minute,*' meddai hi. Mae hi'n parhau i ddyfrio'r blodau a dwi'n sefyll fel lemon wrth y palmant. Mae hi'n dod yn ôl.

'*You sure you've got no other options?*'

Dwi'n sôn am y traeth cyhoeddus.

'*Ok, ok, you can stay in our yard, but not here, this is my mom's house. I'm gonna drive back to mine, I'll go slow so you can follow the car.*'

Dwi'n ei dilyn nes iddi dynnu fewn tu allan i fyngalo ar gyrion y dref, wedi ei amgylchynu gan lawnt eang. Mae hi'n pwyntio at y clawdd.

*'You'll get more shelter by the hedge, dear. I'm going in the house, I'll leave you to set up.'* Mae hi'n edrych yn llai petrus erbyn hyn, y syniad o gael dieithryn mewn pabell yn yr ardd wedi cael cyfle i setlo, er, dwi ddim yn meddwl ei bod hi wedi gwirioni ar y syniad.

Dwi'n gosod y babell ac yn gorwedd lawr i fwyta tameidiau o fango sych a chnau menyn o'r pot, gan adael i'r corff ymlacio yn sgil y rhyddhad o ffeindio man diogel. Dwi'n clywed sŵn traed yn dod at y babell a'r ddynes yn galw:

*'Would you like an ice cream?'* Mae hi'n estyn brechdan hufen iâ Klondike mi. *'I'm Jean, by the way. You're welcome to use the shower and bathroom.'* Dwi'n gwenu'n ddiolchgar. Byddai cawod yn eisin ar y gacen.

Dwi'n ei dilyn hi i'r tŷ, lle mae hi'n fy nghyflwyno i'w gŵr, Bob, sy'n ymddangos yr un mor swil â Jean. Mae o mewn crys plàd, ac yn darllen papur wrth y bwrdd. Dwi'n cael cawod sydyn ac yn brwsio fy nannedd, cyn dychwelyd i fy mhabell yng ngwaelod yr ardd, lle dwi'n gorwedd yn gwrando ar sŵn y tân gwyllt tan berfeddion nos.

Fore trannoeth, dwi'n codi, pacio ac yn tynnu'r babell i lawr. Pan dwi bron â gorffen llwytho'r beic, mae Jean yn dod draw ac yn fy ngwadd i'r tŷ i gael paned. Dwi'n ei dilyn ac yn eistedd ar soffa flodeuog yn y stafell fyw, yn crynu ychydig efo effaith y caffîn mae 'nghorff i wedi dad-gyfarwyddo ag o, Jean yn dal wedi ei gwisgo mewn coban nos las, flodeuog. Dwi'n teimlo fel petawn i mewn cyfweliad swydd.

*'So, tell me about your trip.'*

Dwi'n esbonio o le dwi wedi dod, ac i le dwi'n bwriadu

mynd. Mae hi'n holi pam, a dwi'n gwenu'n gam ac yn mwmial rhywbeth am 'i weld os dwi'n medru?' ac mae'r olwg ar ei hwyneb yn dweud nad ydi hwnna'n ateb digon da.

'How old are you, if you don't mind me askin?'
'23.'

Mae hi'n gwenu.

'I've got a niece that's 23. She's with the peace corps at the moment, in Kenya. Have you ever thought about joining?'
'No, not really.'

'I think you sound like a person that would enjoy it – you should consider it, after you finish this trip.'

Fi sy'n gwenu tro 'ma. Mae'n siŵr y byswn i.

'Well, I suppose you ought to be heading out, before it gets too hot. Where are you headed today? Auburn? Oh my, yes, that's quite a way.'

Mae'r ddwy ohonan ni'n codi ac mae hi'n gafael mewn rhywbeth oddi ar y bwrdd wrth ymyl ei chadair.

'Here,' medda hi. 'I want you to have this.'

Mae'n gafael mewn pin bach aur, siâp angel.

'It's a guardian angel. I'm gonna pray for it to look out for you, honey.'

Mae hi'n ei roi yn fy llaw. Dwi'n gwrido, ac yn diolch iddi'n drwsgwl, ddim yn siŵr be i'w ddweud, dan deimlad mwyaf sydyn. 'And here, take this.' Mae hi'n tynnu $20 o'i phoced a'i roi yn fy llaw.

'Oh no I can't, thank you, but you don't need to.'

'No, I want you to take it, ok, honey? And pass it forward.'

Does yna ddim dadlau efo hi, felly dwi'n llithro'r papur ugain i boced, ac yn diolch eto.

Ac mae'r sgwrs drosodd. Mae'n fy hebrwng i allan o'r tŷ ac yn gwylio o'r portsh wrth i mi feicio i ffwrdd. Mae hi'n fore braf, a dwi'n stopio mewn becws cyn gadael y dref i brynu rôl sinamon efo rhan o'r $20, yn rhyfeddu at haelioni dieithriaid, ond hefyd yn teimlo'n well ar ôl gorfod gwneud y peth o'n i'n ei ofni fwyaf – sef gofyn i ddieithryn am help.

## 11

# Ludington, MI

*Milltir 1,170*

MI FYDDA I'N gadael glannau Llyn Huron heddiw, felly dwi'n mynd i nofio am un tro olaf cyn troi at berfeddwlad Michigan. Dwi'n dod o hyd i draeth cyhoeddus bychan, lle mae olion tân gwyllt neithiwr yn stremp dros y tywod. Dim ond fi sydd yma ben bore, ac mae'r dŵr yn berffaith lonydd ac yn diflannu i'r gorwel. Mae'n llesmeiriol, nes i'r criw cyntaf gyrraedd efo'u picnics a'u hanifeiliaid chwythadwy. Dwi'n sychu ac yn newid nôl i fy nillad beicio, cyn ei throi hi'n ôl am y lôn.

Dwi'n dechrau dod i'r pwynt lle mae bawd dwristaidd y dalaith yn ymuno â chledr y llaw, ac mae natur y trefi'n newid o drefi glan llyn twristaidd i drefi gwledig-ddiwydiannol, strydoedd efo adeiladau bric sgwâr a thoeau fflat ar eu hyd, gweithfeydd mawr wedi'u gwneud o sinc, a seilos grawn ar y cyrion, wrth y lein drên.

Nid naws y trefi yw'r unig beth sy'n newid wrth fynd i'r gorllewin, ond y dueddfryd wleidyddol hefyd. Yn Efrog Newydd, arwyddion Trump oedd ym mhobman, ac ar fawd Michigan, gwleidyddiaeth leol oedd yn drech, efo arwyddion am yr etholiadau lleol yn llawer amlycach nag arwyddion am y ras arlywyddol. Wrth symud tua'r gorllewin, a pherfedd y dalaith, arwyddion Democrataidd sydd ym mhobman.

Dwi'n cyrraedd Bay City at ddiwedd pnawn, ac mae fanno hefyd yn dawel fel y bedd, y drag, a'r McDonald's yn dawel, a neb i'w gweld yn y downtown. Tref borthladd ydi Bay City, efo'r afon Saginaw yn llifo drwyddi. Datblygodd yn dref lwyddiannus yn yr 1860au, wrth wasanaethu fel porthladd i'r diwydiant coed ac adeiladu llongau. Yn fan hyn hefyd y ganwyd Madonna. Ond yn bwysicach na hynny, dwi'n amcangyfrif mai o gwmpas Bay City dwi'n cwblhau fy mil milltir cyntaf ar y beic. Dwi'n beicio lawr i'r harbwr, yn dod o hyd i siop hufen iâ ac yn prynu banana split anferth i ddathlu'r garreg filltir. Mil o filltiroedd tu ôl i mi, tair mil arall o fy mlaen.

*

Dwi'n dod i dref Auburn erbyn iddi nosi ac yn cael llety efo cwpl ifanc o'r enw Hannah a Sam. Dwi'n cyrraedd y tŷ, a dim ond Sam sydd adref. Dwi'n cael croeso cynnes, ac mae o'n awgrymu mod i'n cael cawod ac yn dadflino, cyn mynd i gyfarfod â Hannah am swper yn y dre. Dwi'n falch i gael cawod boeth, ac o fewn dim, rydan ni ar y ffordd i'r dref.

'*So, how are you finding the states then?*' hola Sam.

'*It's great,*' medda fi. '*Can't get over the gun thing though.*'

'*Really? I got a hand gun in the glovebox here...*'

Dwi'n fferru yn fy sêt, ddim yn siŵr ydi o'n cellwair neu beidio.

'*Oh, really? Wow...*' Dwi'n trio swnio'n gwrtais yn hytrach nag ofnus, ac mae'r sgwrs yn edwino i ddim.

Rydan ni'n codi Hannah ar y ffordd, ac yn mynd i fwyty efo maes parcio anferth, gwahanol gemau chwaraeon yn cael eu dangos ar sgriniau ym mhob cornel. Dwi heb ddysgu eto mor beryglus ydi siarad am wleidyddiaeth yn America, ac mae'r sgwrs yn troi at yr etholiad. Dydi Hannah a Sam ddim yn bwriadu pleidleisio dros Hillary na Trump. Libertarians ydyn nhw, sy'n lled esbonio'r gwn yn y car. Mae Hannah yn troi allan i fod yn ystrydeb o Americanwr di-ddeall, sy'n wirioneddol gredu bod Mwslemiaid yn cymryd drosodd Ewrop, ac y byddai ethol Hillary yn arwain at yr un peth yn America.

'*There are whole cities in the UK that are just taken over with Muslims, I heard.*'

Mae hi'n swnio fel petai hi newydd gamu oddi ar Fox News ac i mewn i'r bwyty. Dwi'n gegrwth.

'*Well, I mean, that's not true,*' ond dydi Hannah ddim yn fy nghredu i, mae hi'n adrodd yr Efengyl yn ôl Fox ac yn nabod pob pennod ac adnod – waeth befo mod i'n byw yn y DU ac o bosib efo mwy o brofiad uniongyrchol o ddinasoedd Prydeinig. Dwi'n trio esbonio, ond mae o fel siarad efo wal frics. Dwi erioed wedi cyfarfod â phobl fel hyn o'r blaen.

Mae hi a Sam yn credu fod bod yn berchen gynnau,

nid yn unig yn hawl ond yn ddyletswydd sylfaenol er mwyn gwarchod eu rhyddid; ar yr un gwynt, maen nhw'n awgrymu y dylid atal pobl sy'n defnyddio stampiau bwyd rhag cenhedlu. Dwi'n suddo'n is i fy sedd ac yn meddwl sut gall pobl mor ymddangosiadol glên arddel daliadau mor wrthun. Trechaf a dreisia mewn dillad ffug-ddeallusol ydi Libertarianism Hannah a Sam. Rydan ni'n bwyta ein swper mewn tawelwch, yn sŵn y bel-fâs-pêl-droed-pêl-fasged dros ei gilydd.

\*

Drannoeth, wedi noson anesmwyth, dwi'n gadael Auburn, ac yn dilyn llwybr beics y Pere Marquete i Clare, tref fechan sy'n gwasanaethu cymuned Amish leol, sy'n gyrru lawr y brif stryd mewn ceffyl a thrap, a bygis. Dwi'n treulio noson yn y Mud Lake State Forest, cyn cychwyn y bore wedyn am Ludington.

Mae hi wedi troi'n fwll a thrymaidd ac mae'r gwynt yn chwythu o'r gorllewin wrth i mi feicio ar hyd Route 10 trwy goedwig drwchus, efo ysgwydd gul, lle mae trycs mawrion yn gwibio heibio. Mae'r lôn yn un rhes o anifeiliaid sydd wedi cael eu taro gan geir, yn geirw ac yn ddrewgwn, yn frochlwynogod ac yn dwrllaod, eu cymalau wedi plygu i onglau a'u hwynebau wedi rhewi mewn sgrechfeydd erchyll. Dwi'n beicio heb stopio, ar wib i gyrraedd swyddfa bost Ludington ac i adael Michigan.

O'r diwedd, fy ffroenau'n llawn aroglau anifeiliaid pydredig, dwi'n cyrraedd y dre, jest mewn pryd i ddal y swyddfa bost. Mae Mam wedi gyrru parsel, ac mae o wedi cyrraedd yn ddiogel. Dwi'n eistedd ar fainc i'w agor, ac mae o'n cynnwys paced o Wine Gums, Vimto Chewy Sweets, copi o *Llafar Gwlad*(!), a chrys beicio efo draig goch arno.

# Ludington, MI

Tref ar lan llyn Michigan ydi Ludington, tref o ryw 8,000 o bobl, a dyfodd yn llewyrchus yn sgil y diwydiant pren lleol. Mae'n gartref i'r S.S. Badger, llong sy'n croesi Llyn Michigan draw i dref Manitowoc yn Wisconsin bob dydd, a dyma sut dwi'n bwriadu croesi i Wisconsin, er mwyn osgoi gorfod beicio gannoedd o filltiroedd i'r de i fynd o amgylch glan y llyn. Mae teithio ar linell syth ar draws yn arbed dyddiau, ac yn osgoi gorfod mynd trwy gyrion dinesig Chicago.

Ludington ydi'r lle dwi'n ffarwelio â Michigan, ac ar ôl dod trwy dalaith sydd wedi teimlo'n ddiarth iawn mewn rhai ffyrdd, mae Ludington fel bod nôl ar yr East Coast. Mae yna siop lyfrau, a dwi'n cael swper mewn bwyty Eidalaidd ar y brif stryd. Mae hi'n fywiog ac wrth i'r haul fachlud, a'r tymheredd ostwng, mae pobl allan ar y stryd yn mwynhau'r min nos, yn mynd mewn ac allan o gaffis, bwytai a bars. Mae hi fymryn yn gynnar, a'r bwyty Eidalaidd yn dawel pan dwi'n dod mewn. Mae'r perchennog, dynes glên efo croes aur fawr am ei gwddw yn bwyta ei swper ac yn yfed gwydryn o win wrth y bar, gan gyfarwyddo ei staff ifanc fel arweinydd cerddorfa. Dwi'n eistedd wrth y bar i gael fy mhitsa, ac mae dyn oedrannus mewn cap feteran yn dod i eistedd wrth fy ymyl i yfed ei gwrw ac achwyn wrth y perchennog, sy'n ei anwybyddu'n glên.

Ar ôl swper, dwi'n mynd am dro lawr i'r traeth. Lle prysur, yn llawn pobl yn mwynhau'r machlud, a goleudy Ludington yn gwylio pawb yn rhadlon. Dwi'n teimlo'n rhyfedd o fodlon. Dwi wedi rhoi fy mhen lawr a beicio'n galed ers Massachusetts, ar bigau'r drain i fynd i'r lle nesaf, a'r nesaf, yn hytrach falle nag ymlacio'n iawn a gwerthfawrogi lle ydw i. Dwi'n ymwybodol i'r tensiwn yn fy nghorff, sydd wedi bod yno ers i mi gychwyn, ddod i benllanw yn y dyddiau diwethaf, efo'r Libertarians a'u gynnau, a phanic Port Auburn. Dwi'n penderfynu trio'n galetach i arafu – i stopio meddwl o hyd am be sy'n dod nesaf a mwynhau lle ydw i ar yr eiliad honno.

## 12
# Y Llyn Mawr, MI

*Milltir 1,270*

MAE'R NIWL YN drwch dros Lyn Michigan wrth i'r S.S. Badger lithro dros yr wyneb. Y dŵr tywyll yn diflannu i'r niwl, ac ambell long yn ymddangos ac yn diflannu fel drychiolaethau yn y pellter. Y llong drom yn llithro'n araf gan dorri cwysi o donnau melfedaidd bob ochr iddi. Symud heb symud, mynd i nunlle yn y niwl.

Mae'r S.S. Badger wedi bod yn hwylio llyn Michigan ers 1953, siwrne ddyddiol o 62 milltir rhwng Ludington a Manitowoc, gan gysylltu dau ben Highway 10. Gan gychwyn yn fore, dwi'n dal y croesiad cyntaf am 9 o'r gloch. Mae'r beic yn cael ei storio yng nghrombil y llong, a fyny â fi i'r dec i wylio wrth i ni fynd heibio i oleudy Ludington ac i mewn i'r niwl. Dwi'n dod o hyd i gornel ar fwrdd y llong i ddarllen am y 4 awr mae'n gymryd i'r llong deithio dros y llyn, a'r niwl yn tampio unrhyw synnwyr o amser yn pasio. Bron nad ydi hwnnw'n twchu fwy fyth wrth i ni nesáu at Wisconsin, a lliw y dŵr yn goleuo ydi'r unig arwydd fod y lan yn nesáu. Mae goleudy Manitowoc yn ymddangos o nunlle, a'r porthladd ei hun i'w ganlyn. Yr angor yn cael ei ollwng i'r dŵr gan styrbio'r mwd ar waelod y llyn, a chodi cwmwl o aroglau drwg a llaid brown.

Mae Manitowoc yn dref fach ddymunol, efo caffis a bwytai del, ond yn bwysicach na dim, siop feics, lle dwi'n cael gafael ar bâr call o fenyg i drio achub y nerfau sy'n rhedeg trwy gledr fy llaw chwith, ar ôl colli'r gallu i symud y bawd yn iawn ers 'chydig o ddyddiau.

Heblaw am y bawd, dwi'n cyd-dynnu'n dda efo'r beic hyd yma. Mae'n gyfforddus (mi oedd Tim yn llygad ei le fod sêt Terry yn un dda), ac mae'r *drop handlebars* a'r *headset* yn trin y ffordd yn effeithiol. Heblaw am ambell bynctiar ac un sgriw yn dod yn rhydd o un o'r racs, rydan ni'n bartneriaeth dda. Mae o'n feic y basa rhywun yn medru ei ddisgrifio fel un golygus. Mae golwg glasurol i'r ffrâm, twibiau crwn mewn siâp deimwnt efo olwynion 26" a *chainstay* hir i sicrhau digon o le i'r panniers. Ffrâm *chromoly*, digon cryf i gario pwysau – ceffyl dur go iawn, deurodydd o'r iawn ryw.

Mae Wisconsin yn fryniog ac yn wyrdd, yn ymdebygu i gefn gwlad Ceredigion, efo gwartheg Holstein a Fresian yn pori'n braf yn y caeau, ond awyr lwyd yn darogan gwae. Am ryw bedwar o'r gloch, mae'r cymylau'n troi'n law taranau, a hynny wrth i mi ddod heibio ogofâu Cherney Maribel, cyfres o saith ogof yn y graig ar hyd glannau y West Twin River. Ogofâu wedi eu ffurfio gan rewlifau ydyn nhw, ac maen nhw wedi eu hamgylchynu gan goedwig drwchus. Mae ffynhonnau'n tarddu o'r creigiau, ac mae rhedyn, mwsog a blodau gwyllt yn drwch dros bob man. Ond mae yna fymryn gormod o goed i rywun ddymuno bod yn eu cwmni mewn storm, felly dwi'n cuddio yn lle chwech y merched yn y maes parcio, lle glân, efo hen ddigon o le i mi a'r beic i fochel.

Dwi'n croesi Wisconsin yn y dyddiau cyntaf fel pry llwyd y mae rhywun wedi dwyn ei garreg, yn troi mewn cylchoedd a mynd ar goll bob gafael, rhwng mochel rhag stormydd a glaw taranau. O Manitowoc, dwi'n mynd i Denmark, tref sy'n arddel ei hunaniaeth Scandinafaidd yn falch efo cerflun mawr o Viking; cyn teithio i Pulaski, tref â gwreiddiau Pwylaidd ac eglwys anferth ar y prif sgwâr. O fanno, dwi'n cyrraedd dinas Shawano, ar ddiwedd prynhawn glawog, oer. Mae hi'n dal i dywallt wrth i mi gyrraedd, a dod o hyd i le i wersylla ar lan y llyn. Dwi'n prynu pot o Pringles ac yn gorwedd yng nghlydwch y babell, yn gwrando ar y glaw yn taro'r tarp, yn fendigedig o flinedig a bodlon.

\*

Mae hi wedi sychu'n braf erbyn y bore, a dwi'n cysgu'n hwyr, yn glyd yn fy sach gysgu, yn gwylio amlinell pryfaid yn dringo ochrau'r babell y tu allan. Pan dwi'n codi o'r diwedd, dwi'n astudio'r map i ddod o hyd i'r ffordd orau o gyrraedd Wausau, tref ryw 65 milltir i ffwrdd. Dwi'n dod o hyd i lwybr gweddol syml, sy'n edrych fel petai'n mynd trwy ardal wledig, fyddai'n golygu beicio rhywfaint i'r gogledd, cyn troi i'r gorllewin eto.

Mae'n fore'n hyfryd wrth i mi gychwyn, y math o haul braf sydd ond i'w gael ar ôl glaw trwm, pan mae popeth yn glir ac yn ffres. Mae'r lôn yn dawel, yn mynd trwy ardal goediog, sy'n gymysgedd o goed aeddfed ac ifanc, y llystyfiant yn drwch rhwng y boncyffion.

Lôn braf iawn, nes, yn sydyn reit, mae hi'n dod i ben yn ddisymwth. Dod i stop yn llwyr yng nghanol y goedwig, dim byd o'i chwmpas, dim rheswm dros adeiladu lôn i fama a dim pellach. Mae'r tarmac yn stopio, a chlawdd uchel yn croesi'r ffordd. Dwi'n rhoi fy meic i lawr ac yn craffu ar y map. Yn ôl be oeddwn i wedi ei weld cyn gadael y babell, ddyliwn i fod yn dod at groesffordd. Dwi'n sbio ar y map, ac o graffu, dwi'n sylweddoli: ydi, mae'r lôn yn cwrdd â lôn berpendiciwlar yn fama, ond be na sylwais i bore 'ma oedd bod yna fwlch tenau, tenau, rhwng y ddwy. Dydan nhw ddim yn gysylltiedig. Does dim ffordd i'w chroesi.

Mewn penbleth, dwi'n dringo'r clawdd i weld os ydi'r lôn honedig yn rhedeg yn berpendiciwlar â hon, ac, yndi wir, ar yr ochr draw i'r clawdd dyna hi, yn ei gogoniant. Dwi'n diawlio pwy bynnag adeiladodd lôn i nunlla ac yn ystyried fy opsiynau. Mae'r clawdd yn uchel iawn, ac os nad ydi'r lôn yma'n gysylltiedig â'r llall, falle fod yna reswm da. Ar y llaw arall, byddai'n ychwanegu deg milltir o leiaf i mi fynd yn ôl a thrio dilyn ffordd arall, ac mae hi'n mynd yn hwyr yn barod.

Dwi'n penderfynu dringo'r clawdd. Fesul un, dwi'n dadlwytho'r panniers oddi ar y beic ac yn eu cario nhw drosodd, ac yna'n stryffaglio dros y clawdd efo'r beic ei hun. Dwi'n ail-lwytho'r beic, a ffwrdd â fi, ar y ffordd i dref o'r enw Keshena. Mae'r ffordd yma'n drwch o bryfaid o bob math, fel y pilipala mawr sy'n cynhesu ei adenydd yn yr haul. Yn raddol, mae tai yn ymddangos trwy'r coed, ac arwyddion ffordd, a'r rheini'n ddwyieithog mewn ail iaith nad ydw i'n ei hadnabod, ond dwi ddim yn dod ar draws unrhyw bobl. Mae yna deimlad 'y mod wedi llithro trwy grac yng ngwneuthuriad y wlad, a dyna pryd dwi'n sylweddoli mai beth oedd fy map heb ei ddynodi oedd y ffin o'n i newydd ei chroesi, o dir yr Unol Daleithiau i diriogaeth sofran Cenedl y Menominee. Y rheswm nad oedd y ddwy lôn yn gysylltiedig oedd mai honno oedd y ffin rhwng tiroedd y Menominee Nation a Shewano County, Wisconsin. Doedd y map ddim yn nodi'r newid tiriogaeth, ond wrth i mi feicio yn fy mlaen dyma sylwi ar be sy'n ymdebygu i bolion cerfiedig yng ngerddi'r tai, a phosteri yn hysbysebu bod y Tribal Police yn cynnal profion sobreiddwch rheolaidd, ac yn atgoffa pawb am weithdy gwneud sgertiau rhuban yn y ganolfan gymunedol bob dydd Mawrth. Yng nghanol y pentref, dwi'n dod ar draws siop a chofeb ryfel fawr. Mae arwydd ar ochr y siop, yn hysbysebu eu bod yn gwerthu GAS * ICE * COLD * BEER * LIQOUR * GROCERIES, gyda motif blodeuog o flodau glas, coch ac oren o'i gwmpas. Yr ochr draw i'r siop mae afon, a bryn ar yr ochr draw arall. Ar y bryn, mae'r geiriau 'LAND OF THE MENOMINEE' wedi eu hysgrifennu mewn teils gwynion, yn glir i bawb eu gweld.

Mae gwreiddiau cenedl y Menominee, neu'r Omǣqnomenēwak yn yr iaith Menominee, yn yr ardal sy'n cael ei galw yn Wisconsin a Michigan bellach. Mae'n debyg i'r llwyth ddod i gyswllt ag Ewropeaid am y tro cyntaf yn 1634, trwy gyfrwng Ffrancwr oedd yn meddwl ei fod wedi canŵio'r holl ffordd i Tsieina. Erbyn y 19eg ganrif roedden nhw'n dod dan bwysau gan y setlwyr gwyn i adael eu tiroedd. Mewn cyfres o gytundebau gyda'r llywodraeth, rhwng 1831 a 1848, lleihawyd eu tiriogaeth yn sylweddol, o 10,000 milltir sgwâr i ychydig gannoedd. Yn 1854 ffurfiwyd y Menominee Indian Reservation, sef 432 milltir sgwâr yn Wisconsin, a hyd yn oed wedyn bu raid i'r llwyth ymladd brwydrau cyfreithlon hirfaith i warchod eu hawl arno fo. Heddiw, mae'r llwyth yn enwog am eu harferion coedwigaeth, a'u dulliau o gynaeafu'n gynaliadwy, dull sydd wedi cynnal y goedwig a'i gwneud yn ecosystem gyfoethog a hyfyw. Dwi'n stopio yn y siop am rywbeth i'w fwyta, cyn cychwyn yn fy mlaen unwaith eto.

# 13
# Kinnickinnic, WI

*Milltir 1,335*

DWI'N PARHAU AR draws Wisconsin, ac yn raddol bach, mae'r goedwig yn troi'n dir amaethyddol eto, heibio ambell bentref efo enwau fel Norrie ac Eland, llefydd bychan efo eglwys a bar, rheini fel arfer efo meysydd parcio'n llawn trycs, ac yn amlach na pheidio lle chwarae *beach volley ball* yn y cefn, er ein bod ni 1,300 o filltiroedd o'r môr.

Dwi'n cyrraedd cyrion dinas Wausau erbyn hanner awr wedi pump. Mae'r ddinas ar lan yr afon Wisconsin, honno'n ystumio ac ymestyn yn llydan fel ei bod hi'n ymddangos yn debycach i lyn nag i afon. Dwi'n dod i'r dref dros fryn, y dref a'r afon yn ymestyn oddi tano, a mynydd ar yr ochr draw o'r enw Rib Mountain. Un bychan, ia, ond y cyntaf i mi ei weld ers wythnosau. Roedd y tir rhwng gorllewin Massachusetts a Wisconsin yn 1,000 milltir o wastadedd, efo ambell fryn, neu darren raddol, ond dim byd tebyg i fynydd. Mae gweld hwn, rŵan, yn gwbl annisgwyl, bron fel gweld wyneb hen ffrind.

Dwi'n gwneud fy ffordd drwy'r dref i gartref Mary a Jack, mwy o orchwyl nag o'n i'n ei ddisgwyl, am fod y ddinas yn berwi efo traffig a thyrfeydd mawr. Mae yna ŵyl falŵns aer poeth yn cael ei chynnal yn maes awyr y dref, ac mae cannoedd yma'n gwylio'r swigod lliwgar yn codi i'r awyr.

Dwi'n cyrraedd tŷ Mary a Jack o'r diwedd, tŷ braf ar fryn uwchben yr afon. Maen nhw'n cynnig llety i feicwyr sy'n pasio am i'w mab feicio o Washington i Wisconsin, yna o Wisconsin i Maine, er mwyn codi pres ar gyfer ei frawd, sydd â thiwmor ar yr ymennydd. Dwi'n cael ei hanes o'n dianc rhag arth yn yr Adirondacks, cyn i ni fynd allan i'r ardd flaen gyda'n cadeiriau a'n cwrw i wylio'r tân gwyllt, gyda chyfnither Mary, Lydia, a'i chymydog, Jenny, a'i chi rhech Williams yn ymuno. Mae Jenny wedi meddwi ar win gwyn, ac yn gwisgo pyjamas satin.

Rydan ni'n gwylio pobl yn mynd a dod ar hyd y stryd, Mary a Jenny yn codi sgwrs efo hwn a'r llall wrth iddyn nhw gerdded heibio. Maen nhw'n nabod pawb. Er ei bod hi wedi naw, mae'r stryd yn brysur efo teuluoedd a chymdogion yn mynd am dro, plant yn sugno ar ddymis siwgwr neu'n bwyta candi fflos. Am tua hanner awr wedi naw mae'r tân gwyllt yn dechrau, yr awyr yn dal yn weddol olau, ond y rocedi ffrwydrol yn lliwgar ac yn hardd.

Mae Jenny'n dechrau fy holi am y trip.

'*Aren't you scared?*'

Dwi wedi sylwi bod dynion a merched ymateb yn wahanol iawn i'r ffaith mod i'n beicio draws gwlad. Mae dynion yn tueddu i ddweud rywbeth fel *'Oh, cool'*, *'I would love to do that'* ac yn y blaen, tra fod merched, bron yn ddieithriad, yn gofyn yn syth, *'Aren't you scared?'*

'Ydw' ydi'r ateb. Mae gen i ofn y tywyllwch, ofn nadroedd, ofn siarad efo pobl ddiarth, ofn rhedeg allan o ddŵr, ofn traffig. Mae gen i ofn pob mathau o bethau.

*'I would love to do something like that, I wouldn't be brave enough though, I'd be too scared.'*

Dwi'n chwerthin ac yn gwneud rhyw sylw gwag bod pethau ddim mor ofnadwy â hynny, ac mae'r sgwrs yn symud ymlaen at gaws, testun agos iawn at galon Jenny.

*'You've not tried Wisconsin cheese yet? I can't believe it!'*

Rhywsut mae hi hefyd yn cymryd i'w phen nad ydw i'n gwybod beth ydi ceirios (ydw, ond dyna ni, mae hi'n feddw ac mae gen i acen gry') ac mae hi'n rhuthro i'w thŷ i nôl lwmp o Gouda a darn o *string cheese* lleol, ynghyd â phowlen o geirios i mi eu profi.

\*

Mae gan y rhan fwyaf o bentrefi yn Wisconsin ddau beth: bar (yn aml efo cwrt *beach volley ball*) a 'Village Shelter', rhyw fath o farcî parhaol yn y parc, sy'n cynnig cysgod mewn glaw a hindda. Llefydd cyfleus iawn pan mae hi'n bwrw, ac heddiw, mae hi'n bwrw o ddifri. Dwi'n stopio yng nghysgodfan Marathon City, ar gyrion yr ysgol uwchradd leol, yng nghanol y trac rhedeg a'r cae pêl-droed. Pan mae'r glaw yn gostegu, ymlaen â fi i Rib Falls, mewn pryd i'r glaw go iawn. Lle bychan ydi Rib Falls, ar lan yr afon Big Rib, sy'n llifo trwy Marathon City nôl i Wausau. Yma'n Rib Falls mae'r afon yn rhaeadru i lawr dibyn, ac mae'r pentref rhagenwedig wedi'i wasgaru o'i gwmpas. Mewn parc ar lan yr afon mae cysgodfan arall, ac yno dwi'n treulio'r ddwy awr nesaf yn mochel rhag y glaw, yn gwylio ambell bysgotwr yn trio ei lwc yn yr afon, ac yn trio osgoi'r mosgitos sydd, fel fi, wedi dod i'r gysgodfan i fochel. Ymhen dim mae'r lle'n llawn pryfaid o bob lliw a llun, yn suo ac yn swnian, y rhai powldiaf yn snwffian am waed o gwmpas fy mhigyrnau a 'ngwddw.

Fel petai Rib Mountain yn addewid, mae'r tir yn troi'n fwy bryniog, sy'n newid braf ar ôl wythnosau o wastadeddau. Mae yna fwy nag un peth am Wisconsin sy'n fy atgoffa o Gymru, yr afonydd tywyll, mawnoglyd, y gwartheg yn pori'n ddioglyd mewn ffriddoedd gwyrddion, ac wrth gwrs yr awyr fwll a'r glaw.

Mae'n gymylog eto y diwrnod wedyn. Dim ond un diwrnod o haul dwi wedi ei gael ers cyrraedd Wisconsin. Mae'n gymylog heddiw, ond sych, ac mae'n ymddangos mai heddiw ydi diwrnod golch y gymuned Mennonite ac Amish. Dwi'n mynd trwy Clark County, sir sy'n gartref i'r gyfran fwyaf o Mennonites yn y dalaith, ac i sawl cymuned Amish hefyd. Mae'r rhan fwyaf o draffig yn cael ei dynnu gan geffyl, y bechgyn i gyd â hercan powlen, a'r merched mewn capiau gwynion a chlogynnau mawr. Mae pob ffermdy fel llong, rhaffau'n eu dal at goed, tŵr ffynnon neu felin gyfagos, a'r rhaffau'n faneri o ddillad golchi i gyd, yn ffrogiau llaes, llieiniau, cadachau, trywsysau, crysau, capiau, unrhyw beth all gael ei stwffio i dwb golchi. Wrth i mi feicio heibio yn fy *lycra*, mae'r plant bach ar y buarth, yn eu llodra melfaréd, yn sbio mor syn arna i ag ydw i arnyn nhw.

Yn Thorp, mae'r brif siop yn cael ei staffio gan ferched Mennonite. Mae eu gwalltiau o dan gapiau gwyn, a'r ffrogiau mewn defnydd cotwm blodeuog wedi eu teilwra'n chwaethus. Wrth dalu am fy nwyddau, mae'r ferch tu ôl i'r til yn holi o le dwi 'di dod.

'Well, I've biked from Boston, but I'm from Wales.'

'Oh, is that Wales in Minnesota?'

'Ym, no, Wales in Europe.' Er tegwch iddi, mae yna dref o'r enw Wales yn Minnesota.

'Are you going far then?'

'Well, yeah, hopefully to the Pacific Ocean.'

'Oh wow, I would love to do that! Good luck to you!' meddai hi, yn llawn brwdfrydedd.

\*

O diriogaeth y Menominee, i binacl America Wyn Swbwrbaidd, i wlad yr Amish a'r Mennonite; i America'r fyddin. Yn Chippewa Falls dwi'n aros efo teulu y mae pob un o'r tri mab yn gwasanaethu yn y lluoedd arfog, ac mae'r tŷ fel amgueddfa i'w hieuenctid bywiog ac egnïol. Mae'r garej yn llawn beics, rhwyfau, gwiail pysgota, sgis, a phob darn o geriach y gellid bod eu hangen i oroesi stint yn y gwyllt. Mae'r tŷ ei hun yn llawn lluniau o'r meibion: yn chwarae bas ym mand pres yr ysgol; ar y tîm pêl-droed; y tîm nofio; yn pysgota ar lan llyn; ar gopa mynydd. Rhwng hynny a'r adnodau Beiblaidd wedi eu fframio ym mhob stafell, mae'n teimlo fel esiampl berffaith o ddosbarth canol ceidwadol America. Dydan nhw ddim yn hoffi diffyg chwaeth a maners Donald Trump, ond dydan nhw ddim eisiau pleidleisio dros Hillary Clinton chwaith os allan nhw beidio. Rydan ni'n sgwrsio am wleidyddiaeth dros swper o basta, a dydi'r fam hon i dri milwr bach ddim wedi penderfynu beth i'w wneud eto pan ddaw'r etholiad ymhen pedwar mis.

Drannoeth, dwi wedi cael digon o fryniau ac yn hiraethu yn barod am y gwastadeddau. Mae hi'n chwilboeth, a'r gwynt i fy nhalcen yr holl ffordd wrth i mi godi dros fryncyn ar ôl bryncyn, y gwynt mor gry' nes mod i prin yn cyflymu o gwbl wrth fynd am i lawr. Dwi'n stopio am seibiant yn nhref Spring Valley, wrth ymyl y pwll nofio cyhoeddus yn y parc. Pwll awyr agored efo plant y pentref yno i gyd yn ymarfer eu fflips a'u belly fflops, ac yn dianc rhag y gwres.

Dwi'n llusgo'n hun dros yr 20 milltir olaf fryniog o Spring Valley i River Falls, gan gyrraedd fel mae hi'n nosi. Dwi'n gosod fy mhabell yng nghae Rick a'i wraig Connie. Mae Rick wrthi'n adeiladu twll *hobbit* amgylcheddol o dan ael y bryn, ac mae ei ferch Alissia, ei chariad, Phil, a'i merch hithau, Maitana, yn byw mewn Yurt yn y cae hefyd, sy'n eistedd uwchben afon y Kinnickinnic, afon ddioglyd sy'n berwi efo brithyll.

Mae'n rhaid fod ôl y diwrnod arna i, ac mae Rick yn dweud bod croeso i mi aros noson ychwanegol. Mae hi'n ddeuddeg diwrnod ers fy seibiant diwethaf, a dwi wedi beicio 700 milltir yn y cyfnod hwnnw. A finnau, ddeufis yn ôl, erioed wedi beicio yn bellach na hanner 100 milltir mewn wythnos, mae'r corff angen seibiant.

Dwi'n derbyn y cynnig, ac yn cysgu'n hwyr yn y babell, cyn treulio'r bore yn chwarae efo wyres Rick, Mai – hogan fach un ar ddeg oed sy'n chwarae gitâr mewn band trydan ffeminyddol. Fory, mi fydda i'n croesi'r ffin i Minnesota, er i Wisconsin ei hun deimlo fel cyfandir cyfan wedi'i gywasgu i un dalaith fawr, werdd.

# 14

# Twin Cities, MN

*Milltir 1,590*

Heddiw, mae gen i ddwy afon a dwy ddinas i'w croesi. Dwi'n cychwyn o lannau'r Kinnickinnic yn y bore bach, ac yn beicio am afon St. Croix, sy'n dynodi'r ffin rhwng taleithiau Wisconsin a Minnesota. O fanno, dwi'n mynd i groesi am y Mississippi, afon sydd hyd yn oed mor bell â hyn i'r gogledd yn llydan a lleidiog, yn llawn badau trymion, yn aros yma dros dro cyn parhau ar ei siwrne hir i'r gwlff.

Dwi'n dilyn y Mississippi i fyny tua'r gyntaf o'r ddwy

efaill-ddinas, sef St Paul. Mae Rick, fy ngwesteiwr o'r noson flaenorol, yn fy nghyfarfod ar gyrion y dref, wedi gyrru o'r cae wrth y Kinnickinnic i fy nhywys drwy'r ddinas.

Mae St Paul yn ddinas smart, yn enwedig wrth feicio i mewn o'r de, dros y Wabasha Street Freedom Bridge, pont grand efo adeiladau *downtown* St Paul yn codi'n dalog yr ochr draw iddi, yn dyrau uchel. Rydan ni'n mynd yn sydyn trwy'r ddinas, dan arweinyddiaeth ddeheuig Rick. Ar un pwynt, rydan ni'n pasio protest 'Black Lives Matter' tu allan i dŷ'r llywodraethwr. Maen nhw yno ers i Philando Castile gael ei saethu gan blismon gwyn wrth iddo yrru drwy'r ddinas efo'i bartner a'i ferch bedair oed. Mi ddigwyddodd hynny ar Orffennaf y 6ed, wythnos yn ôl. Mae'n gyfuniad o wylnos a phrotest ac yn rhan o brotest genedlaethol ehangach yn erbyn trais systemig y wladwriaeth yn erbyn pobl Ddu. Dwi'n teimlo ias wrth feicio heibio. Ar y lôn drwy'r dydd, a heb gysylltiad rheolaidd â'r we, dwi mewn swigen, ond mae hon yn un stori sydd wedi torri drwodd. Mae straeon fel hyn yn teimlo mor bell i ffwrdd, o'n i heb sylweddoli y buaswn i'n pasio trwy'r union ddinas, heibio'r union brotest sydd ar y newyddion. Yn y ddinas smart hon y cafodd dyn ei saethu o flaen ei blentyn bach, ar fympwy dyn gwyn efo gwn a grym gwladwriaeth hiliol tu cefn iddo[3].

*

O St Paul i Minneapolis, yr ail o'r ddwy efaill. Rhwng y ddwy ddinas, mae'r afon Minnesota yn ymuno â'r Mississippi, ac

---

3  Cafwyd y swyddog Jeronimo Yanez yn ddieuog o ddynladdiad mewn achos llys yn 2017.

yn Minneapolis mae rhaeadr y Minnehaha yn syrthio dros ddibyn i geubwll cysgodol, mewn parc yng nghanol y dref. Dyma lle mae Rick yn ffarwelio â fi, a dwi'n parhau i dŷ rhieni Jesse, yn un o faestrefi'r ddinas. Mae Jesse yn ffrind i Alissia, merch Rick, ac mae o wedi cynnig llety i mi dros nos.

Mae hi'n dechrau bwrw glaw am y pum milltir olaf, a dwi'n cyrraedd y tŷ'n wlyb diferol, ond yn cael croeso cynnes. Dydi Jesse ei hun ddim adref, dim ond ei rieni, ond maen nhw'n fy nhrin fel petawn i'n un o ffrindiau pennaf Jesse. Dwi'n cael cawod, i olchi mwd y dydd ymaith, ac yn eistedd i sgwrsio efo Ruth, sy'n gweithio fel dynes trin gwallt mewn salon yn y ddinas. Am wyth o'r gloch mae Jesse ei hun yn cyrraedd, yn brasgamu drwy'r drws efo ffrind arall i'w ganlyn.

'So you're Alissia's cyclist?'

'Yup, that's me.'

Mae Jesse yn hŷn na fi, ac os ydi o'n ffrind ysgol i Alissia, dwi'n amcangyfri ei fod yn tynnu at ei dridegau. Mae ganddo wallt brown cwta a llygaid brown, clên.

'*Well, me and the guys are going to play some ultimate frizbee tonight – you're welcome to join!*'

Dwi erioed wedi chwarae *ultimate frizbee* yn fy myw, ond dwi erioed wedi bod yn Minneapolis o'r blaen a dyma fi, felly pam lai? Dwi'n stwffio mewn i gefn y car efo Jesse a'i ffrind, ac yn gyrru efo nhw i'r ganolfan hamdden leol, lle mae yna griw mawr o hogiau yn eu hugeiniau hwyr yn ymestyn ac yn cynhesu fyny – ac yn cymryd y gêm llawer mwy o ddifri nag o'n i'n ei ddisgwyl. Dwi'n cael fy rhoi ar dîm, a fy ngyrru i sefyll ar gornel y cae, lle dwi'n methu pob ffrisbi sy'n dod i fy nghyfeiriad, ac yn treulio mwy o amser yn dycio rhag i ffrisbi daro fy ngwyneb nag unrhyw beth arall.

O'r diwedd, mae'r gêm yn dod i ben. Mae'n debyg fod dull sgorio yn perthyn i'r gêm, a bod un o'r ddau dîm wedi 'ennill', ond alla i ddim dweud sut na phwy na pham. Ymlaen â ni i'r dafarn, lle dwi 'chydig bach yn saffach o'r drefn, a lle mae pawb yn archebu pitsas a chwrw crefft efo enwau gwirion. Mae yna bron i ddwsin ohonan ni i ddechrau, ond fesul un mae pawb yn mynd, nes ei bod hi'n un o'r gloch y bore, a staff y dafarn yn gofyn yn garedig i mi a Jesse fynd adre.

Cyn-filwr ydi Jesse, fuodd yn gweithio i adain guddwybodaeth y fyddin yn Hawaii. Roedd un o'i gyd-weithwyr yn arfer rhannu desg ag Edward Snowden, medda fo. Ar ôl gadael y fyddin, mi fuodd o'n teithio dros y byd, yn Ewrop ac yn Asia. Mae o'n ôl yn Minneapolis rŵan, yn astudio hanes yn y brifysgol, ac eisiau bod yn athro. Rydan ni'n trafod rheolaeth gynnau, agweddau Americanwyr at sancteiddrwydd bywyd, yr etholiad. Mae hi'n bedwar o'r gloch y bore arnan ni'n ei throi hi am ein gwelyau, fi yn hen lofft Jesse, a Jesse ar soffa ei rieni.

Fore wedyn, dwi'n deffro'n hwyr. Dwi'n cael brecwest efo Jesse a'i rieni, yn sgwrsio'n braf, yn aros mor hir ag y medra i nes alla i ddim fforddio i aros yn hirach.

Wrth feicio heibio ar hyd y strydoedd tawel, heibio llynnoedd niferus Minnesota, dwi'n meddwl yn ôl at yr holl bobl dwi wedi eu gadael yn ystod y flwyddyn ddiwethaf. Flwyddyn gron yn ôl, ar ddiwedd fy nghyfnod yn y brifysgol – ffarwelio â ffrindiau coleg, pawb yn gwasgaru i gychwyn swyddi crand yn Llundain, i fynychu cyrsiau gradd neu i fynd i deithio. Saith mis wedyn, ffarwelio â phawb ym Madrid – Sara a'i theulu, Natalya, perthnasau oedd yn dechrau datblygu'n gyfeillgarwch agos, ond oedd rhaid eu gadael. A gwta fis yn ôl, ffarwelio â phawb ar y Cape – yr hogiau i gyd yn Captain Frosty's; Stefan, Luke,

## Twin Cities, MN

Anton, Joe, Hady. Dwi eisiau eu dal nhw i gyd yn agos, mwyaf sydyn, eisiau iddyn nhw wybod mod i'n meddwl amdanyn nhw, eisiau iddyn nhw feddwl amdana i.

# 15

# Barnesville, MN

## *Milltir 1,835*

MAE BEICIO'N BRAF trwy Minnesota. Mae hi'n dalaith wledig, 55% o'r boblogaeth yn byw yn un o'r ddwy efaill-ddinas. Mae'r trefi'n hen ffasiwn a bywyd i'w weld yn hamddenol, y dalaith yn llynnoedd i gyd – 11,842 o lynnoedd dros 10 acer yr un, a bod yn fanwl gywir. Dyma'r dalaith efo'r arfordir mwyaf, mae'n debyg, er ei bod hi fil a hanner o filltiroedd oddi wrth y môr i'r ddau gyfeiriad. Mae llynnoedd fel brychni dros y dalaith, ag enwau hyfryd fel Minnetonka, Minnewawa, Gijikiki, Hennepin a Popple.

Mae'n cymryd chwech diwrnod i mi groesi'r dalaith, gan feicio tua 270 o filltiroedd.

O Minneaolis dwi'n mynd trwy Maple Lake i St. Cloud, gan ddilyn y Mississippi wrth iddi droelli'n dywyll a chythryblus, yn chwyrlïo trwy wreiddiau'r coed a heibio ynysoedd bychan yn yr afon, yn llusgo boncyffion a brigau mân i'w chanlyn. Ar gyrion St. Cloud, dwi'n cymryd seibiant ar lan yr afon, ar lain o borfa, rhwng y rhedyn, y coediach a'r blodeuach sy'n tyfu'n wyllt hyd y glannau. Dwi'n hepian cysgu yno am ychydig yn gwrando ar sŵn y dŵr, yn breuddwydio amdani'n llifo trwy weddill y 2,000 a mwy o filltiroedd i lawr i'r gwlff.

O St. Cloud, ymlaen â fi trwy Albany, Freeport a Melrose. Trefi bychan, tawel, cledrau'r Amtrak yn rhedeg trwy gyrion y dref heibio i felinau sinc tal, codwyr grawn a distyllfeydd. O gwmpas y trefi, mae'r tir yn aur efo caeau o rawn, a ffermydd bychan wedi'u paentio'n wyn, yn gwerthu llysiau mewn stondinau ar ben y trac.

Dwi'n gwersylla am noson ar lain o dir rhwng dau lyn, Llyn Chippewa a Devil's Lake. Maes gwersylla bach tawel ydi o, ychydig o filltiroedd y tu allan i dref Brandon. Dwi'n gosod fy mhabell, wedyn picio i'r unig siop yn y dref, siop y garej, sy'n gwerthu offer hela a physgota, cyllyll mawrion, pwceidiau o abwyd, ynghyd â chynnyrch llaeth, cacennau o fecws lleol, creision a diodydd. Dwi'n prynu pedair rôl sinamon: dwy ar gyfer heno a dwy i frecwast fory. Nôl yn y maes gwersylla, dwi'n sylwi bod gweddillion tân pwy bynnag arhosodd yma neithiwr yn mudlosgi o hyd yn y cylch tân, felly dwi'n hel priciach sych o'r coed o amgylch glan y llyn, er mwyn cadw'r marwydos ynghyn. Dwi ddim mwy na rhyw ddeg munud, ond ar ôl cyrraedd nôl dwi'n sylweddoli i ladrad ddigwydd yn fy absenoldeb. Mae rhywbeth wedi llwyddo i agor y bag rôls sinamon a mynd â'r ddwy oedd i fod yn frecwast fory. Dwi'n afresymol o ypsét, ac yn ailymroi i osod melltith ar bob brochlwynog dan haul. Wedi gwneud hynny, dwi'n mynd ati i ailgynnau'r tân ac yn eistedd yno'n braf wrth iddi nosi.

Ymhen tipyn mae un o fy unig gymdogion ar y maes pebyll yn dod heibio i ddweud helô. Motobeiciwr ydi o, yn teithio traws gwlad o'r gorllewin, ond yn dod yn wreiddiol o Montana.

'*If I still had the knees for it, I'd be cycling too,*' medda fo. '*A bicycle's pace is the perfect pace to see the world, I reckon. Fast enough that you can actually get some distance in, but slow enough that you really see the world about you, you know?*'

Dwi'n unfryd.

'*So, you nervous about North Dakota?*'

Mae sawl un wedi holi os dwi'n poeni am North Dakota. Ambell un wedi awgrymu y dylwn i sticio'r beic ar yr Amtrak yn Fargo, a sgipio'r dalaith yn gyfan gwbl. Hi ydi'r dalaith nesaf ar ôl Minnesota, yn mesur 370 milltir o led, ac yn gartref i 760,000 o bobl, efo degau o filltiroedd rhwng pob tref.

'*I've been warned,*' medda fi.

'*Yeah, its not so bad really, it's the weather you gotta be careful with – North Dakota, and Montana too. Wind blows a force, and there is no shelter, no windbreak, no nothing. Just miles and miles and miles of straight roads. And then you got the storms, the hail – you know what to do in a hail storm?*'

'*Yeah, well I've got a tarp, was figuring I'd spread it over the bike, and get under the bike to shelter?*'

'*Yeah, that's a good plan. I've seen hailstorms destroy a whole harvest, fields of grain trampled like an army marched over. You want to look out for clouds with a sort of greenish glow – that's how you know hail is coming.'*

Mae'n disgrifio cenllysg maint peli bas yn torri ffenestri ceir a lladd cerddwyr anlwcus. Dwi'n ychwanegu cenllysg at fy rhestr o bethau i boeni amdanyn nhw, ac mae o'n mynd nôl at ei babell. Dwi'n cofio pic-yp tryc Mam a Dad pan o'n i'n blentyn. Mi oeddan nhw wedi dod ag o'n ôl efo nhw o'r Unol Daleithiau pan symudon nhw o Buffalo i Gymru ar ddiwedd yr 80au. Roedd y canopi llwyd yn eistedd yng ngwaelod yr ardd am flynyddoedd, ymhell ar ôl i'r tryc gael ei werthu, er mwyn prynu car mwy addas i deulu oedd yn tyfu. Roedd yna dolciau anferth yn y to, fel petai rhywun wedi ei waldio efo pastwn. Cenllysg, fyddai Dad yn ei ddweud, ac o'r diwdd mi alla i ei gredu.

Mae'n braf siarad efo rhywun am y daith sydd ddim yn siarad efo fi fel petawn i'n blentyn – sgwrs ymarferol a rhannu cyngor, heb ddim o'r *be-ma-hogan-fel-chdi-yn-da-yn-fama-be-wyt-ti'n-wybod?* sydd mor aml ynghudd rhwng y geiriau cwrtais.

Wrth iddi nosi, dwi'n mentro lawr at y ddau lyn. Llain denau o dir sy'n eu gwahanu ac mae'n ymddangos yn rhyfedd nad ydan nhw wedi uno yn un llun mawr. Mae traeth tywodlyd ar lan y naill lyn, ond y llall yn fwy corsiog, yn mynd yn ddwfn yn sydyn ac efo doc pren bychan wedi ei adeiladu ar y lan. Mae'r traeth yn wynebu'r machlud – llinell hir o olau aur uwchben y coed a'r haul yn diflannu dros y gorwel. Croesi wedyn i'r ail lyn, lle mae lleuad sydd flaen gewin yn brin o fod yn lleuad llawn yn codi dros y dŵr, bron fel petai'n dilyn yr haul, ond yn methu yn ei fyw â dal fyny, yr haul yn diflannu dros y gorwel fel mae'r lleuad yn troi'r gornel ddiwethaf a finnau yn eu dilyn ar y beic, fymryn arafach, tuag at y Cefnfor Tawel.

Drannoeth, dwi'n nesáu at ben draw Minnesota ac at

y ffin efo North Dakota. Dwi wedi croesi'r dalaith gan anelu at y gogledd orllewin, gan fynd ochr yn ochr â ffin Canada ac America mewn ffordd, wrth i honno godi'n fwy gogleddol uwchben y llynnoedd mawr. Mae'r tirwedd yn newid wrth i mi nesáu at Fergus Falls. Mae'r bryniau gwyrddion a'r llynnoedd glas yn diflannu ac mae'r tir yn troi'n berffaith wastad, y lonydd yn syth a chorsydd maith yn ymestyn i bob cyfeiriad. Dyma gyrraedd y paith, paith gwair tal y dwyrain, lle ceir coedwigoedd paith y ffin, sy'n ymestyn lawr i rannau o Oklahoma ac i'r dwyrain i Indiana ac Illinois. Dim ond llafn denau o'r math yma o baith sydd yn Minnesota. Ychydig filltiroedd i'r gorllewin, yn North Dakota, mae'n troi'n baith o weiriach cymysg, hwnnw'n ymestyn i Saskatchewan yn y gogledd, ac i mewn i Texas yn y de, trwy rannau o Oklahoma, Kansas, Nebraska, South Dakota, Wyoming a Montana. Yma, yn y paith gwair tal, arferai gweiriach *bluestem* a *cord* dyfu'n uwch na thaldra dyn ar geffyl, ond heddiw, mae'r cwbl wedi ei droi'n dir amaethyddol. Dyma dyfiant allai wrthsefyll eithafion gwyntoedd mawr y gwastadeddau, a'r lefelau isel o law, ond nid y bladur a'r combein. A dyma gartref hanesyddol pobloedd frodorol y paith, fel y Nakota, yr Hiraacá, yr Apsáalooke a'r N~~umunuu~~.

Does dim tai na ffermydd rhwng y trefi erbyn hyn, dim ond rheilffordd Amtrak, efo trenau hirion yn pasio bob hyn a hyn trwy dirlun gwag. Mae hi'n dawel, ac mae'r corsydd yn llawn hesg uchel, gyda rhywfaint o goed marw yn codi ohonynt, y rhusgl wedi syrthio oddi ar y boncyffion a'r rheini'n gwynnu yn yr haul.

Mae'r beicio'n rhwydd diolch i'r tarmac esmwyth, y lôn syth a'r tawelwch, ond mae rhywbeth yn teimlo'n od. Mae pob milltir yr un peth, a does yna ddim ffordd o wybod pa mor bell ydw i wedi mynd. Does dim byd ar y gorwel i ddynesu ato, a dim byd tu ôl i mi bellhau oddi wrtho. Nes yn sydyn reit mae 'na rywbeth mawr yn hedfan rhyngdda i a'r haul. Mae'r cysgod yn pasio drosta i, ac uwch fy mhen dwi'n gweld coblyn o aderyn mawr efo adenydd llydan, syth fel dwy graw, yn culhau yn fysedd main o blu ar ei heithafion. Mae'n hedfan yn araf, fel llong i mewn i harbwr, yn canlyn llinell hir y lôn nes cyrraedd clwstwr o hen goed ar ochr y ffordd. Coed tal, eu canghennau'n noeth, a'r boncyffion wedi gwynnu yn yr haul. Ac ar frigau uchaf y goeden dalaf, nyth anferthol ac aderyn arall, yr un mor fawr, yn eistedd ar frigyn gyferbyn.

Dwi'n agosáu at y goeden, ac mae'r ddau aderyn yn eistedd yn berffaith lonydd, bob ochr i'r nyth. Maen nhw'n gyhyrog ac er nad ydan nhw'n symud modfedd, mi alla i deimlo eu llygaid wedi hoelio arna i. Wrth i mi feicio'n nes dwi'n teimlo fel yr unig greadur sy'n symud yn y byd i gyd, pob dim o 'nghwmpas i fel petai wedi rhewi, ac wrth basio o dan y goeden, dwi'n edrych i lawr oddi wrth y ddau aderyn mewn parchedig ofn. Dau *Haliaeetus leucocephalus* ifanc – Eryrod Moel. Pendefigiaid yr awyr, eu hadenydd yn ymestyn rhwng 5'11 a 7'7 troedfedd – ar eu lleiaf, yn ymestyn dros daldra dyn. Dwi'n ymwybodol o'r nerth yn eu crafangau wrth i mi feicio heibio, yn falch ofnadwy mod i'n gwisgo helmed. O bellter sy'n teimlo'n ddiogel, dwi'n sbio'n ôl ac yno maen nhw o hyd, yn syllu dros y paith.

\*

Ddiwedd pnawn, dwi'n beicio mewn i dref Barnesville. Dwi'n dod o hyd i'r llyfrgell, sydd wedi cau, ac yn eistedd efo fy nghefn wedi pwyso'n erbyn y wal i gysylltu efo'r we, ac i drio meddwl lle dwi'n mynd i gysgu heno. Wrth eisteddian ar y palmant llydan, mae yna gar yn dod i stop, a dynes efo clipfwrdd a chamera yn dod allan.

'Hi – have you just biked into town?' hola'r ddynes.

'Ymm, yes,' medda fi, yn ansicr a ydw i ar fin cael fy nghyhuddo o ryw fath o drosedd.

'Going far?'

'Yeah, cross country.'

'Oh, great! Madge at the general store called me, said she saw someone cycle into town, looking like they were going far. Would you mind if I took your name, and picture? I work for the local paper, the Barnesville Record-Review. We do a feature on people who travel through Barnesville on this kind of thing.'

Dwi'n cydsynio, ac mae hi'n tynnu llun ohona i'n gwenu'n flinedig tu allan i'r llyfrgell, ac yn cymryd fy manylion.

'That's great. You know, we're excpecting a man to run through some time next week.'

'Oh?'

'Yes, they're saying in North Dakota, there is a guy, he's running from Oregon, with a sort of rickshaw where he carries all his things.'

Mae hi'n amlwg yn edrych ymlaen i'r cyfle i dynnu llun o'r rhedwr a'i *rickshaw*, a dwi'n cael y teimlad mai un pentref mawr ydi Minnesota a North Dakota, yn llawn poblach tu ôl i lenni les yn hel clecs ac yn cadw llygad am bobl ddiarth.

I ffwrdd â'r newyddiadurwraig yn ei char, i chwilio am ei stori nesaf, a dwi'n penderfynu aros. A finnau ar fin bod yn y papur, waeth i mi dreulio'r noson yn Barnesville ddim. Dwi'n dod o hyd i faes pebyll sy'n rhan o barc cyhoeddus y dref, ac yn codi fy mhabell mewn cornel dawel, ac yn mwynhau cawod boeth, cyn mynd am dro i chwilio am fwyd. Yn archfarchnad y dref, dwi'n prynu potel fawr o *iced tea* a hanner melon dŵr, a chrys T yn dathlu'r Barnesville Potato Day Festival, efo llun taten fawr yn dawnsio arno. Dwi'n mynd wedyn i eistedd yn y parc, ar lan llyn bychan ar gyrion y dref. Lle tawel ydi Barnesville, poblogaeth o ddwy fil a hanner, ac mae hanner y busnesau ar y stryd fawr wedi bordio, ond mae'r parc cystal ag unrhyw barc mewn trefi pedair gwaith ei maint.

Yng nghanol y parc mae Blue Eagle Lake, ac mae Whiskey Creek yn rhedeg ar hyd ei ymyl. Mae cyrtiau tennis, dau gwrt pêl-fas, ffynnon sy'n tasgu dŵr i'r awyr, swings, meinciau, pwll padlo, ac ar noson braf fel heno mae'n llawn teuluoedd yn cael picnics, cyplau'n mynd am dro a phlant yn hongian o gwmpas yn ddi-ddrwg ddi-dda. Dwi'n meddiannu mainc wrth y llyn ac yn ymosod ar y melon dŵr efo cyllell boced. Er ei bod hi'n nosi mae hi'n dal yn chwilboeth, ac mae'r melon wedi dod yn syth o'r oergell. Mae'n oer ac yn crensian yn hyfryd ar fy nhafod, y sudd dyfrllyd yn llifo'n nentydd i lawr fy ngên a dros fy nillad. I'r gorllewin, mae'r haul yn machlud ac mae'r cymylau cyrtens les yn dal y pelydrau ac yn troi o aur i binc i goch, y cyfan wedi ei adlewyrchu'n berffaith yn nyfroedd llonydd y llyn. Dwi'n aros ar y fainc nes iddi hen dywyllu, ac wrth gerdded nôl dwi'n gweld cryndod aur y lleuad yn ymfolnofio yn nyfroedd Whiskey Creek, fel petai hithau wedi cael glasied yn ormod a disgyn i'r nant.

# 16

# Canol y Byd, ND

## *Milltir 2,041*

HEDDIW, DWI'N GWNEUD penderfyniad dwl, sef beicio dros gan milltir mewn tymheredd o dros 100 Farenheit – dros 37 gradd selsiws. Ond mae pethau wedi mynd o chwith ymhell cyn hyn. Mae pethau'n mynd o chwith o'r funud ydw i'n rhoi troed yn nhalaith felltigedig North Dakota.

Dwi'n gadael Barnesville am hanner awr wedi naw, ac yn beicio trwy dirwedd gwastad o gorn, ŷd a thatws. Dwi ar dop y Red River Valley, tir y tatws, y caeau'n rhesi gwyrdd taclus sy'n ymestyn am filltiroedd. Ymhen dim, dwi'n cyrraedd tref Moorhead, ac yn croesi andros o bont fawreddog, dros nant fach ddiddim o afon i mewn i Fargo a thalaith North Dakota. Red River ydi'r afon, a dydi hi fawr mwy na ffos fwdlyd yn yr haf, ond dyma'r ffin rhwng y ddwy dalaith. Dwi'n gwneud fy ffordd drwy draffig Fargo, dinas fwyaf y dalaith, ac yn stopio mewn Dairy Queen i gael tamaid i fwyta. Dwi'n pwyso'r beic yn erbyn yr adeilad, wrth ymyl ffenest â bwrdd gwag o'i blaen, cyn mynd yn sydyn i fachu'r bwrdd hwnnw, fel mod i'n gallu bwyta a gwylio'r beic a'r panniers yr un pryd. Wrth i mi fwyta mae dynes a'i merch yn codi sgwrs.

'Excuse me, but did you by any chance come biking in through Moorhead this morning?'

'Yes...'

'Oh, we saw you cross the bridge! Are you going far?'

'Yeah, I've come from Cape Cod, Massachusetts, and shooting for Portland, Oregon.'

'Oh, wow – did you hear that, Kasey? How many miles is that? And you're doing it solo? Wow! Would you mind taking a picture with Kasey? I think it's great you're doing this, as a woman. I want her to remember this!'

Mae Kasey a finnau yn cael tynnu ein llun, Kasey (sydd tua wyth oed) yn gwenu fel giât, finnau braidd yn swil, ond yn falch dros Kasey fod ganddi fam fyddai'n hoffi iddi fynd ar antur, yn hytrach nag yn arswydo at y syniad.

Ar ôl Dairy Queen, dwi'n astudio map i drio cael hyd i'r ffordd hawsaf i feicio i Kindred, tref ryw bum milltir ar hugain i'r de. Do'n i ddim wedi bwriadu mynd i Kindred pan adewais i Barnesville bore 'ma. Mae Fargo 25 milltir i'r gogledd o Barnesville, a Kindred 25 milltir i'r de o Fargo. Mae lôn syth 30 milltir o hyd rhwng Kindred a Barnesville, allwn i fod wedi ei dilyn. Ond ro'n i angen mynd i'r swyddfa bost yn Fargo, a doeddwn i ddim wedi meddwl ymhellach na hynny, ond rŵan mae'n amlwg y dylwn i fod wedi teithio i gyfeiriad Kindred. Ond dyna ni, dwi ddim wedi penderfynu beicio draws gwlad er mwyn gwneud rhywbeth yn y ffordd fwyaf effeithlon. Felly nôl â fi tua'r de, 20 milltir yn hirach o daith.

Rŵan, mae'r gwynt i fy nhalcen, a hwnnw'r gwynt cryfaf dwi wedi ei brofi hyd yma ar y daith. Mae pob metr yn ymdrech. Yn lladdfa. Ac o fewn 5 milltir o adael Fargo, mae'r lôn darmac yn troi'n lôn grafel, anwastad, y cerrig mân yn rhydd o dan y teiars, a finnau'n dal efo pymtheg milltir i fynd. Dwi'n trio beicio ar ganol y lôn, lle mae'r ceir wedi rhoi pwysau ar y cerrig a sefydlogi'r grafel rhyw fymryn, ond yna, dwi'n clywed pic-yp yn dod yn y pellter a dwi'n trio symud nôl i ymyl y ffordd, ond dwi'n troi'n rhy sydyn, ac mae'r grafel yn sgrialu oddi dana i. Mae'r beic, a finnau, yn glanio'n glewt ar y llawr. Dwi'n rhuthro i godi a symud y beic allan o'r ffordd, cyn gwneud yn siŵr fod dim byd wedi disgyn oddi ar y beic. Mae fy mhengliniau i'n gwaedu – y croen 'di sgathru, dim byd mawr, ond dwi'n estyn fy mhecyn cymorth cyntaf i olchi'r briwiau 'run fath. Ar ôl cael *cellulitis* o bigiad mosgito, llai na thair wythnos cyn y trip yma, a gorfod cael antibiotics trwy IV yn yr ysbyty, gan feddwl bod y daith ar ben cyn cychwyn, dwi'n fwy gofalus wrth drin briwiau.

Ro'n i wedi dod nôl o'r gwaith un prynhawn a newid i fy siorts, dim ond i Aunt Margaret holi be aflwydd oedd gen i ar gefn fy nghlun. O'n i heb sylwi, ond roedd rhyw bigiad mosgito wedi chwyddo'n flots coch maint cwpan de ar gefn fy nghoes. Doedd o ddim yn brifo, nac yn cosi, ond roedd o'n goch ac yn chwyddedig. Arwydd cyntaf Lyme disease ydi cochni siâp targed yn ffurfio o gwmpas safle brathiad. Do'n i ddim yn cofio gweld trogen ar fy nghoes, ond mae'r trogod sy'n cario Lyme disease yn rhemp yn Cape Cod, a dydi Lyme disease ddim yn rhywbeth i'w anwybyddu. Tynnodd Aunt Margaret linell ddu o gwmpas y cylch, i fonitro unrhyw ledaenu, a gaddo asesu'r sefyllfa yn y bore.

Drannoeth, roedd y chwydd wedi lledu, a newid siâp, ac roedd yna linell goch yn ymestyn o'r cylch i fyny cefn fy nghoes. Roedd Aunt Margaret yn bendant – ffoniodd Captain Frosty's i ymddiheuro na fyddwn i yn y gwaith, a mynd â fi yn syth i'r ER agosa.

'Wow, that's a pretty cool bug bite. Hey, Linda, come in here – look at this bug bite.'

'Wow, I've never seen one that big – good thing you came in when you did.'

Wedi i bob aelod o staff yr ER – roedd hi'n dawel ar fore Mawrth – ddod i weld y pigiad a mynd 'www' neu 'wow', dyma dderbyn y newyddion da – dim Lyme disease oedd gen i. Y newyddion drwg oedd bod yna facteria wedi mynd i'r gwaed drwy'r pigiad a bod gen i *cellulitis* oedd wedi dechrau cyrraedd y prif weithiennau. Petawn i wedi aros tan fin nos i ddod i'r clinic, mi allwn i fod wedi colli fy nghoes. Petawn i wedi aros tan fory, mi allwn i fod wedi marw. Ond dwi wedi dod mewn pryd, ac mae'r driniaeth yn syml. Maen nhw'n fy rhoi ar dri cwrs o antibiotics, un trwy IV a'r ddau arall yn dabledi, ac yn fy ngyrru i adref efo pat ar fy mhen a bil meddygol mor hir â 'mraich.

Nôl yn North Dakota, dwi'n eistedd yn y gwynt main, ar ymyl y trac, yn sychu 'mhengliniau efo weip gwrthfacteria. Mae'r wlad o 'ngwmpas yn hollol, hollol wastad, a moel, ond does dim golwg o dref Kindred yn y pellter, ac mae gen i tua pymtheg milltir arall i fynd yn y gwynt didrugaredd yma. Dwi'n teimlo fel eistedd yn y fan a'r lle a chrio. Yn lle hynny dwi'n codi, a mynd yn fy mlaen, yn ailadrodd y mantra penderfynol 'cadw dy nyrf, cadw dy nyrf, cadw dy nyrf'.

Mae hi'n cymryd pump awr i mi feicio'r pum milltir ar hugain o Fargo i Kindred, hances boced o le efo poblogaeth o 700 – cyflymder cerdded mewn difri. Mae yna lyfrgell ar agor tan 9 o'r gloch y nos, a hen siop groser lle dwi'n prynu tarten eirin i gysuro fy hun a fy mhengliniau coch. Mae pawb yn y pentref naill ai'n mynychu gêm bêl-fas ar dir yr ysgol neu yn y pwll nofio. Fel un llanw mawr, mae pawb yn hel am adref tua naw, pan mae'n tywyllu, a dwi'n gosod fy mhabell yn y cae chwarae. Dyna pryd dwi'n sylweddoli mod i wedi colli fy nghardyn banc. Dydi o ddim i'w weld yn nunlle, ac yna dwi'n sylweddoli – mae'n rhaid ei fod wedi syrthio o'r pwrs ar flaen y beic pan syrthiais i tu allan i Fargo. Y tro yma, dwi'n dechrau crio o ddifri, mewn rhwystredigaeth a blinder, cyn ffonio'r banc i ganslo'r cardyn a mynd i gysgu.

\*

Mae North Dakota yn dalaith anial, wedi ei rhannu gan grid o lonydd syth sy'n mynd am gannoedd ar gannoedd o filltiroedd ar hyd a lled y dalaith. Mae cymuned Kindred wedi ei lleoli ychydig filltiroedd uwchben Highway 46, ffordd o 120 milltir o darmac syth rhwng trefi Oxbow a Streeter. 100 milltir i ffwrdd mae tref Gackle, a'r unig dref ar y lôn rhwng Gackle a Kindred ydi Enderlin. Rhaid beicio i'r gogledd neu i'r de i gyrraedd y trefi eraill, gan ychwanegu milltiroedd pellach at y daith. Dim ond rhyw 30 milltir sydd rhwng Kindred ac Enderlin, sy'n golygu Enderlin yn rhy agos i dreulio diwrnod cyfan yn beicio yno, felly dwi'n penderfynu mynd amdani i drio teithio'r 105 milltir yr holl ffordd i Gackle.

Dwi'n cychwyn yn fore, am 6.30, a hynny ar ôl noson ddiawledig o gwsg yn gorwedd o dan olau *motion-activated* sy'n cael ei droi ymlaen gan bob tipyn deilen. Dwi'n llenwi pob potel ddŵr ar y beic, ac yn prynu un ychwanegol am lwc o garej ar gyrion y dref, cyn cychwyn ar fore sydd prin yn bod yn y niwl trwchus, am Highway 46.

Dwi'n gweld caeau o flodau haul, ambell yrr o wartheg yn pori, a dim llawer o ddim byd arall tan Enderlin, lle dwi'n cael tamaid i fwyta ac yn ail-lenwi fy mhoteli dŵr. Mae'r haul wedi llosgi drwy'r niwl a'r diwrnod yn cynhesu, felly dwi'n prynu bag o rew hefyd, ac yn llenwi pob potel dŵr efo rhew i'w cadw nhw'n oer cyhyd â phosib, a rhoi gweddill y bag i gydbwyso rhwng handlebars y beic a'r bag blaen. Dwi'n cnoi'r rhew sydd ar ôl, yn ei grensian fel oedd Grandma yn arfer ei wneud. Dwi'n stopio yn llyfrgell Enderfil i gysylltu i'r we, er mwyn llenwi ffurflen brifysgol, ac yn estyn fy mhasbort i nodi'r manylion. Mae gen i le i astudio MA Gwleidyddiaeth ac Arabeg yn Durham, MA Gwleidyddiaeth a Rwsieg yn Glasgow ac MRes mewn Llenyddiaeth Gymraeg yn Abertawe, a dwi'n dal i bendilio rhwng y tri llwybr. Ond mae amser yn brin, a heddiw dwi'n llenwi'r ffurflenni ariannu ar gyfer Abertawe.

Ymlaen â fi wedyn, yn sbio ar gaeau, a chaeau, a tharmac, a tharmac. Mae hi'n poethi go iawn erbyn dechrau'r pnawn, ac er fod gen i ddigon o ddŵr o hyd, mae hwnnw wedi cynhesu nes ei fod yr un tymheredd â hen de sydd wedi eistedd yn rhy hir yn y pot, a dydi o'n gwneud dim i dorri syched. Ganol pnawn, dwi'n penderfynu teithio'r milltiroedd ychwanegol i stopio yn Marion, pentref ychydig filltiroedd i'r de o'r brif ffordd.

Os oedd Kindred yn hances boced, mae Marion yn llai fyth, efo prif stryd o ryw fath, swyddfa bost, crop insurer, bar, garej a chaffi bach cymunedol. Dwi'n stopio yn y caffi, a fi ydi'r unig gwsmer sydd ddim yn perthyn i'r ddynes wrth y til. Dwi'n archebu salad ffrwythau ac mae'n fendigedig ar ôl gwres y diwrnod: ceirios a mefus, eirin gwlanog a melon dŵr. Cyn gadael, dwi'n gofyn am gael ail-lenwi fy mhoteli dŵr, ac maen nhw'n mynnu eu llenwi efo rhew o'r oergell anferth yng nghanol y caffi, ac yn rhoi eirinen wlanog, pot o geirios a dau *bopsicle* ar gyfer y daith. Pobl garedig iawn.

Mae gen i 40 milltir arall i fynd ar ôl Marion a dyma 40 anoddaf y diwrnod. Hyd yma, mae'r dydd wedi bod yn hir, ond ddim yn galed. Rŵan, mae gwres y dydd ar ei anterth a dwi'n flinedig, yn sychedig ac ar fy mhen fy hun. Er gwaethaf ymdrechion gorau pobl garedig Marion, dydi'r dŵr oer ddim yn para mwy na deg milltir. Erbyn yr 20 milltir olaf, mae trio yfed dŵr cynnes yn gwneud i mi deimlo'n sâl a dwi wedi bwyta'r ceirios i gyd. Dwi'n stopio i chwydu ar ochr y lôn, yn defnyddio'r dŵr i wlychu hen fandana, ac yn clymu hwnnw o gwmpas fy ngwddw, yn y gobaith y bydd y cadach gwlyb yn oeri rhywfaint ar fy ngwar, a'r rhydweliau sy'n agos at yr wyneb yn y gwddw. Mae hynny'n helpu rhywfaint, ond dwi'n gwybod fod y chwydu a'r teimlad penysgafn yn symptomau o ryw fath o hyperthermia. Mae gen i ddeg milltir arall nes Gackle a does yna 'run copa walltog ar y lôn. Dwi'n chwilio am gysgod, ond yr oll dwi'n medru dod o hyd iddo ydi ffos, ledgysgodol, lle dwi'n gorwedd am hanner awr cyn parhau. Dwi fel doli glwt yn hanner gorwedd dros handlebars y beic, prin yn medru dal fy nghorff i fyny, a dwi'n crynu fel deilen. Dwi'n gwybod na alla i stopio pedlo, na fydd yna ddŵr oer na chysgod tan y dref. Ond yn sydyn dyna hi, Gackle, yn ymddangos o 'mlaen i. Dwi'n baglu mewn i'r unig le sydd ar agor yn y dref, sef bar Dani's Place ac yn eistedd ar stôl wrth y bar. Prin y medra i ffurfio brawddegau llawn, ond dwi'n llwyddo i ofyn am ddŵr a Coke. Dwi'n yfed y dŵr mewn un llowciad, ac mae'r ddynes tu ôl i'r bar wedi dod ag un arall cyn i mi orffen bron, ond mae'r Coke melys yn troi fy stumog ac alla i wneud dim ond ei sipian yn araf.

Dwi'n syllu ar baentiad sâl o garw ar fryn tu ôl i'r bar, cyn holi'r ddynes am le i aros yn y dref. Mae hi'n sôn am deulu sydd wedi troi rhan o'u tŷ yn fync-hows, lle gall beicwyr traws gwlad aros am ddim, felly dwi'n ymlwybro'n araf at gyrion y dref ac yn dod o hyd i'r lle'n ddigon hawdd. Stafell fawr ar gefn hen dŷ ydi o, efo lle chwech a chawod, a thair matres, hot plate, casgliad o fwydiach mae modd talu amdanyn nhw trwy system blwch gonestrwydd. Mae'r waliau wedi'u gorchuddio gan gardiau post, lluniau o feicwyr a mapiau o'r ardal. Mae yna feiciwr arall yno pan dwi'n cyrraedd, dyn ifanc o California sy'n mynd i'r cyfeiriad arall, o'r gorllewin i'r dwyrain. Dydi'r teulu ddim adref ar hyn o bryd, medda fo, ond mae'r bync-hows ar agor i unrhyw un sy'n dod heibio. Mae o'n mynd i chwilio am fwyd tra mod i'n bachu matres a chymryd cawod.

Pan mae'n dychwelyd, dwi'n ei holi lle ffeindiodd o fwyd ac mae'n dweud bod pitsa ar gael yn Dani's Place, felly nôl â fi i fanno, yn dechrau teimlo'n well erbyn hyn. Dim ond 310 ydi poblogaeth Gackle ac mae holl adeiladau'r stryd fawr yn rhai pren bychan, llefydd fel Lenhardt's Crop Insurers, y Gackle Public Library a Sinema Krieger, sy'n adeilad bychan, un llawr, ag arwydd bwrdd llythrennau efo digon o le i roi enw un ffilm, a'r enw KRIEGER mewn goleuadau neon uwch ei ben. Mae yna *drive-through* bychan hefyd, Tastee-Freez, ond mae hwnnw ar gau'r rhan fwyaf o'r wythnos, felly pitsas Dani amdani.

Lle bychan ydi lle Dani. Mae yna jiwc bocs, bwrdd dartiau ac un o'r hen bysgod ar blac 'na sy'n canu a symud eu cynffon y mae pysgotwyr yn eu gweld yn ddoniol. Dwi'n archebu pitsa gan yr un ddynes a roddodd y dŵr i mi ychydig ynghynt.

'*Looks like you got some better colour on you now,*' ydi'r unig beth mae hi'n ei ddweud, ac wrth i mi fwyta dwi'n gwrando ar y cwsmeriaid eraill yn trafod eu cynlluniau ar gyfer y penwythnos. Dwi nôl yn y bync-hows erbyn hanner awr wedi wyth, ac yn cysgu'n drwm erbyn naw.

*

Dwi'n teimlo'n syndod o iach y diwrnod wedyn, ond yn penderfynu peidio â mentro mynd yn bellach na Napoleon, tref rhyw 40 milltir i ffwrdd. Mae'n fore'n braf a'r beicio'n rhwydd. Mae yna rywfaint o fryniau ond mae'r lôn yn dal yn berffaith syth. Mae'r rhan yma o'r dalaith fel colander tyllog, yn llawn llynnoedd bas, ond dydi'r rheini ddim yn medru newid cwrs Highway 46, wrth i'r lôn gario mlaen yn llinell syth ar hyd y sarnau, yn syth ar draws pob llyn. Mae adar gwynion yn nofio ar wyneb y llynnoedd, y pelicaniaid â phigau hirion a'r gwartheg cochion yn yfed ac yn trochi ar y glannau.

Wrth i mi feicio, mae'r awyr i'r de yn troi'n ddu, a dwi'n cofio am eiriau'r motobeiciwr yn Brandon. Cymylau du, nid gwyrdd o leiaf. Mae'r tir yn ffurfio bryniau isel, tonnau mân o fryniau, ac mae modd gwylio'r tywydd yn symud dros y tirlun filltiroedd i ffwrdd. Mae glaw yn syrthio'n niwlen deg milltir i'r de, ond mae'r gwynt yn chwythu o'r gogledd heddiw, felly fydd dim rhaid i mi fentro'r storm. Mae caeau alffalffa bob ochr, eu blodau porffor yn suo efo pryfaid, ond does dim arwydd o bobl heblaw am ambell adfail, cabanau pren wedi eu gadael i ddadfeilio, ac ambell hen beiriant amaethyddol yn pydru yng nghornel cae. Yn y pellter, dwi'n gweld bryn, gyda rhes o beiriannau yn dringo ei ael. Wrth ddod yn nes, dwi'n gweld mai hen beiriannau dyrnu ydan nhw, wedi eu gosod mewn rhes hir yn dringo'r bryn. Rydan ni filltiroedd ar filltiroedd o unrhyw le, a dwi'n cyfri o leia pump ar hugain ohonyn nhw, yn gadwen hir, fel morgrug anferth.

Dwi'n dod i stop wrth y peiriant agosaf at y lôn, lle mae arwydd mawr yn datgan mai dyma'r 'Dinosaurs of the Prairie – Threshing Machine Collection of John "Custer" Grenz'. Dwi'n trio dyfalu sut fath o berson ydi John, ei fod yn arddel enw dyn mor dreisgar â Custer efo'r fath falchder, ond cyn i mi bendroni'n ormodol mae yna bic-yp yn tynnu fewn, hanner canllath i ffwrdd. Un o'r ychydig geir i mi ei weld drwy'r bore ar y rhan dawel yma o lôn. Mae dau ddyn yn dod allan a dwi'n trio asesu pa arfau hunan-amddiffynnol sydd gen i wrth law. Mae gen i gyllell boced ar flaen y beic, ac mi allai'r beic ei hun fod yn rhyw fath o amddiffynfa, pe tawn i'n ei daflu ar rywun, ond o gofio'r pwysau mae'n annhebygol y buaswn i'n llwyddo i'w godi oddi ar y llawr. Mae 'nghalon i'n curo wrth i'r ddau nesáu a dwi'n meddwl, dyma ni, y diwedd, dwi am gael fy lladd wrth ymyl 'Dinasaurs of the Prairie', yng nghanol nunlle yn North Dakota.

'*Hey!*' medda un o'r dynion. '*Would you like some water?*'

'*Water?*'

'*Yeah, we saw you biking, we got some water in a cooler in the truck.*'

'*Ymm.*'

'*We've just been cycling ourselves, from Minnesota to Montana, we're just heading back to Minnesota now, still got some supplies.*'

'*Oh, Ok...*' Maen nhw'n estyn dwy botel o ddŵr oer, efo dafnau trwm wedi anweddu ar ochr y botel, a dwi'n eu derbyn yn betrus, fy nghalon yn dal i guro. Mae'r dynion yn gwenu ac yn dymuno pob lwc i mi, yn dychwelyd i'r tryc ac yn gyrru i ffwrdd.

Dim ond wrth iddyn nhw ddiflannu yn y pellter mae'r tensiwn yn fy sgwyddau i'n llacio. Dwi'n ddiolchgar am y dŵr, ond hefyd yn rhyfeddu at ddiffyg hunanymwybyddiaeth rhai dynion, o sut mae eu gweithredoedd nhw yn medru ymddangos i ddynes ar ei phen ei hun. Petai tryc yn dod i stop am ddim rheswm amlwg wrth ymyl dynes ar ei phen ei hun ganol nunlle mewn golygfa mewn cyfres dditectif, fedrwch chi ddychmygu be fyddai'r gerddoriaeth gefndirol.

Ymlaen â fi, a mewn dim o dro dwi'n cyrraedd Napoleon, tref fach ddel yn y prairie, wedi ei threfnu mewn grid perffaith, a lein yr Amtrak yn torri trwy ei chanol. Dwi yno erbyn canol dydd, ac mae gen i'r pnawn i ymlacio. Dwi'n cael cinio yn y White Maid, *diner* bach hen ffasiwn efo ffenest *drive-through* ar gyfer y ffermwyr sy'n dod yn eu pic-yps, a lluniau du a gwyn o hen sêr Hollywood wedi'u harwyddo ar hyd y waliau.

Dwi'n mynd i faes pebyll y dref, ac yn gosod y babell, ac wrth wneud hynny yn sylweddoli nad ydi fy mhasbort Prydeinig yn fy mag. Panic. Dwi'n gwagio'r panniers dros y gwair i gyd, yn ysgwyd pob dim, yn chwilio trwy bob poced – dim byd. Dwi'n diawlio'n hun am golli fy ngherdyn banc a fy mhasbort mewn cwta dridiau, ac yn trio meddwl lle roedd o gen i ddiwethaf: Enderlin, dros gan milltir tu ôl i mi. Cachu hwch. Ond does dim pwrpas poeni'n ormodol am rywbeth na alla i ei newid – wedi'r cwbl, mae gen i ail basbort petai'n dod i hynny, ac mae hwnnw'n ddiogel. Anadl ddofn.

Dwi'n mynd yn ôl i'r White Maid ac yn archebu *banana split*, i ddathlu mod i wedi croesi'r ail fil, ac wedi beicio tua

2,040 o filltiroedd. Tra mod i yno, dwi'n chwilio am rif ffôn llyfrgell Enderlin, rhag ofn eu bod nhw wedi dod o hyd i'r pasbort, ac yn rhoi galwad i'r llyfrgell.

'*Hello, Enderlin City Library.*'

Tua 800 o bobl sy'n byw yn Enderlin.

'*Hi, I was just wondering if you happened to find a passport in the library yesterday or today?*'

'*Sure, I'll take a look – a passport from which country?*'

Faint o basborts sy'n cael eu gadael yn llyfrgell Enderlin mewn wythnos arferol, dudwch?

'*It's a British one.*'

'*Oh you're British? I'm from Wales originally.*'

'*No, really? I'm Welsh too!* Ydach chi'n siarad Cymraeg?'

'Yndw, tipyn bach! *I've not spoken any Welsh in years! And I'm sorry, no British passport has been handed in.*'

A dyna ni, y sgwrs ffôn fwyaf swreal i mi ei chael ers amser maith.

Mae'r sgwrs Gymraeg annisgwyl (a'r *banana split*) wedi codi fy nghalon a dwi'n mynd nôl i'r babell i ymlacio. Mae'r maes carafannau yn rhan o'r parc, gyda man penodol i'r carafannau, ond rhyddid i godi pebyll unrhyw le, felly dwi'n gwneud hynny dan goeden gysgodol, wrth ymyl pafiliwn mawr, efo byrddau a thyllau plwg. Yr ochr draw i'r coed mae pwll nofio'r pentref, sy'n llawn plant yn mynd a dod drwy'r dydd. Dwi'n tynnu fy mat campio allan o'i fag ac yn ei osod mewn man cysgodol tu allan i'r babell, ac yn treulio'r pnawn yn pendwmpian yn braf.

\*

Am un o'r gloch y bore, mae sŵn taranau yn fy neffro. Dwi'n cyfri dwy neu dair eiliad rhwng pob taran, a phrin nad oes yna eiliad rhwng y fflach a'r daran. Dwi'n codi'n gyflym, gan afael yn fy sach gysgu a rhedeg drwy'r glaw i'r pafiliwn, sydd efo system drydan sydd wedi growndio, felly – dwi'n gobeithio – yn gwarchod rhag y taranau. Dwi'n lapio fy hun yn fy sach gysgu ac yn gwylio'r storm, wedi fy nghyfareddu'n llwyr gan y cymylau'n cael eu chwythu ar ruthr uwchben, ac yn cael eu goleuo bob ychydig o eiliadau gan y mellt, y rheini'n gwneud i'r crychau a'r cilfachau ymdebygu i grib o fynyddoedd esgeiriog. Bob hyn a hyn mae bwlch yn y cymylau, ac mae'r sêr yn ddisglair cyn i'r cwmwl symud unwaith eto a'u cuddio. Mae'n gyrru ias i lawr fy asgwrn cefn, ond falle mai'r moscitos, sydd hefyd yn mochel yn y pafiliwn, sydd wrthi, erbyn meddwl.

Dwi'n eistedd ar y concrid oer am dros ddwyawr, nes fod y bwlch rhwng y taranau, a rhwng y taranau a'r fflachiadau, yn ddigon hir i mi ddychwelyd i'r babell. Mae'n gwawrio yn llawer rhy gyflym wedi hynny. Wrth bacio, dwi'n dod o hyd i fy mhasbort, oedd wedi llithro i leining y bag rhywsut. Un broblem yn llai, o leiaf.

*

Dwi'n teimlo fel petawn i wedi cael sawl ail gan North Dakota ac yn hiraethu am feicio rhwydd y milltiroedd blaenorol. Mae meithder anial y dalaith yn heriol, yn rhyfeddol ac mor wahanol i Gymru lle mae yna bentref, tŷ fferm neu gapel ym mhob cesail ac ar bob cornel bron. Dydi'r math yma o bellteroedd ddim yn bodoli yng Nghymru.

Yn fwy na hynny, mae'r dalaith ei hun mor bell o bob man. Mae Napoleon yn teimlo fel botwm bol ar gyfandir gogledd America. Mi allwn droi fy meic i unrhyw gyfeiriad, a byddai miloedd o filltiroedd o fy mlaen. Rhyw ddwy fil tu ôl i mi, am yr Iwerydd, a dwy fil arall rhyngdda i a'r

Cefnfor Tawel. Chwe mil o filltiroedd i'r de, am Ithmws Panama. Dwy fil o filltiroedd i'r gogledd, i Nunavut, cyn i'r tir droi'n ynysoedd rhewllyd môr y gogledd.

Hwn ydi'r meithder sy'n rhan mor annatod o'r mythos Americanaidd. Y meithder hwn sy'n rhoi i ddinasoedd rhanbarthol fel Bismarck eu rhamant, i Lenhardt's Crop Insurance a Tastee-Freez, ac i Kerouac a'r Hobos, i Thelma a Louise, i Walt Whitman a'r Cadillac a'r cwbl. Meithder y medri di ddiflannu am byth i'w berfedd, meithder wneith i chdi ddisgyn mewn cariad, dechrau barddoni, colli arnat, neu y tri. Go iawn.

# 17

# Bismarck, ND

## *Milltir 2,181*

DRANNOETH, DWI'N TROI'N ôl am y gogledd, gan feicio trwy Hazelton (poblogaeth, 235), tref oedd ar un tro, yn ôl hanesydd lleol brwdfrydig, yn fath o Chicago fechan, yn llawn torcyfraith a chynnwrf, yn ogystal â bod yn ganolbwynt i ddiwydiant llin y wlad. Erbyn heddiw, mae'r pentref yn gyffro i gyd dros lwyth o eirin gwlanog sydd newydd gyrraedd unig siop y pentref o rywle, ac mae pawb ar dân eisiau bocseidiau ohonyn nhw i'w canio.

Bismarck ydi'r lle dwi'n anelu amdano, prifddinas y

dalaith, ar lan yr afon Missouri. Yr ochr draw i'r afon, mae dinas Mandan, a enwyd ar ôl y llwyth brodorol fu'n byw ar lannau gogleddol afonydd y Missouri, yr Heart, a'r Knife ers yr unfed ganrif ar ddeg. Efallai ein bod ni ym mherfedd y cyfandir, yn y craidd tywyll, ond rydan ni hefyd ar ben un o briffyrdd mawr y cyfandir. Y Missouri yw'r afon hiraf yn yr Unol Daleithiau sy'n llifo o Montana i St. Louis, pellter o 2,341o filltiroedd. Am ganrifoedd, roedd tir y Mandan, ar wastadeddau yn North Dakota, yn ganolfan fasnach gyfandirol, yn masnachu efo pobloedd o Florida i Alaska.

Ond os oedd yr ardal yn ganolfan fasnach bwysig diolch i'r Missouri, roedd hefyd yn cynrychioli safle pwysig yn ymdrechion y dynion gwyn i deithio tua'r Cefnfor Tawel, ac 'agor' y gorllewin. Bu Lewis a Clark yma, yng ngaeaf 1804–05, ar eu taith o St. Louis i'r arfordir, neu ardal a ddaeth i gael ei hadnabod yn ddiweddarach fel talaith Oregon. Yn 1803, 22 mlynedd ers i'r tair ar ddeg talaith gyntaf ddatgan annibyniaeth oddi wrth Brydain a sefydlu gwladwriaeth annibynnol, pwrcaswyd gan y wladwriaeth ifanc 828,000 milltir o dir gan Ffrainc ym masin yr afon Mississippi. Neu yn hytrach, prynodd yr Unol Daleithiau yr hawl i goncro a meddiannu 828,000 milltir sgwâr o dir, heb wrthwynebiad grymoedd Ewropeaidd, am nad oedd gan y mwyafrif o bobloedd frodorol y rhanbarth glem fod eu tir wedi cael ei 'werthu' i'r wladwriaeth newydd.

Dan gyfarwyddyd yr arlywydd Thomas Jefferson, anfonwyd Meriwether Lewis a Williams Clark a'r Corps of Discovery ar daith i geisio croesi'r diriogaeth newydd, er mwyn canfod llwybrau masnach, i gasglu gwybodaeth am y tiroedd, y tyfiant a'r bobl oedd newydd ddod yn rhan o'r Unol Daleithiau. Dros gyfnod o 1,228 o ddyddiau (dros dair blynedd), teithiodd y grŵp ar hyd yr afon Missouri o St. Louis yn Illinois i Montana. Teithiodd rhai ar hyd yr afon Yellowstone, gan ailymgynnull yng ngogledd Idaho a dilyn y Columbia tua'r môr, cyn dychwelyd i'r dwyrain efo'u mapiau a'u brasluniau.

Un arall fu trwy'r ardal hon yw John Evans, dyn o'r pen arall i Gomin Uwch Gwyrfai i mi, a aeth yn 1796 i chwilio am lwyth y Mandan i weld a oedden nhw'n siarad Cymraeg neu beidio. Yn ffrind i Iolo Morganwg, daeth i'r cyfandir newydd, ac o dan nawdd y Sbaenwyr yn Louisiana Sbaenaidd aeth ar daith i fapio'r afon Missouri gan ddefnyddio'r nawdd hwnnw fel cyfle i gyflawni ei orchwyl bersonol. Ei fap ef o'r Missouri oedd gan Lewis a Clark yn eu sachau chwe blynedd yn ddiweddarach, pan fentron nhwythau tua'r gorllewin.

Yma, felly, yn Bismarck mae llwybrau pawb yn croesi. Yr enw 'Missouri Crossing' roddodd Lewis a Clark ar y fan sydd heddiw yn cael ei nabod fel Bismarck. Wrth i'r ras i agor y gorllewin boethi yn y 19eg ganrif, daeth yn dref reilffordd bwysig, ac yn 1873 cafodd y dref ei henwi'n Bismarck, ar ôl Otto von Bismarck, er mwyn denu gweithwyr Almaenig i ddod i weithio ar y rheilffyrdd.

Wrth gyrraedd cyrion Bismarck mae dychwelyd at fyd y traffig a'r archfarchnadoedd, ar ôl anialdiroedd y dyddiau diwethaf, yn sioc i'r system. Dwi'n astudio'r map ac yn dod o hyd i dŷ Ron a Jenny, lle fydda i'n aros heno. Mae eu cartref mewn stad o dai gwynion efo lawntiau taclus, yn nhopiau'r dref. Wedi cyrraedd, maen nhw'n tynnu fy llun efo camera polaroid ar gyfer eu llyfr lloffion ac yn fy nghroesawu'n gynnes. Rhyw awr wedyn mae dau feiciwr arall yn cyrraedd, Paul a Gabriel, dau ddyn ifanc o Pennsylvania sy'n beicio i'r cyfeiriad arall i mi. Maen nhw wedi llwyr ymlâdd, ar ôl profi dim byd ond gwynt i'w talcen ers dyddiau. Fel arall y dylai hi fod: mae'r prifwyntoedd yn chwythu o'r gorllewin tua'r dwyrain, a dyna pam fod y rhan fwyaf o feicwyr yn dewis mynd i'r cyfeiriad hwnnw, yn wahanol i mi. Ond drwy lwc mwnci dwi'n teithio mewn blwyddyn pan mae pethau wedi troi ar eu pen, ac mae'r gwyntoedd wedi bod yn chwythu o'r cyfeiriad arall, ac o fy mhlaid i, am y rhan fwyaf o'r siwrne.

Ar ôl swper, mae Ron yn mynnu mynd â'r tri ohonan ni am sbin yn y car o gwmpas Mandan a Bismarck, i ddangos yr ardal i ni. Rydan ni'n croesi'r Missouri er mwyn gweld y ffordd hawsaf i feicio allan o'r dref am y gorllewin, efo Ron yn esbonio'n falch mai North Dakota yw talaith fwyaf Sosialaidd yr UDA, am fod y *grain silos* i gyd yn eiddo i lywodraeth y dalaith.

Ar y ffordd yn ôl i'r tŷ, rydan ni'n gyrru i gopa bryn uchel uwchben yr afon, ar ochr Mandan, lle mae gweddillion un o bentrefi gwreiddiol y Mandan, pentref Miti O-pa-e-resh a sefydlwyd o gwmpas 1575, ac a oedd ar ei anterth yn gartref i 1,500 o bobl. Erbyn hyn, mae'n rhan o barc Fort Abraham Lincoln. Rydan ni'n parcio, ac mae'r afon yn arian byw yn adlewyrchu'r cymylau storm uwchben. Rydan ni'n sbio'n gwrtais ar yr olion pridd, sy'n cynrychioli'r diwylliant fu'n ffynnu yma cyn i'r frech wen eu rheibio yn 1781, wrth i'r clwy hwnnw ymledu o Ddinas Mexico yn y de. Erbyn i John Evans gyrraedd yr ardal yn 1796, bymtheg mlynedd yn ddiweddarach, roedd tiriogaeth y llwyth wedi crebachu, yn saith tylwyth yn lle un deg tri, a nifer o'r pentrefi fel Miti O-pa-e-resh wedi eu gadael wrth i'r llwyth ffurfio cnewllyn amddiffynnol ymhellach i'r gogledd, i amddiffyn eu hunain rhag cyrchoedd y Lakȟóta, yr Očhéthi Šakówiŋ a'r Apsáalooke. Pan ddaeth Lewis a Clark ar draws y pentref yn 1806, roedd eisoes yn adfail.

Wrth i ni ddychwelyd i'r car, rydan ni'n clywed taran, ac yn gweld fflach mellten yn taro, ymhell dros y paith. Rydan ni'n eistedd yn y car i wylio'r taranau dros y gwastadedd am ychydig, cyn dychwelyd i dŷ Ron a Jenny.

Drannoeth, dwi'n cychwyn am New Salem. Mae Paul a Gabi, sy'n anelu am Gackle, wedi penderfynu beicio yn ystod y nos i osgoi'r gwynt a'r gwres. Mae'r lonydd yn syth ac yn dawel, sy'n golygu na ddylai traffig neu fynd ar goll fod yn broblem, felly maen nhw'n dal yng nghwsg pan dwi'n dechrau arni. Mae hi'n fore stormus, a dwi'n aros i'r gwaethaf basio cyn cychwyn. Mae'r gwynt wedi troi hefyd, ac yn chwythu i fy nhalcen i, felly dwi'n penderfynu peidio â mynd yn bellach na'r 30 milltir i New Salem.

Dwi'n falch o fy mhenderfyniad, gan fod y 30 milltir i New Salem yn llafurus ac yn fryniog, efo gwynt mawr dibaid. Mae'r bryniau'n golygu llai o dyfu cnydau a mwy o bori gwartheg, efo preiddiau mawr o fuchod a lloi yn cnoi cil mewn caeau mawrion.

Ond cyn hir, mae New Salem yn ymddangos ar wastadedd ar y gorwel, yn glwstwr o adeiladau wedi eu codi o amgylch bryncyn unig. Ac ar y bryn hwnnw, mae'r enw NEW SALEM wedi ei ysgrifennu mewn llythrennau breision, efo cerflun 35 troedfedd o fuwch Holstein yn sefyll ar y copa, yn syllu dros y gwastadeddau maith. Dyma New Salem Sal.

Mae'r dref, fel sy'n gyffredin yn yr ardal yma, wedi ei threfnu mewn grid taclus, gyda'r stryd fawr yn rhedeg ochr yn ochr â chledrau'r trên, a'r cwbl yn hollol farwaidd heblaw am gerddoriaeth bop weddol ddystopaidd sy'n chwarae ar gyfres o uchelseinyddion wedi eu cysylltu â goleuadau stryd. Does dim enaid byw yn unman, a dim smic o sŵn heblaw am Britney Spears yn canu am dy docsicrwydd. Rhyfedd iawn.

Dwi'n dod o hyd i faes campio wrth droed bryn y fuwch, ac yn gosod fy mhabell cyn mynd i fyny i gael golwg agosach ar y fuwch fawr. Wrth ddod nôl i lawr at y babell, dwi'n sylwi fod rhywbeth o'i le efo un o deiars y beic. O sbio'n agosach, mae'r teiar cefn wedi'i rwygo mewn sawl man, y rwber wedi'i grafu i ffwrdd gan ddinoethi'r llinynnau plethedig oddi tano. Mae'r tiwb mewnol yn dal yn ddiogel, ond dwi'n poeni am chwythu'r teiar. Dwi'n diawlio, a finnau newydd adael yr unig ddinas am sawl 100 milltir eto, a'r siawns o ddod o hyd i siop feics rhwng Bismarck a Billings, 450 milltir i ffwrdd, yn isel. *Shit, shit, shit*. Dwi'n cerdded draw i'r garej, yr unig le yn y dref sy'n dangos unrhyw arwydd o fywyd, gyda chaffi bychan ynghlwm, er mwyn cysylltu â'r we i sbio ar fy opsiynau. Dwi'n ordro siocled poeth ac yn eistedd wrth y ffenest, yn gwylio lorïau a thrycs yn tynnu mewn i'r garej i lenwi eu tanciau. Dwi'n gwylio dwy fan geffylau anferth yn dod i'r garej, tanciau'r trycs yn cael eu llenwi, a'r ceffylau'n cael eu tywys o gefn y faniau a'u harwain i lain o laswellt i bori a chael awyr iach. Maen nhw'n geffylau hardd, rhai main efo lliw da ar eu cotiau. Ceffylau rasio, yn ôl eu golwg, a rhai gwerthfawr yn ôl y gofal mawr maen nhw'n ei gael. Mae gan bob un dîm o staff i ofalu amdanyn nhw. Maen nhw'n treulio rhyw dri chwarter awr yn y garej, y criw sy'n edrych ar eu holau wedi'u gwisgo mewn denim a chrysau plàd, ambell un mewn het gantel lydan. Wedi cael eu hawyr iach, mae'r ceffylau'n cael eu llwytho'n ôl i gefn y trycs, ac mae'r garafán yn parhau ar ei thaith tua'r gorllewin.

Wrth astudio'r map, dwi'n gweld bod siop feics yn Medora, tref fechan 150 milltir i'r gorllewin, ond dwi'n amau a wnaiff y teiar oroesi'r fath bellter. Yr opsiwn diogel ydi dychwelyd i Bismarck, gan ychwanegu 60 milltir a gwastraffu diwrnod. Dwi'n trio peidio â meddwl am y peth fel gwastraff amser – mae beicio yn gyffredinol yn wastraff amser, os mai'r bwriad ydi cyrraedd rhywle y ffordd gyflyma. Y siwrne sy'n cyfri. Ha. Dwi'n gyrru neges sydyn i Ron yn esbonio'r sefyllfa ac mae o'n ateb yn syth i ddweud bod croeso mawr i mi ddod nôl am noson arall. Dydi fy ffôn ddim wir yn gweithio ers cyrraedd North Dakota. Mae'n debyg fod y cwmni ffôn wedi'i leoli yn nwyrain y wlad, ac nad ydi eu signal yn ymestyn i'r gorllewin. North Dakota ydi'r pellaf mae modd cael signal, a dwi ar y ffin lle mae'n cael ei golli, felly cysylltu trwy wi-fi fydd fy unig ffordd o gysylltu efo pobl o hyn ymlaen.

Wedi tin-droi ddigon yng nghaffi'r garej, dwi'n hel fy mhethau. Wrth i mi adael y maes parcio, dwi'n croesi'r llain o laswellt, tu hwnt i ffin y maes parcio lle bu'r ceffylau'n pori'n gynharach. Mae awr a mwy wedi mynd heibio ac maen nhw rhyw gan milltir i ffwrdd erbyn hyn mae'n siŵr. Ar y llawr, o fy mlaen i, mae papur $50.

Dwi'n syllu arno'n llywaeth am ychydig o eiliadau, cyn ei godi a sbio i wneud yn siŵr nad pres Monopoly mohono. Dwi ddim yn cofio gafael mewn papur $50 erioed ac mae wyneb llwydwyrdd Ulysses C Grant yn anghyfarwydd. Dwi'n ei dderbyn yn ddigwestiwn fel arwydd o anogaeth ddwyfol, ac yn ei lithro i fy mhoced.

Fore trannoeth, dwi'n dod i ddeall bod yna bris i'r anogaeth ddwyfol honno. Dros nos, mae'r misglwyf wedi cyrraedd, yn gynnar. Mae'r beicio wedi chwarae hafoc gyda fy nghorff, metabolaeth, hormonau, ac mae pob dim dros bob man. Dwi'n cychwyn yn ôl am Bismarck mewn hwyliau cachlyd iawn, ond o leiaf fod y gwynt oedd i fy nhalcen ddoe i fy nghefn heddiw, ac yn fy ngwthio'n nes ac yn nes at Bismarck .

Ar ôl tua 15 milltir dwi'n dechrau cael cramps ofnadwy. Dwi'n cymryd dwy Ibuprofen, ond waeth i mi gymryd dwy Skittle ddim, mae fy nghorff yn metaboleiddio'r cyffur mor gyflym. Ond maen nhw'n dweud bod ymarfer corff yn medru bod yn help efo'r boen, felly dwi ddim yn poeni'n ormodol, ac yn dal i fynd.

Mae'n troi allan nad ydi ymarfer corff yn gwneud fawr o ddim i leddfu. Efo pum milltir i fynd, mae'r boen wedi cymryd drosodd, yn torri yn donnau cyson, cynyddol lethol. Dwi prin yn medru canolbwyntio ar ganfod y ffordd, yn crynu ac yn chwys oer i gyd. Dwi'n llwyddo i wneud fy ffordd yn araf drwy Mandan, ond wrth gyrraedd y bont dros y Missouri dwi'n gorfod dod oddi ar y beic a gwthio, yn hanner dal y beic i fyny, a hanner dibynnu ar y beic i 'nal innau ar fy nwy droed. Wedi croesi'r bont dwi'n gweld llain o wair, ar ymyl y draffordd, cornel fach werdd wrth ymyl *underpass*. Dwi'n pwyso'r beic yn erbyn coeden a thrio ffonio Ron ar y rhif ges i ganddo petai angen help arna i, ond dydi'r ffôn ddim yn gweithio, wrth gwrs.

Yn sydyn mae fy llygaid yn dechrau troi, ac mae'r byd yn diflannu i dwnnel, wrth i mi lewygu.

Dwi'n deffro, a gweld traed yn cerdded heibio ar y palmant gyferbyn â mi. Dwi'n gorwedd wrth ymyl fy meic, ac am eiliad, dwi'n teimlo'n OK. Wedyn dwi'n ailffocysu'n iawn, ac mae'r boen yn llifo drwydda i eto. Dwi'n aros lle'r ydw i, yn crynu mewn oerfel er ei bod hi'n agos at 100 gradd Farenheit. Cywilydd o gael pobl yn fy ngweld i'n gorwedd ar ymyl traffordd sy'n gwneud i mi godi yn y diwedd, codi'r beic, a dechrau ymlwybro'n araf i fyny'r allt at dŷ Ron. Dwi'n cofio rhywbeth tebyg yn digwydd yn y Brifysgol un tro, lle ro'n i wedi llewygu ar lawr toiledau'r merched cyn darlith. Pan ddois i'n ôl ata fi fy hun, yr oll ges i oedd sylw gan hogan arall wrth iddi olchi ei dwylo y dylswn i 'yfed llai tro nesa'.

Dwi'n siŵr mai dwy filltir ydi hi i dŷ Ron, ond dwi'n teimlo fel pe bawn i'n cerdded am oriau, prin efo'r nerth i wthio'r beic, mewn rhyw fath o dwymyn, fy mhen yn troi.

'*What the heck happened to you?*' hola Ron pan dwi'n cyrraedd y tŷ.

'*I've just been sick, it's nothing much, probably something I ate.*'

'*Come in, dear, come lie down,*' meddai Jenny. Yn ddiolchgar, dwi'n syrthio i'r gwely, ac yn cysgu fel arth am dair awr. Dwi'n deffro tua 3 o'r gloch, fel person newydd.

'*Shall we go to the bike shop?*' a ffwrdd â ni i drwsho'r teiar. Dwi'n ceisio meddwl am fory, am be sydd ar ôl New Salem, yn ceisio anghofio am y pnawn mor fuan ag y medra i. Mae yn y gorffennol, dwi wedi goroesi. Yr unig beth ar fy meddwl i ydi y peth nesaf, y dref nesaf, y broblem nesaf.

## 18
# Richardton, ND

*Milltir 2,231*

DWI'N CYCHWYN O Bismarck am yr eildro, ond y tro yma efo'r beic yn ddiogel yng nghefn tryc Ron. Mae o wedi mynnu fy ngyrru fi mor bell â New Salem, i wneud i fyny am y 30 milltir ychwanegol ddoe. Rydan ni'n ffarwelio wrth gysgod y fuwch, ac mae'r beicio o New Salem am Hebron yn rhwydd, wrth i fi feicio ar hyd yr hen Route 10 am y rhan fwyaf o'r ffordd. Mwy o gaeau, a phorfeydd breision. Dwi'n cymryd seibiant yn Hebron, ac mae'r holl Salems a Hebrons yn teimlo fel mod i'n ôl ym mhentrefi anghydffurfiol Cymru. Mae'r brif lôn trwy Hebron wrthi'n cael ei hail-dario, a'r cwbl yn rafel rhydd heddiw. Dydi'r dref yn ddim byd mwy na rhesiad o siopau yn wynebu'r rheilffordd, y siopau hynny yn cynnwys archfarchnad efo silffoedd gwag, a'r llyfrgell flera i mi ei gweld erioed, sy'n ymdebygu fwy i *garage sale* nag i lyfrgell. Dwi'n prynu *iced tea* o'r archfarchnad wag, ac yn ei yfed ar fainc yn wynebu'r rheilffordd, cyn cario 'mlaen am Richardton.

Ar y bryniau y tu allan i Hebron dwi'n cael fy ngoddiweddyd gan gwmwl o locustiaid, ac mae'r ymdeimlad Beiblaidd yn parhau. Maen nhw'n bethau mawr, hyll, yn neidio'n ôl a 'mlaen dros y lôn, gan daro mewn i'r beic, a chan lanio ar y panniers ac ar fy nghoesau, ac mae llwyth o rai meirw ar y lôn yn crensian yn annifyr o dan deiars y beic. Dwi'n teimlo fel dal fy ngwynt nes mod i wedi mynd heibion iddyn nhw, ac am weddill y pnawn mae gen i deimlad annifyr ar fy ngwar.

Dwi'n cyrraedd Richardton erbyn 5. Tref fechan, y brif stryd yn rhes o siopau brics coch un llawr, pob un â'i phortsh i'w gwarchod rhag yr haul, ac arwyddion cryno ac annelwig fel 'DON'S' uwchben y drysau, sy'n rhoi fawr o arweiniad i bobl ddiarth ynglŷn â be sy'n cael ei werthu tu hwnt i'r ffenestri cysgodol. Mae'r rheilffordd yn gyfochrog â'r brif stryd, dros y ffordd i'r siopau, gyda siediau a seilos graen sinc yn ei chanlyn. Ar y naill ochr i'r cledrau, mae'r dref wedi ei threfnu mewn grid taclus, ond ar yr ochr arall mae'n colli ei siâp, y lonydd yn igam-ogamu a thai ac arfarchnadoedd wedi eu codi ar hap ar draws y paith.

Dwi'n mynd i fewn i'r unig le sydd ar agor ganol pnawn, y County Drug Store and Pharmacy. Mae'n adeilad mawr, hir, sy'n darparu DVDs i'w rhentu, pajamas blodeuog, canhwyllau ogla da, fferins a diodydd, persawr hen ffasiwn a nofelau rhamant. Dwi'n prynu potel o *iced tea* ac yn gofyn am gyfarwyddiadau i'r fynachlog. Dal i fynd am ychydig filltiroedd y tu draw i'r dref, ac mi fydd hi ar y dde.

I ffwrdd â fi, ar hyd y lôn dawel. Urdd y Benedictiaid sydd wedi ymgartrefu yma, mewn adeilad mawr sy'n ymdebygu i gartref ymddeoliad ffansi. Un o egwyddorion y Benedictiaid ydi darparu lletygarwch, a dwi wedi cael fy nghynghori i ofyn am lety efo nhw heno. Dwi'n beicio lawr y lôn hir tuag at y prif adeilad, sy'n dawel fel y bedd, dim golwg o un dyn byw. Dwi'n mynd at y drws, yn canu'r gloch, ac yn aros wrth i leian fechan mewn ffrog dywyll ddod i'w ateb. Dwi'n cael fy arwain i'r cyntedd, sy'n ystafell aros daclus wedi ei haddurno â blodau sychion, darnau o frodwaith llaw a llun o Sant Bened o Nursia. Dwi'n holi'n ansicr a faswn i'n medru aros yma'r noson honno. Mae hi'n nodio ac yn mynd i nôl rhywun arall. Ymhen ychydig mae lleian hŷn a mwy awdurdodol wedi ymddangos. Mae hi'n fy arwain i lawr trwy grombil yr adeilad at neuadd breswyl, cyfres o stafelloedd llwm sy'n cael eu defnyddio ar gyfer encilion a chynadleddau ysbrydol, mae'n debyg. Mae hi'n dangos ystafell folchi y medra i ei defnyddio, a gardd fechan ochr arall i'r drws lle alla i godi'r babell. Mae'n dweud bod croeso i mi fynd am dro ar dir y fynachlog, ac yna i ffwrdd â hi.

Dwi'n gosod fy mhabell ac yn cael cawod, cyn mynd i grwydro. Mae'r adeilad yn anferthol, ond does dim arwydd o fywyd yn nunlle. Mae'r fynachlog wedi ei hadeiladu ar lwyfandir uwchben y paith, ac mae fy nghornel i o'r fynachlog yn wynebu'r dibyn. Mae'r tir yn mynd am i lawr yn sydyn, yn llethr hir o brysgwydd, efo caeau, coediach a bryniau yn ymestyn i'r gorwel oddi tanodd. Dwi'n cerdded i du blaen y fynachlog yn gyntaf, lle mae gardd flodau fach a mynwent fechan tu draw iddi. Dwi'n crwydro'r fynwent, yn darllen yr enwau ar y beddau. Cafodd y gymuned hon ei sefydlu yn 1910, ac mae'n rhaid fod anghydweddogrwydd yn dda i'r corff yn ogystal â'r enaid, oherwydd mae cyfran rhyfeddol o'r lleianod yn y fynwent wedi byw i fod yn eu nawdegau. Ymlaen â fi wedyn heibio cefn y fynachlog, ac yno mae perllan, a siediau mawr o bren coch, sy'n gartref i yrr o lamas. Dwi'n hoffi dychmygu lleianod yn bugeilio lamas. Ond mae absenoldeb unrhyw fodau dynol yn dechrau codi croen gwydd arna i, felly dwi'n nôl fy meic ac yn troi'n ôl am Richardton.

Dwi'n dod o hyd i'r archfarchnad ar ben ei hun, i ffwrdd oddi wrth yr adeiladau eraill, ar gyrion y dref, ac yn treulio amser maith yn fanno yn dewis iogwrt, caws a ffrwythau i swper. Dwi'n mynd â fy mhicnic nôl i'r dref, i barc wrth ymyl y cledrau lle mae tap dŵr yfed. Dwi'n llenwi fy mhotel ac yn eistedd i fwyta. Mae'r trenau'n gwibio heibio'n rheolaidd, ddydd a nos, eu cyrn yn sgrechian yn uchel wrth gyrraedd y dref, cyn sŵn bariton isel y ceir cargo yn rholio ar hyd y cledrau wrth iddyn nhw ddiflannu i'r pellter. Dwi'n gwylio ambell un yn mynd a dod o'r fferyllfa, ac o'r bar, ond fel arall mae hi'n dawel iawn ar y stryd fawr. Dwi'n gorffen fy mwyd, yn codi'n ôl ar fy meic, ac yn cychwyn beicio o gwmpas y dref, i fyny ac i lawr y strydoedd taclus, yn dilyn siâp y grid o gwmpas y tai. Dwi'n dod o hyd i fynachlog ac eglwys fawr y myneich Benedictaidd un pen i'r dref, adeilad anferth brics coch, efo dau dŵr brics coch wedi eu hadeiladu mewn arddull bensaernïol fyddai'n fwy cartrefol mewn hen ddinas Almaenig nag mewn tref fechan ar baith North Dakota. Ymlaen â fi ar hyd y Rebel Road at y Little Raiders Park i eistedd am funud yn gwrando ar sŵn plant yn sgrechian ac yn chwarae ym mhwll nofio'r dref. Heibio'r ysgol uwchradd wedyn, y cae trac a phêl-droed, a nôl at gledrau'r trên, y swyddfa bost, bar y Cheers and Beers, tŵr yr Occident Custom Grinding, y fynwent, y ganolfan iechyd, yr Haliburton Transload Sand Plant a throad Route 8 tua'r gogledd.

Mae pob modfedd o dir ar lwyfandir Richardton wedi ei ffensio, ei aredig a'i blannu yn gaeau cnydau, stribedi di-ben-draw o felyn, llwyd a gwyrdd. Ond ar derfyn y llwyfandir mae'r tir yn troi'n fwy gwyllt, yn gyfres o geunentydd serth a thir bryniog, coetiroedd, llynnoedd ac afonydd. Mae priffordd 8 yn torri llinell syth fel saeth tua'r gogledd, yn llafn caled trwy'r tir sy'n anwybyddu ceinciau a throadau'r tir. Dwi'n sefyll ar foncen uwchben y briffordd ddi-draffig, yn edrych dros y dirwedd foel o wyrdd, aur a leilac, a dim byd arall; dim ceir, dim adeiladau. Mae'n hanner brawychus, hanner gogoneddus.

Yn ôl yn y fynachlog, dwi'n brwsio fy nannedd yn stafell folchi'r neuadd wag ac yn mynd i orwedd yn fy mhabell, yn byseddu'r gadwen am fy ngwddw. Mae gen i ddwy gadwen dwi wedi bod yn eu gwisgo ar hyd y daith, y ddwy maint pishyn dwy geiniog, y gyntaf yn ddarn esmwyth o lechen, efo twll yn y canol i roi darn o edau ledr drwyddi. Mae'r ail yn fedal arian fechan, efo llun o gar modur hen ffasiwn ar un ochr a llun o Sant Christopher yn cario baban ar ei ysgwydd trwy fôr tymhestlog ar y llall, a'r geiriau 'Behold St Christopher Then Go Your Way In Safety' o gwmpas yr ymyl. Pan fu farw Grandma, mi rannwyd unrhyw emwaith o werth go iawn rhwng ei phedair merch, yna mi gawsom ni'r wyresau gyfle i sbio drwy beth oedd ar ôl i weld oedd unrhyw beth yn mynd â'n bryd. Dyna sut fachais i'r fedal. Roedd Grandma yn Gatholig o arddeliad – mae'r teulu i gyd, ond roedd hi'n arbennig o Dduwiol, ac yn casglu paraffernelia crefyddol yn frwd. Roedd torchau llaswyrau o bob gwneuthuriad yn hongian ar wal ei hystafell wely; triptychau pren a metal yn darlunio golygfeydd o fywyd Crist yn addurno pob silff a chroesau crog o wewyr Crist yn hongian ar bob pared. O'r holl jingylarins, wn i ddim pam wnes i fachu'r fedal St. Christopher, fwy nag oes gen i reswm penodol dros ei gwisgo wrth deithio. Dwi heb fod i offeren ers blynyddoedd, heb fod mewn eglwys na chapel, heblaw i fynd i angladd neu briodas, ond dwi'n cario wyneb y Sant efo fi beth bynnag. Mae 'na gysur o'i byseddu hi cyn mynd i gysgu, teimlo'r metel esmwyth rhwng fy mysedd, yn boeth o hyd ar ôl bod yn llygad yr haul drwy'r dydd. Mae siâp y ddwy gadwen yn datŵs lliw haul ar fy nghroen erbyn hyn.

Dwi'n cysgu, ac yn breuddwydio am asffalt du.

*

Bore trannoeth, dwi'n deffro mewn niwl, ac yn gwylio carw'n pori gwair y fynachlog yn dawel trwy ddrws y babell. Dwi'n pacio'r beic ac ar y lôn erbyn saith.

# 19

# Badlands, ND

## *Milltir 2,291*

Dwi allan o North Dakota.

Wel, bron.

Dwi yn y Badlands, y tir garw, ac mae'n lle rhy hen, rhy ddiarth i fod yn rhan o gyfundrefn ddynol o ffiniau ar fap. Mae fama'n rhan o fyd arall, yn Annwfn ar ymyl y paith. Bron na alla i ddychmygu Arawn a'i gorn hela yn codi dros y bryniau, ei fytheiad gwyn i'w ganlyn. Dwi ar y cyfandir anghywir, ond mae pwy (neu beth) bynnag sy'n trigo yn y parthau yma, yn siŵr o fod yn rhan o'r un tylwyth estynedig ag Arawn a Gwynn ap Nudd.

Dwi'n gadael North Dakota ar yr *interstate* gan feicio ar y llain galed, dwy lôn o draffig yn mynd i'r ddau gyfeiriad, yn fyglyd ac yn rhygllyd. Dyma dir y ffynhonnau olew a'r traffig trwm. Mae'r lôn yn croesi tirlun bryniog, ac ar gopa pob bryn mae arwydd *billboard* anferth yn hysbysebu meddyginiaethau, clustogau, soffas, diodydd, a phob math o betheuach eraill i'r pawb a'r neb sy'n pasio, rhwng Bismarck sydd gan milltir tu ôl i ni a Billings 300 milltir o'n blaenau.

Ac yna yn sydyn reit, dyma gyrraedd y Badlands.

Mae'r tir fel petai'n disgyn oddi tana i, y paith yn troi'n fryniau conigol o graig grychlyd, yn haenau o wyn a melyn, coch, a du yn ymestyn i'r pellter, fel rhywbeth o oes y deinasoriaid, yn amrwd ac yn ddiffaith.

Mae'r Badlands, neu'r garwdir, yn fath o dirwedd sych, lle mae'r graig waddod yn cael ei herydu gan y gwynt a'r dŵr, gan adael tirwedd o graig noeth, heb dyfiant. Mae'r tir yn troi'n ddrysfa o ddyffrynnoedd bychan, troellog a serth. Does ryfedd fod y math yma o dirwedd yn fara menyn y ffilmiau cowbois, ac yn cael ei gysylltu dros y byd efo gwylliaid a herwyr.

Prin y medra i weld blewyn o wair yn tyfu am gannoedd o filltiroedd, heblaw am y mymryn o dyfiant ar gorun y bryniau ac mewn ambell ddyffryn cul lle mae afon yn nadreddu ei ffordd o gwmpas ei waelod.

Y dref gyntaf dwi'n ei chyrraedd yn y Badlands ydi Medora. Petai Betws y Coed wedi dod o ffilm John Wayne mi fyddai'n debyg i Medora. Lle llawn siopau yn gwerthu petheuach twristiaid, efo hetiau cowbois a sbardunau yn addurno pob dim.

Mae'r dref wedi ei lleoli ar lan y Missouri Fechan, lle mae'r afon wedi naddu clogwyn serth o'r bryniau, a dyma fynedfa'r Theodore Roosevelt National Park, y

Parc Cenedlaethol cyntaf i fi ddod ar ei draws hyd yma. Mae'n debyg fod gan y dref boblogaeth barhaol o tua 100 o drigolion, ond a hithau'n ganol haf mae'n berwi efo poblach sydd wedi dod i'r parc, ac mae'r *Medora Musical*, sioe gerdd Gorllewin Gwyllt awyr agored ac un o brif atyniadau'r dref, yn denu dros 100,000 o wylwyr yn flynyddol.

Fore trannoeth, dwi'n deffro a mwynhau gwres fy sach gysgu am 'chydig, cyn codi a dechrau hel fy mhethau at ei gilydd. Mae'n ddigon mwll a thrymaidd. Fy mwriad ydi mynd i'r parc cenedlaethol yn gynnar, wrth i wersyllwyr ddoe adael, i mi gael bachu *pitch* o fewn ffiniau'r parc a threulio ail noson yn y garwdir. Dwi'n dilyn y ffordd i ben y llwyfandir i ddechrau, gan edrych dros olygfeydd eang o'r Badlands i'r de a'r gorllewin, y cymylau glaw yn rholio mewn o'r dwyrain.

Oddi ar y llwyfandir, mae'r lôn yn mynd lawr i ddyffryn llydan, a dyna lle mae'r Cottonwood Campsite, mewn coedlan fechan ar lan yr afon. Mae gwersyllwyr neithiwr wrthi'n gadael a dwi'n dewis lle gwag cyn i'r maes pebyll ail-lenwi. Y babell wedi ei chodi, a'r beic wedi ei ddadlwytho, i ffwrdd â fi yn ysgafn-olwyn i grwydro'r parc.

Mae parciau cenedlaethol America wedi eu cynllunio gyda cheir mewn golwg. O'r Cottonwood Campground, mae 'Scenic Loop Drive' o 36 milltir yn mynd â'r ymwelydd i fannau penodol, fel y Boicourt Overlook, y Badlands Overlook a'r Scoria Point Overlook. Mae llefydd parcio addas wedi eu darparu, a mannau picnic wedi eu gosod mewn llefydd cyfleus. O groesi afon y Missouri Fechan fodd bynnag, gall y dewraf, y di-gar a'r mwyaf mentrus gyrraedd yr hyn a elwir yn WILDERNESS AREA, wedi ei farcio ar y map mewn llythrennau bras. Yma, does dim ond llwybrau.

Does gen i ddim mo'r offer na'r profiad i fentro i'r Wilderness Area, felly dwi'n cadw at ddiogelwch y Scenic Loop Drive, gan ymuno â'r garafán hirfaith o RVs a Volvos teuluol sy'n araf ymdeithio o amgylch y parc.

Mae'r lôn yn dilyn ymyl coblyn o ddinas cŵn paith fawr. Rhain yw'r anifeiliaid bach boliog a selog hynny sy'n byw mewn twneli mawrion, dwy neu dair o fetrau dan y ddaear, sy'n eu gwarchod rhag gwres mawr yr haf ac oerfel eithafol y gaeaf yn y mannau garw hynny lle maen nhw'n dewis byw. Mae'r rhwydweithiau twnelog yn medru ymestyn am gannoedd o aceri ac yn cynnwys is-bentrefi o fewn strwythur y ddinas. Dwi'n pwyso'r beic yn erbyn rheiling i'w gwylio nhw'n mynd a dod yn brysur, yn cega ar ei gilydd o gegau eu twneli, yn rhuthro ar neges bwysig fan hyn a fan draw. Ychydig o fy mlaen dwi'n sylwi ar RV wedi parcio, a chwpwl yn eistedd ar fainc, ond yn sbio nid ar y cŵn paith ond i'r cyfeiriad arall. Dwi'n troi i sbio ar be maen nhw'n sbio, ac yno, ar ben un o'r bryniau gyferbyn, mae coblyn o darw bual mawr yn sefyll fel petai'n syllu draw ar y dyffryn oddi tano, fel proffwyd doeth. Mae'n sefyll yno'n hollol lonydd, ei 'sgwyddau llydan, crwn a'r mwng mawr am ei war yn gwneud iddo edrych fel hen filwr a chroen arth am ei 'sgwyddau.

Wedi syllu arno â pharchedig ofn, yn gwgu o ben y bryn, ymlaen â fi, gan ddod ar draws ail anferthbeth bron yn syth, ychydig o fetrau oddi ar y lôn, yn gorweddian yng nghanol y cŵn paith. Ymlaen â fi eto, a dyma un arall, yn sefyll reit ar ochr y lôn, golwg reit anniddig arno. Mae o fel cael dy hun mewn cae efo tarw. Yn cerdded tuag ata i a'r bual, mae dau *ranger*, dwy ddynes, un yn wên o glust i glust ac yn cario coblyn o wn *tranquilizer* mawr. Does dim golwg symud ar y tarw bual, a dwi'n mynd yn fy mlaen, heb fwriadu aros i wylio dynes sydd lawer yn rhy hapus i fod yn cario gwn yn mynd ati i saethu anifail diniwed, hyd yn oed os mai dim ond pen mawr fydd gan y truan i'w atgoffa o'r profiad.

Mae'n debyg mai hen deirw wedi eu hesgymuno o'r praidd ydi'r bueil unig yma. Ac ar y gair, dwi'n troi cornel arall, ac wele braidd mawr, wedi'i wasgaru dros y dyffryn yn pori yn y *sagebrush*, rhyw 30–50 ohonyn nhw, y rhan fwyaf yn cnoi cil yn ddigon hamddenol, ond ambell darw neu fustach yn pwnio a herio'i gilydd. Dwi'n ddigon pell oddi wrthyn nhw, ond hyd yn oed yn fama, dwi'n medru clywed eu haroglau gwlyb-gynnes, a sŵn fel canu grwndi bodlon wrth iddyn nhw bori.

Nôl pan oedd gwair y paith yn cyrraedd cyfuwch ag ysgwydd dyn ar geffyl, roedd tua 60 miliwn o'r buail hyn yn crwydro gwastatiroedd canolbarth UDA a Chanada, yn pori mewn gyrroedd mawrion. Erbyn 1889, dim ond 541 oedd ar ôl. Daeth dyfodiad gwartheg Ewropeaidd ag afiechydon newydd oedd yn effeithio ar y buail, ond yn fwy na hynny, roedd diwylliannau brodorol, nomadaidd y paith yn ddibynnol ar y buail am eu ffordd o fyw, gan ddarparu bwyd, a defnydd i wneud dillad, llety a thŵls. Roedd llywodraeth America am gyfyngu'r bobloedd frodorol i ardaloedd penodol, bychan, rheoledig a'u troi nhw'n ffermwyr. Er mwyn gwneud hyn, rhaid oedd cael gwared ar yr hyn oedd yn cynnal eu ffordd o fyw nomadaidd. O fewn canrif, aethpwyd ati'n systemaidd i ddifa bron y cwbl o'r 60 miliwn. Mae'n anodd amgyffred y dinistr, y galanastra, y dad-ddynoli er mwyn difa degau ar filoedd o anifeiliaid. Dwi'n meddwl am y Gododdin, am y llinell 'Ac wedi elwch tawelwch fu'. Alla i ond dychmygu'r tawelwch oedd ar y paith, ar ôl i'r 60 miliwn ddiflannu – a nid dim ond y 60 miliwn hynny, ond y miloedd o rywogaethau eraill oedd yn rhan o'r un rhwydwaith o gyd-ddibyniaeth – y bobl, yr adar a'r mamaliaid eraill, heb sôn am y planhigion. Dinistr llwyr.

Heddiw, ar ôl canrif arall, mae'r niferoedd wedi codi i ryw 30,000. Y mwyafrif ohonyn nhw o fewn ffiniau parciau cenedlaethol neu daleithiol fel Yellowstone, neu fan hyn. Dwi'n syllu arnyn nhw am amser hir, yr ysgwyddau a'r talcen llydan, y mwng tywyll, lliw mawn, rhywbeth cyfarwydd yn yr osgo weithiau, yn bradychu'r ffaith eu bod nhw'n perthyn – yn fath o gaifn pell – i'r fuwch. Ac eto'n wahanol iawn.

*

Erbyn hyn, mae'r lôn yn codi allan o ddyffryn y Missouri Fechan, gan ddilyn y Jules Creek i fyny i'r bryniau. Mae'r bryniau'n teimlo'n hawdd iawn heb bwysau'r bagiau, a dwi'n teimlo mod i'n mynd fel mellten, yn enwedig wrth wylio'r RVs a'r carafannau trymion yn bustachu ar hyd yr un lonydd.

Dwi'n codi i lwyfandir arall uwchben y parc, gan anadlu aroglau pin a'r *artemisia tridentata*. Noeth ydi'r gair i ddisgrifio'r dirwedd. Nid llymder 'moel' fel sydd gennon ni acw, ond noethni amrwd go iawn, croen y lle wedi ei blicio yn ôl i ddangos y ddaeareg oddi tanodd, honno wedi ei gosod mewn haenau o lwyd, coch, gwyn, melyn a du, a'r nentydd yn rhedeg yn eu lliwiau nhwythau, yn ddyfroedd coch a brown lleidiog. Uwchben, mae'r awyr hefyd yn llwyd, ac yn y mannau hynny lle mae tyfiant yng ngwely'r dyffrynnoedd, mae'r gwair, y coed a'r *artemisia* i gyd yn wyrddiau gwahanol, ambell gaseg yn pori'n dawel fel drychiolaeth dywyll, yn codi ei phen bob hyn a hyn i sgubo pryfaid o'i llygaid, ac i sbio'n swil ar y *lasso* o geir sy'n ei hamgylchynu. Ac er fod y glust yn trio gwrando ar sgrechfeydd yr adar sglyfaethus sy'n troelli uwchben, ynghyd â grwndi'r cricsynnod, does yna ddim dianc rhag islais y draffordd, o'r golwg tu hwnt i ffiniau'r parc.

## 20

# I-94, MT

## *Milltir 2,401*

Nôl i'r drafffordd dw i'n mynd fore trannoeth.

Dwi'n gadael Medora tua saith, yn stopio yn y dref i lenwi fy mhoteli dŵr ac yn cario mlaen ar hyd glan yr afon, lle dwi'n gwylio eryr moel, anferth gyda phen a chynffon wen yn hela wrth lan yr afon.

Dwi'n ôl ar yr *interstate* ac mae'r tarmac yn llyfn ac yn lân. Mae bron fel llithro lawr afonig lefn sy'n torri cwys trwy ddyffryn hir, llydan, efo'r Badlands yn ffinio pob ymyl o'r cwm. Dwi'n croesi Griffith Creek (sy'n cael ei ynganu fel y cric mewn cricymala yn y rhan hwn o'r byd) mewn rhyw fath o lesmair. 'Big Sky Country' ydi Montana. Mae'r awyr yn lled-gymylog a'r tir yn anial heblaw am un hen *frontage road* weiriog sy'n hanner ymdrechu i ddilyn y draffordd ac ambell ransh anghysbell. Mae'r graig noeth yn gochach nag yn North Dakota, ac eto yr un ydi'r creigffurfiau noeth ac amrwd. Yn sydyn mae ias oeraidd yn nadreddu i lawr fy asgwrn cefn. Mae rhywbeth am y tirlun sy'n ennyn ymateb corfforol. Mae'r gair 'bryniau' yn annigonol i ddisgrifio'r tirffurfiau, sydd fel pyramidiau, rhai ohonyn nhw'n codi reit wrth ymyl yr *interstate*, a rhywbeth hylifol amdanyn nhw.

Dwi'n dal yn y Badlands ac yn treulio noson yn nhref Glendive. Ar y ffordd allan o'r dref fore trannoeth dwi'n stopio tu allan i'r llyfrgell i gael wi-fi ac mae sawl neges yn aros amdana i, gan gynnwys un gan Jesse o Minnesota, sy'n teimlo fel oes arall erbyn hyn:

'[...] I'm glad I met you, for however brief a time.'

Dwi'n beicio weddill y bore efo gwên lydan ar fy ngwyneb.

Yn hytrach na mynd yn syth ar yr *interstate*, dwi'n penderfynu anelu am Makoshika State Park wrth ymyl Glendive. Dwi'n talu pedair dolar i fynd mewn ac mae'r lle'n niwlog ac yn dawel. Daw'r enw Makoshika o'r iaith Lakota, y geiriau 'Maco sica' sy'n golygu 'tir drwg', neu tir lle mae'r ysbrydion yn byw. Mae'n teimlo'n addas bore 'ma, a niwlen denau dros bob man.

Mae garwdir Makoshika yn cynnwys haenau hŷn o graig na garwdir y Dakotas. Hynny ydi, mae'r tir wedi ei ddinoethi'n ddyfnach, rhai o'r haenau siâl a chlai yn dyddio'n ôl i'r cyfnod Cretasaidd, sef cyfnod diflaniad y dinosoriaid, ac mae sgerbwd sawl deinosor wedi ei ganfod yn y creigiau hyn. Mae llai o dyfiant yma, dim ond gweiriach ac ambell ferywen neu binwydden fan hyn a fan draw.

Wrth y fynedfa, yng nghanol y creigffurfiau rhyfeddol miliynau oed, maen nhw wedi gosod cwrs golff ffrisbi. Wrth reswm, mae hi fel y bedd yno, neb ond fi, yn hollol wahanol i Medora, ac felly dwi'n cuddio fy meic a fy magiau tu ôl i rywfaint o goed, gan glymu'r beic wrth bolyn telegraff er mwyn mynd i grwydro.

Dwi'n dringo'r llwybr i fyny ymyl un o'r llethrau tuag at y llwyfandir cul uwchben. Mae aroglau'r *artemisia* a'r pinwydd yn gryf, ac o'r diwedd dwi'n cael gwneud be dwi wedi bod yn ysu am ei wneud ers Medora, sef dringo ar hyd y creigiau eu hunain, a theimlo'r siâl noeth dan fy mysedd wrth fentro'n ddyfnach i'w perfedd. Dwi'n dod i benrhyn o graig lle fedra i sbio'n ôl ar y dyffryn cul dwi wedi beicio ar ei hyd, efo'r lôn yn troelli ar hyd ei gwaelod, ac ambell goeden yn tyfu fan hyn a fan draw yn y gwastad cul, rhwng pyramidau mawr melyngoch y graig. Fymryn pellach ar hyd y llwybr, dwi'n dod ar draws creigffurfiau rhyfedd o dyrau main a thal wedi'u gwneud o siâl a chlai, gyda choblyn o faen tywodfaen fel petai wedi'i osod yn ofalus ar y top. Yn fadarch rhyfedd, anferthol, maen nhw'n edrych fel tyfiannau ansefydlog, ond wedi eu naddu o'r graig fel popeth arall maen nhw. Mae'r tywodfaen ar y top yn erydu'n arafach na'r siâl a'r clai oddi tanodd; ac o gael tamaid go drwm o dywodfaen yn gorffwys ar ei ben, bydd colofn o siâl a thywodfaen yn cywasgu fwy na'r siâl a'r clai sy'n eu hamgylchynu, ac felly'n erydu'n arafach eto. Tra fod y graig o'u cwmpas yn cael ei herydu llawer cynt felly, bydd colofn yn cael ei naddu o'r graig gywasgedig, efo'r tywodfaen yn eistedd, yn reit simsan, ar y top.

\*

Wrth astudio cysyniadau o ryddid yr unigolyn gyfwyneb â'r wladwriaeth a hawl y wladwriaeth dros ddinasyddion yn y brifysgol, gofynnodd ein darlithydd i ni ddychmygu ffigwr yr hoffai ei alw'n y 'Montana Militia Man' – y gŵr oedd yn gwrthwynebu hawl y wladwriaeth i weinyddu cyfraith a threfn, oedd yn ceisio byw tu allan i afael y wladwriaeth, ac a oedd yn aml i'w ganfod mewn caban pellennig mewn llefydd fel Montana, efo'i wn, ei geffyl a'i botel wisgi.

Dyma'r argraff sydd gen i o Montana yng nghefn fy meddwl wrth i mi ffarwelio â Makoshika a dychwelyd at yr *interstate*. Mae'r draffordd yn mynd ar hyd dyffryn amaethyddol llydan, sydd wedi ei naddu i'r graig gan lif yr afon Yellowstone. Mae rhywun yn medru deall sut y gall gwladwriaeth a sefydliad deimlo fel peth pell, ac amherthnasol mewn lle fel hyn, yn gweld sut gallai rhywun weld y tirlun yma fel rhywle y gallai ddiflannu oddi mewn iddo.

Ac ar oriau fel hyn o ddilyn priffordd trwy berfeddwlad, mae'r meddwl yn cywasgu ac yn ehangu ar yr un pryd, bron fel creigffurfiau'r Badlands eu hunain. Dwi'n codi o lesmair, wedi beicio 10 milltir heb sylwi, fel petai'r meddwl yn wely afon a'r meddyliau wedi llifo trosto a diflannu heb adael eu hôl, dim ond i wely'r afon naddu'r mymryn lleiaf yn ddyfnach i graig y meddwl.

Dwi'n croesi pont dros yr Yellowstone ac yn cymryd troad oddi ar yr *interstate*, gan ymuno â'r lôn gefn sy'n ei dilyn. Yr hen highway 10 ydi'r briffordd hon, a adeiladwyd yn y 20au i gysylltu Detroit â Seattle, ac mae hi'n mynd gyfochrog â'r rheilffordd a'r afon. Mae hi'n llawer brafiach i deithio arni na'r *interstate*. Does prin dim traffig, heblaw am ambell dractor neu gerbyd amaethyddol. Mae'r tarmac wedi dechrau cracio mewn sawl man, chwyn yn tyfu fan hyn a fan draw a thuswâu mawr o flodau pigwrn blewog, neu Black Eyed Susans mawr melyn yn tyfu ar hyd yr ymyl. Bob hyn a hyn mae trên yn pasio, yr injan yn oren llachar a'r gynffon o gerbydau unffurf yn dilyn am filltir a mwy. Ymlaen, ymlaen, ymlaen.

# 21

# Rosebud, MT

*Milltir 2,513*

MAE TERRY'N DREF brysur a destlus o fewn grid taclus ei strydoedd. Yn goron i'r brif stryd mae gwesty'r Kempton Hotel, hen adeilad o 1902 fu'n llety i Teddy Roosevelt a Calamity Jane ymysg eraill, ac sydd heb newid llawer ers y dyddiau hynny. Mae sawl bwyty, siop grefftau, bar ac archfarchnad ar hyd strydoedd y *downtown* ac mae'r llif cyson o RVs ac arwyddion am feysydd carafán yn awgrymu bod hon yn arhosfan boblogaidd ar gyfer ymwelwyr. 'Poblogaidd' yn nhermau Montana, wrth gwrs, sydd 48ed allan o 50 o ran dwysedd poblogaeth taleithiau'r Unol Daleithiau (Wyoming ac Alaska ydi'r unig ddwy dalaith sydd â dwysedd is i'w poblogaeth).

Dwi'n treulio'r min nos yn y parc, lle mae pedwar plentyn tua 9 oed yn casglu 'falau surion, yr hogiau'n herio'r merched fod yna gynrhon yn eu hafalau. Ym mhen arall y parc, mae cyfran helaeth o boblogaeth y pentref wedi hel i chwarae gêm taflu bagiau ffa. Mi ddwedodd y ddynes yn swyddfa'r dref nad ydan nhw'n atal pobl rhag cysgu'n y parc, fel y cyfryw, ond fod yna sprincleri dŵr wedi eu hamseru i ddod ymlaen yng nghanol y nos, felly dwi'n gosod y babell yng nghysgod y bandstand ac yn trio fy lwc.

*

Er gwaethaf rhybudd y swyddog, dydi'r sprinclers ddim yn dod ymlaen yn ystod y nos, a dwi'n diawlio mod i wedi cysgu ar lawr caled y bandstand yn hytrach na meddalwch y gwair. Ond dyna ni. Mae hi'n fore tawel, yr awyr yn glir ac yn las golau, meddal. Mae'r bryniau'n y pellter yn gysgodion llwydwyrdd a'r caeau'n frown, melyn ac aur, y lliwiau fel darlun a'r caeau braenar yn llinellau cribog. Dwi'n gwylio gre o eifrewig, gyda'u trwynau a'u cyrn duon, eu boliau gwynion a'r streipen wen ar eu gyddfau, yn croesi'r caeau yn y pellter, pump ohonyn nhw'n carlamu dros y cwysi taclus.

Fel dwi'n gwneud bob bore erbyn hyn, wedi i mi lithro yn ddiarwybod i'r arfer, dwi'n gwrando ar sŵn y beic oddi tana i. Y gadwen yn llithro trwy'r *derailleur* ôl a blaen, y bagiau ar y raciau, y gêrs yn newid a'r gadwen yn clicio i fyny ac i lawr yr olwyn a'r casét. Maen nhw'n synau mor gyfarwydd nes mod i'n medru clywed cyn gweld bod unrhyw beth o'i le neu unrhyw ran angen gofal. Mae yna dros ddwy fil o filltiroedd ar y gadwen a dydi'r gêrs ddim yn newid mor esmwyth ag oedden nhw, felly dwi'n gobeithio cael rhywfaint o ofal iddyn nhw yn y ddinas nesaf lle y bydd yna siop feics gall, sef Billings mwy na thebyg, cant a hanner o filltiroedd i ffwrdd.

Wedi llithro fy meddwl dros y beic, dwi'n troi fy sylw at y corff sy'n ei reidio, y pengliniau, gwaelod y cefn a'r ysgwyddau. Mae fy llaw chwith yn dal i achosi rhywfaint o drafferth, er fod pethau wedi gwella ers cael menig yn Wisconsin; dwi'n dal i gael trafferth wrth ymestyn y mynegfys oddi wrth y bawd a dwi wedi bod yn colli teimlad mewn ambell fys. Ond ar y cyfan, mae popeth yn iawn. Mi roedd Tim nôl yn New York yn llygad ei le hefyd. Mae'r Terry'n sêt dda – dwi heb gael unrhyw drafferth o gwbl efo hi.

Dwi'n ymuno â'r *interstate* ar ôl ychydig ac yn cyrraedd Miles City, y ddinas fwyaf i mi ei gweld ers Bismarck, erbyn meddwl, er mai dim ond rhyw 8–9,000 o bobl sy'n byw yma. Fodd bynnag, mae hynny'n ddigon i sicrhau fod y cadwyni mawr i gyd yma; Walmart, Wendy's, Subway ac yn y blaen.

Dwi'n pwyso'r beic yn erbyn wal Dairy Queen ar gyrion y dref a mynd am blatiaid iawn o fwyd, a finnau wedi bod yn byw ar fwyd oer a snacs ers Bismarck. Mae hi fel mart Bryncir y tu mewn, pob cwsmer mewn cyfuniad o ddenim, crys plàd, sgidiau trwm a het gantel lydan, pawb yn trafod ffawd eu caeau gwair neu'r cnydau alffalffa.

Dwi'n mynd yn ôl ar yr *interstate* ar ôl Miles City. Un o gyfraniadau yr arlywydd Eisenhower ydi system *interstate* UDA, y priffyrdd mawr sy'n croesi'r cyfandir, sy'n croesi pellteroedd meithion ac yn cario'r traffig trwm, y cerbydau milwrol ac yn galluogi i boblogaethau mawr ffoi rhag trychinebau naturiol mor gyflym â phosib (yn ddamcaniaethol). Yn Montana, ar yr I-90, y cyflymder cyfreithiol ydi 80 milltir yr awr, ond fel gweddill Montana, mae'n dawel ar y lôn, ac yn wahanol i daleithiau'r dwyrain neu Galiffornia, lle byddai hynny'n hollol afresymol, mae gan feicwyr hawl i deithio ar yr *interstate* yn fama hefyd, gan aros ar y llain galed lydan. Mae hynny'n rhannol am fod cyn lleied o lonydd eraill yn croesi Montana, fel nad oes dim dewis ond yr *interstate* mewn sawl man. Yn gyffredinol, mae hi'n lôn braf i deithio arni, ond heddiw, mae'r lôn yn dangos ei thu min. Wrth deithio ar y miloedd o filltiroedd diddiwedd o draffyrdd y mae'n rhaid i'r loriau mawrion deithio, mae eu teiars yn diosg eu rwber, a'r rwber hwnnw'n cael ei sgubo i'r llain galed. Dydi o ddim yn broblem anferth nes fod rhywun yn cofio am y weiars bychan sy'n plethu trwy rwber y teiars, ac sydd, o feicio drostyn nhw, yn medru gwneud twll mewn teiar beic yn hawdd.

Dwi'n cael fy mhynctiar cyntaf o fewn hanner awr. Mae ffensys uchel yn ffinio'r *interstate*, a does 'na unlle i mi stopio'n iawn, felly does dim amdani ond stopio yn y gwair tal wrth ymyl y draffordd. Fedra i ond meddwl am y crwyn neidr fydda i'n eu gweld weithiau, wedi sychu a chrino ar y tarmac poeth, ac mae fy nghlustiau wedi moeli i wrando am sŵn nadroedd cynffondrwst, ond dwi'n cael llonydd. Dwi'n tynnu'r darn main o weiren o'r tiwb mewnol a thrwsio'r twll efo patsh, ac ymlaen â fi.

Hanner awr wedyn ac mae'r olwyn yn fflat eto. Nôl â fi i ganol y gwair, pob lorri sy'n pasio yn chwythu chwa o wynt myglyd i fy ngwyneb. Er fod y tiwb yn fflat fel crempogen, alla i ddim yn fy myw â dod o hyd i dwll, felly dwi'n penderfynu rhoi tiwb newydd i mewn ac archwilio'r un tyllog yn fwy manwl mewn man diogelach. Wrth i mi wneud, mae car State Trooper yn tynnu mewn wrth fy ymyl i. O blydi hel, dwi'n sibrwd dan fy ngwynt, pa fân ddeddfwriaeth ydw i wedi ei thorri rŵan?

Mae'r Trooper yn camu o'i gar, yn ei het gantel lydan, ei grys caci a'i drywsus brown golau.

'*Everything ok – you haven't had an accident or anything?*' Bron nad ydi o'n swnio'n obeithiol.

'*No, I'm fine, I'm just fixing a puncture.*'

'*Ok, well, I was just checking in,*' medda fo, yn lled-siomedig. '*Have a safe trip,*' ac yn ôl â fo i'w gar. Rhywsut, dwi'n cael yr argraff nad yw'r State Troopers yn Montana yn gweld llawer o gyffro o ddydd i ddydd.

Ymlaen â fi eto, ond dwi'n sylwi'n syth fod rhywbeth o'i le. Mae rhyw dwrw od, ond alla i ddim gweithio allan be ydi o, felly dwi'n dal i fynd. O'r diwedd, rhag ofn mod i'n gwneud difrod i'r beic, dwi'n dod i stop, yn tynnu pob dim oddi ar y beic, yn ei droi ben i waered ac yn troelli'r pedalau, archwilio'r gadwen a sbio ar y system frêcs. Alla i ddim canfod dim byd o'i le. Dwi'n penderfynu mai fy nychymyg sy'n chwarae triciau ac ymlaen â fi, ond dwi'n dal i glywed y sŵn. Dwi wedi gorfod stopio, tynnu pob dim oddi ar y beic a phacio pob dim yn ôl ymlaen deirgwaith rŵan, ac mae pob stop yn cymryd hanner awr. Er nad ydw i ar frys, mae'n dechrau fy mlino. Dwi'n penderfynu stopio unwaith eto i gael golwg arall, ond y tro hyn, dwi prin oddi ar fy meic cyn i mi weld y broblem. Dwi heb ailgysylltu'r olwyn yn ôl yn iawn ar ôl ei thynnu i newid y tiwb mewnol. Mae'r *quick release lever* yn hongian yn llac. Dwi wedi bod yn beicio ar hyd yr *interstate*, yr olwyn gefn yn bownsio'n rhydd yn ei *dropouts* yr holl ffordd. Dwi'n cau'r lifer ac yna'n troi oddi ar yr *interstate* i yrru ar hyd lôn gefn, wedi cael digon o ddrama am y diwrnod.

Dwi wedi penderfynu anelu am Rosebud, am fy mod i'n hoffi'r enw'n fwy na dim. Rhyw ddeg milltir cyn Rosebud, a defnyddio term technegol, dwi'n boncio. Hynny ydi, mae pob diferyn o egni yn gadael y corff a dwi'n cael fy hun yn cropian i fyny ac i lawr y bryniau isel. Dwi'n hanner ystyried mynd nôl ar yr *interstate*, sy'n weddol fflat, ond mae beicio yn y traffig yn flinedig, felly dwi'n dal i gropian ling di long nes cyrraedd tref Rosebud a'i chlwstwr bychan o dai ar lan yr afon Yellowstone.

Dydi'r dref ddim byd mwy nag ysgol, swyddfa bost a'r Longhorn Bar and Steakhouse, sy'n cael ei redeg gan Wayne a Lane. Yr ochr draw i'r afon mae milltiroedd o dir amaeth, ac i'r gogledd wedyn, y Badlands sy'n ymestyn am bellteroedd maith.

Dwi'n pwyso'r beic yn erbyn adeilad y bar a mynd i fewn am lymaid. Mae hi'n dal yn gynnar, a'r unig bobl eraill yno ydi tair gwraig, yn trafod llwyddiannau eu plant yn dangos *steer* mewn ffair amaethyddol leol. Uwchben y bar, mae pâr o gyrn anferth ac arwydd i'n hysbysu eu bod yn gwerthu stêcs a bwyd môr. Yn un pen o'r ystafell mae lle tân mawr, efo pennau dau garw wedi eu stwffio a'u gosod ar y wal, a llun o fynyddoedd dan eira. Ar y pared gyferbyn mae bwrdd dartiau ac arwydd Bud Light sy'n goleuo. Dwi'n holi'r ddynes tu ôl i'r bar am le i wersylla'n lleol, ac mae hi'n rhoi cyfarwyddiadau i mi ar sut i gyrraedd glanfa bysgotwyr ar lan yr afon, lle mae modd codi pabell. Dwi'n dilyn y cyfarwyddiadau, yn croesi'r afon ac yn troi lawr trac llychlyd sy'n fy arwain at goedlan fechan ac, oes, mae yna le digon del i wersylla yno. Mae o ar lan llyn bychan, a'r ffordd yn mynd ymlaen wedyn at yr afon ei hun. Mae hi'n dawel yno, ond mae'n amlwg yn cael ei gadw'n dwt, ac mae yna *pit toilet* yno hefyd. Hynny ydi, mae yna gwt wedi ei osod dros dwll yn y ddaear, un o'r llefydd mwyaf annymunol y gall unrhyw un ei ddychmygu, ond handi'r un fath.

Dwi'n gosod fy mhabell ac yn gorwedd yn yr haul ar y gwair tu allan i'r babell. Ond yn fuan mae 'na sŵn injan yn dod ar hyd y trac, ac mae pic-yp yn parcio'r ochr draw i'r maes gwersylla, yn nes at y llyn. Ymhen dim mae yna un arall yn cyrraedd, y ddau yn llawn pobl ifanc, rhai ohonyn nhw wedi dod yn syth oddi ar y fferm yn ôl eu sgidiau, a'r llif-gadwyn yng nghefn un pic-yp. Maen nhw'n fy anwybyddu, diolch byth, ac yn mynd ati i gynnau tân ac yfed caniau Bud yn ddigon dof.

Wedi llwyr ymlâdd, dwi'n gorwedd ar fy mat, fy sach gysgu hanner drosta i, ac yn syrthio i gysgu yn gwrando ar y criw yn chwerthin, a'r corfleiddiaid yn udo ac yn cyfarth rhywle ar ochr draw'r afon.

Pan dwi'n deffro, mae'r bobl ifanc wedi mynd ac mae'r babell yn llawn golau. Mae hwnnw'n fy ffwndro a dwi'n sbio ar fy oriawr. Er syndod mae hi'n tynnu am ganol nos. Dwi'n codi ac yn plygu mlaen at ddrws y babell i weld o ble mae'r golau'n dod.

Dwi'n rhegi dan fy ngwynt wrth weld mellten yn fflachio yn y gorwel. Lle ar wyneb daear ydw i'n mynd i fochel mewn ffasiwn le? Does dim byd yn y llannerch hon heblaw am y *pit toilet*, ac mae Rosebud, y pentref agosaf, rhyw bum milltir i ffwrdd. Dwi'n sbio o 'nghwmpas, yn trio asesu'r lle gorau i fochel, a dyna pryd dwi'n sylwi bod rhywbeth od am y mellt. Dwi'n sbio eto, ac yn sylwi ar y peth amlwg – dwi heb glywed smic o sŵn taran ers i mi sylwi ar y golau. Mae'r awyr yn berffaith glir, pob seren fel sylltan, a dim cwmwl yn unman. Mae'r fflachiadau yno o hyd, ond maen nhw'n para tair neu bedair eiliad, yn llawer hirach na mellt. Yna dwi'n sylwi ydi nad dod lawr o'r awyr maen nhw o gwbl, ond yn fflachio i fyny o'r ddaear. Maen nhw'n debycach i lif oleuadau, yn fflachio tua'r awyr mewn patrwm annelwig. Os mai llif oleuadau ydi'r rhain, dyma'r rhai cryfaf i mi eu gweld erioed. Ac maen nhw'n codi o'r Badlands, sy'n ymestyn yn anial ac yn ddigyfannedd am o leiaf hanner 100 milltir i'r gogledd cyn fod yna dyddyn na dim.

Dwi'n rhythu ar y golau ac mae ias yn mynd drwydda i, yr ias o wynebu rhywbeth tu hwnt i ddirnadaeth, a finnau erbyn hyn yn hollol effro. Dwi'n mynd trwy'r opsiynau yn fy mhen, y rhesymol a'r afresymol: ffenomen naturiol? Y fyddin? *Aliens*? Dwi'n eistedd yn nrws y babell am yn hir yn syllu, yn ceisio gwneud synnwyr o'r olygfa, ond dwi wedi blino, wedi ffwndro, ac mewn cae yng nghanol nunlle. Os mai dyma ddiwedd y byd, neu ddechrau ymosodiad gan Rwsia, does dim byd alla i wneud, felly waeth i mi drio cysgu ddim. Dwi'n huno yn llewyrch y golau rhyfedd, a phan dwi'n deffro does dim arwydd fod unrhyw beth wedi digwydd, a dwi'n amau fy mod i wedi dychmygu'r cwbl.

## 22

# Junction City, MT

*Milltir 2,574*

AR ÔL NOSON styrbiol o gwsg dwi'n penderfynu cael 'chydig o seibiant heddiw, ond nid yn Rosebud. Mae tref Forsyth ddeg milltir i ffwrdd, felly dwi'n penderfynu anelu am fanno a threulio'r diwrnod yn ymlacio.

Mae'n chwilboeth, gyda'r tymheredd yn mynd dros 40 gradd selsiws. Dwi'n chwys domen cyn codi o 'mhabell yn y bore hyd yn oed, ac er fod beicio ar y cyfan yn well na sefyll yn llonydd, achos fod rhywun o leiaf yn teimlo rhywfaint o wynt yn mynd heibio'r talcen, dwi'n cyrraedd Forsyth fel cadach.

Mae yna barc pysgota wrth yr afon yn fan yma hefyd, a dwi'n gosod fy mhabell yno, yn y lle mwyaf cysgodol posib, cyn mynd i'r dref i chwilio am fwyd. Dwi'n dod ar draws beiciwr o Gatalunya tu allan i'r Dairy Queen. Mae'n mynd i'r un cyfeiriad â fi ond yn anelu i'r gogledd, i Missoula, tra mod i am fynd lawr tua Jackson Hole. Yma ar fisa gwaith mae o, ond mi adawodd ei swydd ac mae'n trio gweld cymaint o'r wlad ag y mae'n medru ar hen feic mynydd rhad.

Fel pob camp arall, mae gan feicio traws cyfandir ei heierarchiaeth gêr, ac mae beiciau mynydd yn isel ar y domen honno oherwydd, yn y pen draw, tydi'r system sysbensiwn ddim yn benthyg ei hun i gynnal ffrâm panniers, a tydi'r ffrâm ddim wedi cael ei dylunio i rywun eistedd arni am y math o oriau maith mae *tourers* yn eu treulio ar feic. Mae'r beic sydd gen i, y Surly Long Haul Trucker, yn geffyl gwaith go iawn, heb fod yn rhy ffansi. O ran systemau cludiant, mae rhai, fel fi, yn ffafrio panniers traddodiadol ar gefn ac ar flaen y beic; eraill yn hoffi tynnu cert tu ôl iddyn nhw, system sy'n edrych yn reit drafferthus i mi. Mae yna rai eraill sydd fel petaen nhw ond wedi pacio pâr o drôns glân ac yn gallu ffitio pob dim i system o fagiau culion sy'n ffitio i wahanol gilfachau ar ffrâm y beic, heb wneud y beic yn fwy llydan, ac felly yn aros yn fwy aerodeinamig – mae'r rhein yn galw eu hunain yn *bikepackers* yn lle *tourers*. Ac wedyn mae 'na'r bobl sy'n edrych fel petaen nhw newydd gamu o gatalog, pob dim yn ddrudfawr a phob eiliad yn cyfri wrth iddyn nhw ruthro heibio yn leicra i gyd. Mae hen grysau T cotwm a sgidiau cerdded wedi gwneud y tro yn iawn i mi hyd yma, a'r 4 pannier. Panniers sydd gan Javi o Gatalunya hefyd, ond dim ond dwy, efo pabell a mat wedi eu clymu'n dra thrwsgwl drostyn nhw. Yn erbyn ei ewyllys y prynodd o'r rheini hefyd. Roedd wedi dechrau efo rycsac ar ei gefn, ond wedi gorfod cydnabod yn y pen draw na fyddai o'n llwyddo i fynd yn bell iawn yn y modd hwnnw. Mae Javi'n bwriadu beicio nes iddo redeg allan o bres, wedyn dychwelyd naill ai at ei swydd neu adref i Gatalunya.

Wedi ffarwelio â Javi, dwi'n mynd i chwilio am brif stryd Forsyth. Fel sy'n wir am bron i bob tref arall ar hyd glannau'r afon Yellowstone, mae rheilffordd y Northern Pacific yn rhedeg trwy'r dref. Mae coed poplys yn tyfu'n drwchus yma, oedd yn ei wneud yn lle da i gychod stêm ar yr afon stopio yma i gael tanwydd slawer dydd. Heddiw, mae canol y dref yn grand ond yn dawel. Mae'r brif stryd yn wynebu'r rheilffordd, ac yn llawn hen adeiladau o'r 1900au a'r 30au, pan oedd Forsyth ar ei hanterth. Ar un pen, mae gwesty'r Howdy Hotel o 1903, a hwn ydi adeilad talaf y stryd efo'i dri llawr a'r geiriau HOWDY ar y to mewn llythrennau bras, coch, fel arwydd Hollywood. Mae blaen yr adeilad mewn arddull *Renaissance Revival*, wedi ei baentio yn goch a hufen, ac mae'n rhy grand o lawer i dref o 1,700 o bobl. Nes draw, mae adeilad mawr yr Iron Horse casino, ambell far, y State Farm Insurers, siop trin gwallt, ac yna'r Roxy – yr unig adeilad to serth ar y stryd – hen sinema o'r 30au, tu blaen yr adeilad wedi ei addurno efo bwâu gwyrdd a hufen, a'r arwydd ROXY mewn goleuadau neon uwchben, ac oddi tano, nodyn yn ein hysbysu mai *THE LEGEND OF TARZAN* yw'r arlwy ar gyfer y noson honno. Ymhellach lawr y stryd, dyma gyrraedd y goron ar rodres y dref fechan, sef adeilad llys y sir. Coblyn o balas tri llawr, pileri mawrion bob ochr i'r fynedfa, fel basilica mawr, a *cupola* bychan ar ei gorun. Dyma adeilad arall o gyfnod mwy llewyrchus i'r dref, yn yr 1910au, pan oedd teuluoedd o'r dwyrain yn rhuthro i hawlio eu parseli o dir yn y gorllewin gwyllt, a threfi fel Forsyth yn awyddus i brofi eu haddewid ger bron y byd.

Ond mae'n rhy boeth i dreulio gormod o amser yn edmygu pensaernïaeth ryfedd y dref, a'r unig beth sydd ar fy meddwl ydi dod o hyd i system *air con* i eistedd oddi tani. Dwi'n dod o hyd i'r union beth yn y caffi ar lawr gwaelod yr Howdy Hotel. Hen ystafell o'r gwesty ydi hi, efo to uchel a hwnnw'n batrymau cywrain, ond fod y paent wedi melynu'n hyll. Stribedi neon noeth yn hongian o'r to sy'n goleuo'r lle, ac mae tair ffan yn troelli'n ffyrnig gan anfon awel oerllyd trwy'r caffi. Mae bar hir yn rhedeg i lawr un ochr y stafell, efo llefydd wedi eu gosod i bobl fwyta, a drych hir, lled *art deco* yr olwg yn rhedeg ar hyd y wal gyferbyn, wedi ei guddio tu ôl i beiriannau coffi, meicrodon a *soda fountain*. Hen fyrddau cantîn sydd yma a chadeiriau y medrir eu stacio'n rhwydd, eu clustogau feinyl du wedi rhwygo, fel petaen nhw wedi dwyn dodrefn o neuadd yr ysgol. Hen ddyn tal, main mewn crys denim sy'n rhedeg y lle, efo locsyn main a hir, dyn a fyddai'n edrych yn fwy cydnaws ar gefn moto beic neu geffyl nag yn gwisgo brat mewn cegin, ond dyna ni. Dwi'n archebu brechdan facwn a gwydred o Pepsi, ac yn eistedd yno nes fod y lle'n gwagio a'r dyn tal, main yn dechrau syllu arna i i adael.

Mae hi dal yn chwilboeth, felly dwi'n prynu bag o rew o'r archfarchnad, ac yn mynd i eistedd mewn bandstand cysgodol yn un o barciau'r dref i sugno ar y blociau rhew a thrio cadw'n cŵl. Dwi'n pendwmpian yn fanno nes fod y rhew i gyd wedi toddi, wedyn nôl â fi at y babell. Dwi'n sylwi ar awel fymryn oerach yn codi oddi ar yr afon, felly draw â fi i orweddian eto, yn mwynhau'r awel nes i'r pryfetach fin nos godi a fy hel nôl i'r babell, lle dwi'n treulio noson boeth a chwyslyd yn troi a throsi.

Fore trannoeth, dwi'n codi am hanner awr wedi pump,

# Junction City, MT

er mwyn trio gwneud gymaint o bellter ag y medra i ar y beic cyn iddi boethi'n ormodol eto. Ond dwi'n darganfod bod angen rhoi mwy o aer yn y teiar, ac wrth drio gwneud hynny, yn hanner cysgu, mae'r falf yn torri oddi ar y tiwb mewnol. Dwi'n diawlio gwastraffu tiwb gweddol newydd ac yn mynd i straffîg yn ei gyfnewid am diwb newydd.

Ond oherwydd fy straffîg, mae'r oedi'n golygu mod i'n gadael y dref yr un pryd â beiciwr arall, sy'n mynd i'r un cyfeiriad. Dwi'n stopio ar ymyl y lôn i drio sortio fy maneg, ac mae'r beiciwr yn stopio hefyd, i ddweud helô. Mae'n dod yn amlwg fod y ddau ohonon ni'n mynd i'r un cyfeiriad am y 100 milltir nesaf, i Billings, felly rydan ni'n penderfynu cyd-feicio am ddiwrnod neu ddau.

Mae'r pum milltir ar hugain cyntaf i dref Hysham yn mynd mewn dim wrth i ni sgwrsio. Beicio o Vermont mae Kevin, i ymweld â'i fab sy'n byw yn Bozeman, Montana, taith o dros ddwy fil o filltiroedd. Mae o yn nyddiau olaf ei daith, efo dim ond 250 o filltiroedd i fynd. Rydan ni'n stopio yng ngorsaf betrol Hysham i gael diod oer ac mae Kevin yn ffonio ei gyswllt yn Billings i drefnu mod i'n medru aros efo nhw nos fory cyn anelu am Custer heno, bum milltir ar hugain arall i ffwrdd. Rydan ni wedi dod oddi ar yr *interstate*, ac yn beicio ar lôn gefn dawel sy'n dilyn yr Yellowstone.

Dwi'n dal i gael trafferth efo'r un teiar ag oedd yn fflat bore 'ma. Mae yna ryw fath o dwll bychan, mae'n rhaid, achos mae hi'n araf bach yn colli aer wrth i mi feicio, fel mod i'n gorfod stopio i ail-bwmpio bob ryw hanner awr. Ond, er gwaetha hynny, rydan ni'n cyrraedd Custer a hithau'n dal yn ganol pnawn. Rydan ni'n croesi cledrau'r trên, yn teithio o dan bont yr *interstate* a dyna ni yn y *downtown* – stryd lychlyd, dawel, pob adeilad yn eithaf pell ar wahân. Hen garej wedi cau; hen siop antîcs, wedi cau, siop fwyd fechan efo *ice box* tu allan, motel mewn hen adeilad sy'n edrych fel sied wartheg, swyddfa bost, y Junction City Saloon, a'r Custer Gas Station drws nesaf. Rydan ni'n pasio'r cwbl ac yn anelu am y Junction City Veterans Memorial Park, parc bychan ar gyrion y pentref sy'n gartref i neuadd fechan, portsh llydan a lle chwech. Mae yna rif ffôn i'w alw i rywun ddod â goriad ar gyfer yr adeilad, a dwi'n molchi orau medra i yn y sinc, a finnau heb fod ar gyfyl cawod ers rhywle yn North Dakota.

Mae Kevin yn gosod ei fat dan gysgod y portsh ac yn cysgu, a dw innau'n mynd ati i roi syrfis i'r beic. Dwi'n mynd trwy'r holl diwbiau mewnol, yn archwilio pob un am dyllau trwy eu llenwi nhw ag aer a'u dal nhw o dan y dŵr yn y sinc i chwilio am swigod, ac yna taflu'r rhai sydd tu hwnt i achubiaeth a thrwsio'r rhai dwi'n medru. Wedyn, dwi'n mynd ati efo cadach, brws dannedd a chyllell boced i grafu a sgrwbio cymaint ag y galla i o'r baw sydd wedi casglu rhwng rhychau'r casét a dolenni'r gadwyn. Erbyn i mi ddod i ben, ac aildaenu olew dros y cwbl, mae'r beic yn rhedeg yn llawer llyfnach, er fod y gêrs yn dal i rincian braidd, a dwi'n difaru peidio â gwneud hyn yn fwy rheolaidd. Yn y cae dros y ffordd i'r cae chwarae, mae yna griw wrthi'n codi byrnau gwair o'r caeau, a'u llwytho i gefn lorri artic, yn ddegau ar ddegau ohonyn nhw, y tractor yn mynd bob hyn a hyn, ac wedyn yn dychwelyd, yn barod am y llwyth nesaf.

Fin nos, rydan ni'n mynd i'r Junction City Saloon and Casino i fwyta. Mae'r 'Casino' yn yr enw yn cyfeirio at un peiriant ffrwythau yn y cefn, gydag un ddynes unig sy'n treulio'r noson gyfan yn tywallt ei phres i'w grombil, heb ddweud bw na be wrth neb arall. Rydan ni'n eistedd wrth y bar, a dwi'n rhannu plât o *chicken wings* efo Kevin, wedyn yn cael plataid o tsips a 'sgodyn, ac yn ei lowcio fo i gyd fel petawn i heb fwyta ers misoedd. Sherry sy'n gweithio tu ôl i'r bar, a Denny ydi'r perchennog, ac mi rydan ni'n cael ein holi'n dwll o le 'dan ni'n dod ac i le 'dan ni'n mynd. Mae Sherry'n dweud hanes y dref wrtha ni, neu ran o'r hanes o leiaf. Er mai Custer ydi enw'r dref bresennol, mae hi wedi ei chodi â cherrig tref flaenorol, Junction City, oedd wedi ei lleoli yn is lawr, yn nes at yr afon, gyferbyn â phentrefan Terry's Landing. Roedd llongau stêm yn stopio yno wrth ddod i fyny'r afon, cyn dyfodiad y trenau. Mi roedd 14 salŵn a thair neuadd ddawns, a dim siryf, ac roedd y bobl yn gweinyddu eu trefn eu hunain, yn chwarae efo gynnau ac yn cael lot o hwyl nes i dân losgi hanner y dref yn ulw. Yn y pen draw, chwalwyd gweddill y dref gan lif yr afon, ac fe symudodd y trigolion i dir yr Apsáalooke, oedd ar diroedd uwch, ac mi gafodd yr Apsáalooke eu gorfodi i dderbyn y newid yn nhelerau eu cytundeb a gadael i'r gwynion godi pentrefi ar eu tir. Does yna bron dim byd ar ôl o'r hen dref ar lan y dŵr, a chyn hir, fydd yna ddim ar ôl o Custer mae'n siŵr, o edrych ar y stryd fawr wag. Dyma le y sgubodd yr 20ed ganrif drwyddi, gan fynd a dod o fewn dwy neu dair cenhedlaeth.

Wedi ffarwelio â Denny a Sherry, rydan ni'n cerdded nôl i'r parc, y dref i gyd yn arogli fel byrnau gwellt melys.

Fore trannoeth rydan ni'n cychwyn am Billings a dwi'n breuddwydio am gael cawod. Tri peth sy'n fy ngwneud i'n hapus y dyddiau yma: bwyd, gwely a dŵr, a'r dŵr hwnnw – os yn bosib – naill ai'n oer mewn potel, neu'n boeth mewn cawod. Rydan ni'n cychwyn tua 6.45 am, ac yn mynd yn reit dda nes cyrraedd tref Worden. Tref fechan ydi hi, wedi ei datblygu yn sgil yr Huntley Project, system irigeiddio wedi ei chreu gan yr U.S. Bureau of Reclamation yn 1907 i droi anialwch yr Apsáalooke yn dir amaethyddol i'r ffermwyr gwyn. Mae prif stryd y dref yn un lydan, efo sawl bar, banc a *mercantile* ar ei hyd. Rydan ni'n cael rywbeth sydyn i fwyta yn y Project Mercantile, ac yn eistedd yng nghysgod yr adeilad i fwyta. O'n blaenau ni mae arwydd yn ein hysbysu bod gŵyl leol yn digwydd yn fuan, ac y bydd hi'n cynnwys 'Musket Shooting, Booths, Food and Poets'. Dwi'n gobeithio nad saethu'r 'poets' maen nhw'n bwriadu ei wneud.

Mae'r ffordd yn ddiflas o Worden, a dwi'n pendwmpian ar y beic, nes i'r *zip tie* sydd wedi bod yn dal ffrâm y panniers ers Michigan dorri. Ond waeth i mi heb â phoeni, achos mae Ted yn dangos i mi sut mae defnyddio sgriw arall o ffrâm y beic i'w drwsio, a dwi rêl boi.

Mae cyrraedd Billings, ar ôl wythnosau yn y tir anial, yn sioc i'r system. Mae'n ddinas fawr, yn ddinas go iawn o dros gan mil o bobl, yn llawn traffig a gwres a sŵn – y lle mwyaf poblog ers y Twin Cities, yn saff. Rydan ni'n stryffaglio i ganol y dref, ac yn dod o hyd i siop feics mae Ted yn gwybod amdani, y Spoke Shop, er mwyn i mi gael rhywun i roi gwasanaeth go iawn i'r beic. Y diagnosis ydi fod angen casét a thsiaen newydd, felly yna ydan ni am ryw awr a hanner, yn eistedd ar stepen y drws yn aros i'r mecanic clên fynd drwy ei bethau. Mae o'n sbio ar Ted yn lle fi wrth drafod anghenion technegol y beic, ond yn rhoi 'disgownt' i mi ar y llafur ac yn rhoi ei rif personol ar y cardyn ac yn fy annog i gysylltu os bydda i yn Billings eto.

Mae'r beic yn troi'n llyfn ac esmwyth ar ôl ei drip i'r Spoke Shop, ac mae pethau'n argoeli'n dda ar gyfer cychwyn tuag at y Rockies. Rydan ni'n treulio'r noson yng nghartref dyn mae Ted yn ei nabod, dyn tawel sydd wastad efo'r teledu ymlaen yn y cefndir. Mae'n brofiad rhyfedd bod yn ôl ym mhresenoldeb sgrin debyg i hon, a dwi'n cael fy hun yn methu gwylio, na chanolbwyntio ar beth sydd arni. Fore trannoeth, dwi'n ffarwelio â Ted a'i gyfeillgarwch rhwydd. Mae o'n troi tuag at Bozeman, a dwi'n cychwyn i'r cyfeiriad arall tuag at Park City.

# 23

# Park City, MT

*Milltir 2,654*

MAE HI'N DAL yn boeth, er dim cynddrwg ag y mae hi wedi bod, ond wrth i'r tymheredd ostwng rhywfaint mae'r gwynt yn codi, a hwnnw'n chwythu i fy nhalcen drwy'r dydd. Ar y ffordd o Billings, dwi'n stopio yn y swyddfa bost i nôl parsel mae fy chwaer a fy nghyfnitherod wedi ei yrru i mi: bag o fferins Swedish Fish, balm gwefus, *cuticle cream* a *moisturizer*. Yr hanfodion. Dwi bron â dechrau crio yn y fan a'r lle wrth agor y parsel. Dwi wedi bod yn teimlo'n fwy emosiynol fregus yn ystod y dyddiau diwethaf, yn rhannol oherwydd y stres o drio trefnu i fynd trwy barc cenedlaethol Yellowstone mewn 'chydig o ddyddiau. Mae'n barc anferth, ac mi fydd hi'n cymryd dyddiau i mi feicio trwyddo, ond mae hi hefyd yn ganol haf ac felly mi fydd y parc, a'r meysydd campio, i gyd yn llawn. Mae'r parc yn llawn bleiddiaid, eirth a phob math o anifeiliaid peryglus nad ydw i wedi dod ar eu traws nhw go iawn ar y daith hyd yn hyn. Ac achos y prysurdeb, mae'r gwersylloedd yn tueddu i lenwi yn sydyn iawn, a dwi'n poeni am fod yn sownd mewn coedwig lawn eirth heb unlle saff i gysgu. Mae'r map lôn Michelin sydd gen i yn plygu yn 12 rhan – tri phlygiad sydd gen i ar ôl erbyn hyn, ac mae hynny'n rhyw chwarae yng nghefn fy meddwl hefyd. Mae hi'n dod i ddiwedd wythnos gyntaf Awst, a dim ond ychydig o wythnosau sydd gen i ar ôl. Dim ond newydd ddechrau dod i arfer efo bywyd ar y lôn ydw i – does bosib bod yr haf yn dod i ben yn barod.

Ond dwi'n rhoi meddyliau felly i'r naill ochr ac yn gadael Billings, trwy ddod o hyd i'r afon Yellowstone unwaith eto, ar gyrion y ddinas. Ar y naill law mae clogwyn o dywodfaen hardd ac ar y llall purfeydd olew eang.

Dwi'n dod yn nes at y Rockies erbyn hyn, ac mewn rhyw 200 milltir mi fydda i'n cyrraedd y mynyddoedd. Ac mae'r tirlun yn newid hefyd wrth i fi ddynesu. Dwi wedi hen adael y Badlands, a'r gwastatiroedd amaethyddol. Rŵan, *buttes* a *mesas* o dywodfaen sydd bob ochr i'r lôn rhwng y tai a'r ffermydd, yn ynysoedd madarchaidd efo ochrau serth a thopiau gwastad, fel ceiniogau neu fyrddau. Yn y pellter, mae cysgodion y mynyddoedd mawr yn pipio dros y gorwel a mwg tanau gwyllt Wyoming yn duo'r awyr i'r de.

Dwi'n cyrraedd Park City at ddiwedd y pnawn ac yn mynd am sbin o gwmpas y dref a'i hysgol, swyddfa bost, swyddfa twrnai, tacsidermydd, dwy garej, llyfrgell a dau far. Dwi'n mynd i eistedd yn un o'r ddau far ac yn trio archebu diod, ond maen nhw'n cael andros o drafferth i ddeallt fy acen. A'r peth am Americanwyr ydi, os nad ydan nhw'n eich deall chi, maen nhw'n cymryd eich bod chi ddim yn eu deall nhw. Pan dwi'n eistedd i lawr, mae'r dyn tu ôl i'r bar yn dechrau siarad amdana i efo un o'r perchnogion, fel petawn i ddim yno. Dydi o ddim yn dweud unrhyw beth cas, ond mae'n brofiad anghyfforddus 'run fath. Dwi'n gorffen fy niod, ac allan â fi, ond wrth y drws mae un o'r dynion oedd wrth y bar yn fy stopio am sgwrs.

'*Going far?*'
'*To Portland, yeah – started from Boston.*'
'*Ah, nice – I used to be a hobo for a couple of years.*'

Tarddiad posib ar gyfer y gair 'hobo' ydi 'Homeward Bound' – er ei fod yn tueddu i gael ei ddefnyddio mewn ffordd ddilornus, mae'r gair yn disgrifio gweithwyr teithiol, ac mae'n cael ei gysylltu yn benodol efo'r gweithwyr oedd yn teithio'n anghyfreithlon ar drenau i chwilio am waith. Dyna sy'n eu gwahaniaethu nhw oddi wrth y 'tramp' traddodiadol – teithio er mwyn teithio mae hwnnw, nid er mwyn chwilio am waith, ac mae o'n derm arall sydd wedi troi yn derm dilornus.

Mae'r dyn wrth y drws yn dechrau adrodd ei hanes ar y trenau, yn teithio'r wlad dros gyfnod o bedair blynedd. '*I been to 46 of the lower states.*' All o ddim bod yn hŷn na 30, dwi ddim yn meddwl. Mae o'n ôl yn Park City rŵan, medda fo. Wedi callio. Wedi ffeindio gwraig, cael plentyn. Fydd o ddim yn teithio bellach. Ond mae 'na olwg hiraethus yn ei lygaid wrth iddo siarad a dymuno siwrne dda i mi.

Dwi'n ffarwelio ac yn mynd i barc o dan yr *interstate*, mewn rhan dawelach o'r dref. Dwi'n gwylio teulu yn chwarae pêl-fas, yna, wrth iddi fachlud, dwi'n cuddio fy magiau tu ôl i wrych yng nghefn y parc ac yn mynd ar fy meic i lawr y lôn sy'n arwain o'r dref, tua'r gorllewin. Does yna'r un cwmwl yn yr awyr i ddal golau'r machlud, ond mae nudden ysgafn, cymysgedd mae'n siŵr o fwg y tanau gwyllt yn y pellter, a dyddiau di-ben-draw o wres, ac mae'r nudden yn dal y golau ac yn troi'r awyr yn aur cynnes. Mae hi'n noson dawel a'r gorwel yn glir. Yn sydyn, o nunlle, dyna'r mynyddoedd, wedi eu dal yn glir yn llewyrch ola'r machlud. Dwi'n eu gweld nhw, yn codi'n gysgodion llwydlas tu ôl i'r *mesas* isel. Maen nhw yno, yn anferth, ac mor agos!

\*

Drannoeth, dwi'n cael gwynt i 'nghwt eto ac mae'r beicio'n rhwyddach. Dwi'n dal i ddilyn yr Yellowstone, ond mae hi wedi newid erbyn hyn, fel mae'r graig wedi newid. Nid hen beth leidiog ydi hi rŵan, ond afon ifanc efo'i dŵr yn llifo'n glir ac yn groyw. Mae'r mynyddoedd welais i neithiwr yn nesáu bob yn dipyn, ac mae dyffryn yr afon yn prysur gulhau. Mae'r bore'n oer, er fod yr haul yn tywynnu, ac mae'r hen Highway 10 yn brysur.

Mae'r dyffryn wedi lledu fymryn erbyn cyrraedd Greystone, y clwstwr o dai rhwng y rheilffordd a'r *interstate*, efo tair sied yn gwneud y tro fel ysgol a thair dafad dew yn pori yn y cae swings y tu allan. Yr unig adeilad â graen arno ydi'r swyddfa bost ffederal sy'n eistedd yn dalog yng nghanol y pentref. Bob ryw hanner awr mae corn y trên yn sgrechian ei gyfarchiad wrth i'r cledrau groesi'r ffordd. Dwi'n cael fy nal gan y trên yn aros i groesi, ac wrth sefyll yno'n disgwyl dwi'n cyfri dros gant o gerbydau, yn llawn grawn a glo, ar wib tua phorthladdoedd y Cefnfor Tawel.

Mae'r man gwersylla ychydig y tu allan i'r pentref

ac yn berffaith. Mae'r gwres uchel diweddar, a lefel isel y dŵr, yn golygu bod yna gyfyngiadau wedi eu gosod ar bysgota, ac felly er mai safle pysgota ydi hwn, mae gen i'r lle i mi fy hun, fwy neu lai. Dwi'n sefyll ar y bont uwchben yr afon, lle mae Black Eyed Susans yn tyfu'n uchel bob pen, a melynwair y gwastadedd a llwyni saets yn ymestyn at fynyddoedd yr Absaroka ar y gorwel, y grib sy'n nodi diwedd y gwastadeddau a dechrau'r Rockies.

Wedi gosod fy mhabell, dwi'n mynd lawr at y dŵr ac yn tynnu amdanaf i nofio. Mae'r dŵr yn oer braf ar ôl gwres llethol y diwrnod, ond yn fas, a'r llif yn gryf felly dwi ddim yn mynd yn bell iawn, dim ond eistedd mewn pwll o ddŵr llonydd wrth y lan, yn gwylio'r ceirw'n chwarae yn y coed ar ochr arall yr afon.

Wrth i'r pnawn rygnu yn ei flaen, dwi'n dechrau meddwl am fy mol. Doedd yna ddim byd yn Greycliff, ond yn ôl y map, mae yna ganolfan wyliau 'chydig o filltiroedd i ffwrdd, a *rest stop*, felly dwi'n mynd am sgowt i weld oes yna rywle yn gwerthu dŵr neu fwyd, neu fel arall mi fydda i'n gorfod bodloni ar gnau menyn a bisgedi sych, bwyd codi syched.

Dwi'n beicio ar hyd yr *interstate* i gyrraedd y *rest station*, ond does dim byd yn fanno, dim hyd yn oed peiriant gwerthu fferins, felly ymlaen â fi at bentref gwyliau KOA Spring Creek a'r clwstwr o dai o'i amgylch. Mae'r pentref gwyliau'n edrych fel petai ar gau a does yna affliw o ddim byd arall yn fanno chwaith, felly nôl â fi i'r *rest station* i lenwi fy mhoteli efo dŵr cynnes o'r tap.

Mae'n rhaid fod yna ryw olwg be-wna-i arna i, achos yr eiliad dwi'n cyrraedd yn ôl, mae pobl yn trio edrych ar fy ôl i. Prin dwi'n dod oddi ar fy meic cyn i gwpwl oedrannus sydd wrthi'n cael picnic o fŵt eu car fy ngalw i draw am sgwrs. Mae'n nhw'n mynnu mod i'n cael diod oer a nectarîn o'r *cooler* yng nghefn y car. Dwi'n derbyn yn ddiolchgar ac yn gwrando ar eu hanes: pâr wedi ymddeol, ac ar eu ffordd yn ôl i Bozeman o Wisconsin, wedi treulio oriau maith yng nghwmni neb ond radio'r car a'i gilydd, ac yn awchu am sgwrs efo unrhyw un ond ei gilydd, dwi'n amau. Ar ôl iddyn nhw adael dwi'n mynd i eistedd wrth dwll plwg i roi 'chydig o sudd ym matri'r ffôn. Y peth nesaf, mae yna deulu ifanc a'u merch fach bump oed, ar gylchdaith o amgylch rhai o barciau cenedlaethol y gorllewin yn stopio i gynnig potel o Gatorade, hanner paced o Fig Rolls a bag o gnau i mi. Mae'n rhaid mod i'n edrych fel ci bach llwglyd, ond dwi'n falch ofnadwy o beidio â goro bodloni ar fy nghnau menyn a Clif Bars!

Wedi cael fy mwydo gan Samariaid trugarog Greycliff, dwi'n mynd nôl i'r lle pebyll ac yn sefyll ar y bont i wylio'r haul yn machlud dros yr Absaroka. Wedi syllu arni drwy'r dydd, mae siâp y grib wedi serio ar fy nghof, y ffordd mae'n codi'n raddol o'r de, yn ffurfio dau ddant pigog yn y canol ac yna'n syrthio'n raddol yn is tua'r gogledd. Mae'r haul yn machlud dros ochr ddeheuol y grib, yn goleuo'r mynydd yn borffor a'r afon yn aur. Wrth i mi eistedd ar wal y bont yn syllu, mae yna bic-yp yn gyrru heibio gan arafu a dwi'n gweld dau hen lanc yn eistedd yn y tu blaen.

'*Hello, miss – you not plannin' on jumpin' or nothin', are you?*' Dwi'n sbio arnyn nhw'n syn am eiliad, yn trio gweithio allan os ydan nhw o ddifri neu yn jocian – maen nhw i weld o ddifri. Dwi'n sbio lawr ar yr afon, lai na phum metr oddi tanon ni, yn llifo'n ddioglyd, ddim dyfnach na ryw fetr. Pe tawn i wir yn pasa gwneud amdana'n hun, nid fama fyddai'r lle i wneud hynny.

'*Ha ha, no, not tonight!*' ydi fy ateb i, a dwi'n rhyw ffug chwerthin i drio eu perswadio nhw nad oes dim byd o'i le ar hogan ifanc yn mynd am dro ar lan yr afon ar ei phen ei hun fin nos.

'*Ok, then, miss, just wanted to make sure. You have a good evening now.*' Ac i ffwrdd â nhw i'r gwyll.

Ydw i'n edrych yn anobeithiol? Dwi'm yn meddwl mod i erioed wedi teimlo mor fodlon, mor ddibryder, na thawelach fy meddwl yn fy mywyd, yn gyffredinol, heblaw am y pryder am Yellowstone. Ond heno, mae Yellowstone yn broblem ar gyfer diwrnod arall a dwi'n eistedd yn ôl i wylio'r haul yn diflannu dros y gorwel.

# 24
# Livingstone, MT

*Milltir 2,745*

MAE'R ROCKIES YN nesáu. Mae'r Yellowstone yn llifo'n fwy dwfn a chroyw a chryf, a geifrewig – yr anifeiliaid chwim efo cefn rhuddgoch a chwt wen, a chyrn duon fel teimlyddion pry – yn carlamu ar hyd y gwastadeddau. Tu ôl i'r caeau gwastad, mae bryniau isel o weiriach a thyfiant sych, a'r tu ôl i'r rheini, mynyddoedd yr Absaroka, yn teimlo'n bell ac agos yr un pryd, yn llafnau o borffor a glas a llwyd.

Does dim byd arall am filltiroedd, dim ond caeau

gwyrdd, bryniau aur a mynyddoedd glas, a dwi'n drachtio'r cwbl, a phrin yn cymryd unrhyw sylw o'r lôn, fy llygaid wedi eu serio ar y mynyddoedd. Mae'r draffordd yn ddigon tawel, dim gormod o draffig. Bob hyn a hyn mae slipffordd fechan yn arwain at drac hir, yn fynedfeydd i ffermydd pell yn y bryniau. Yn sydyn, dwi'n gweld arwydd brown sy'n dynodi 'safle o ddiddordeb i'r cyhoedd'. Dwi'n cymryd y slipffordd ac yn dilyn y lôn i fyny un o'r bryniau i Mission Ranch.

Ar wastadedd ar ben y bryn, mae ffrâm tipi wedi ei chodi â pholion dur, a byrddau gwybodaeth o'i chwmpas yn esbonio mai dyma safle'r Crow Agency cyntaf. Dyma'r groesffordd swyddogol gyntaf rhwng pobl yr Apsáalooke a llywodraeth y trefedigaethwyr gwyn. Rhwng 1869 a 1875, dyma lle y sefydlwyd Fort Parker, i gyfnewid y nwyddau oedd yn ddyledus i'r Apsáalooke yn sgil cytundeb a wnaed â'r llywodraeth, a'r man lle ceisiodd y llywodraeth orfodi'r Apsáalooke i roi'r gorau i'w ffordd nomadaidd o fyw a gwladychu'r wlad – aros mewn un lle, er mwyn i'r llywodraeth gadw golwg arnyn nhw, eu trethu nhw, ac fel na fydden nhw'n effeithio ar aneddiadau newydd y gwladychwyr gwyn.

Mae'r lôn yn parhau at y mynyddoedd, ond dwi'n eistedd wrth y gofeb am ychydig, i fwyta brechdan, ac i syllu ar y pum march sy'n pori ar y gwair sych ochr draw i'r lôn. Y pump yn geffylau tal a lluniaidd, pedwar gwineuddu ac un melynwyn yn pori'n dawel ac yn ddigyffro, llymder y tir yn gwneud iddyn nhw ymddangos yn fwy byw rhywsut.

Mae'r traffig wedi cynyddu erbyn cyrraedd Livingston – mae'n hollol stond a dweud y gwir, felly dwi'n cael y pleser o feicio'n rhwydd heibio i ddegau o yrwyr poeth a blin. Mae'r dref fel rhyw Lanberis Americanaidd, yn llawn siopau yn gwerthu nwyddau awyr agored, y copaon yn bresenoldeb parhaus tu hwnt i'r toeau. Tua 7,000 o bobl sy'n byw yma, ac fe ddechreuodd y dref ei hanes fel gorsaf reilffordd i ddechrau, cyn dod yn fynedfa i barc cenedlaethol Yellowstone – eto, fel Llanberis a'r Wyddfa. Mae'r brif stryd yn rhesiad o adeiladau brics coch, pob un â'i arwydd yn gwthio allan i'r stryd, rhai mewn neon, rhai mewn ffontiau Gorllewin Gwyllt hen ffasiwn, olion hen hysbysebion wedi eu paentio ar ochrau'r adeiladau a hysbysebion newydd wedi eu paentio drostyn nhw; Bob's Outdoor, The Stockman: fine foods, Owl Cocktail Lounge, Empire Cinema a'r Hiatt House. Dwi'n dod o hyd i faes gwersylla prysur ar gyrion y dref, ac yn cael cawod boeth a phlatiad o fwyd cyn mynd i grwydro a dod o hyd i'r parc cyhoeddus, lle prysur arall yn amgylchynu'r afon Yellowstone, honno'n ystumio'n hamddenol ar wely o gerrig mân a choediach isel. Mae'r mynyddoedd yn nes yn Livingston, maen nhw'n fwy na mur o borffor yma. Mae modd gweld eu rhychau a'u honglau, y coedwigoedd trwchus a'r llethrau creigiog. Fory, mi fydda i'n mentro i'w crombil.

Mae'r parc wedi ei enwi ar ôl Sacagawea, ac mae cerflun ohoni ar gefn ei cheffyl yn ei ganol, yn dal ei baban, Pomp, mewn un fraich ac yn gafael yn awenau'r ceffyl gyda'i llaw arall, wrth iddo ymestyn ei ben i yfed o'r afon. Mae Sacagawea wedi bod yn bresenoldeb cyson ers Bismarck, North Dakota, ei henw yn ymddangos ar blaciau gwybodaeth neu mewn enwau llefydd ar hyd ymyl yr Yellowstone. Mae'n debyg iddi gael ei geni tua 1788, i lwyth yr Agaidika, nepell o ffin bresennol Idaho a Montana. Yn blentyn, cafodd ei herwgipio gan aelodau o lwyth yr Hidatsa, ac yn y pen draw cafodd ei gwerthu, yn blentyn, fel gwraig i Toussaint Charbonneau, trapiwr gwyn o Quebec. Erbyn 1804, roedd hi'n byw mewn pentref Mandan gyda'i gŵr yn North Dakota, ac yno oedd hi pan ddaeth Lewis a Clark heibio ar eu taith, gan gyflogi ei gŵr fel tywysydd, a'i chyflogi hithau fel un a siaradai'r iaith Shoshoni, oedd yn rhyw fath o *lingua franca* rhwng y cenhedloedd brodorol yn yr ardaloedd a adnabyddir heddiw fel Idaho, Wyoming, Utah a Nevada. Roedd hi'n feichiog ar y pryd a thua 16 oed. Cafodd ei mab, Jean Baptiste, neu Pomp, ei eni yn ystod y daith, ac roedd ei phresenoldeb a'i gwybodaeth yn allweddol i sicrhau goroesiad y grŵp yn ystod eu taith.

Mae hi wedi dod yn ffigwr rhamantus yn y dychymyg Americanaidd erbyn hyn, yn rhannol yn sgil cael ei mabwysiadu gan y National American Woman Suffrage Association fel symbol yn ystod eu hymgyrch dros yr hawl i bleidleisio. Dyma gymdeithas oedd yn ymgyrchu dros hawliau merched gwyn i bleidleisio, gan wrthod gadael i ymgyrchwyr Du ymuno yn eu cynadleddau. Ni chafodd Americanwyr Brodorol hawl cenedlaethol llawn i bleidleisio tan 1962. Ond roedd Sacagawea yn symbol cyfleus, ac yn 1933, cyhoeddwyd y gyfrol ramantaidd *Sacajawea* gan Grace Raymond Hebard, cyfrol sentimentalaidd a ddaeth â'r ddynes hon i fwy o enwogrwydd. Y gwir amdani yw nad oes yna lawer i'w sentimentaleiddio mewn stori am ferch fach yn cael ei chipio, ei theulu yn cael eu lladd, yna hithau'n cael ei gwerthu, ei gorfodi i briodi a'i llusgo ar daith beryglus a hithau'n feichiog ac yna efo baban newydd-anedig. Hanes trawmatig, nid rhamantus.

Mae'n debyg na wnaeth Sacagawea oroesi yn hir wedi diwedd y daith i'r gorllewin. Cafodd ail blentyn, ond yn fuan wedyn mae cofnodion o'r ddau blentyn yn cael eu mabwysiadu ac mae haneswyr yn amcangyfrifo iddi farw tua 1812 yn 24 oed.

Fodd bynnag, mae yna stori arall, a honno heb unrhyw

dystiolaeth bapur o'i phlaid, nad marw wnaeth Sacagawea ond diflannu. Dianc, rhyw noson, gan adael Charbonneau a'r plant a byd y bobl wyn. Goroesi, a phriodi aelod o lwyth y Nʉmʉnʉʉ, gan ddychwelyd i'w mamwlad yng ngwlad yr Agaidika. Llithro rhwng tudalenau y llyfrau hanes, y cofnodion papur a'r cyfrifon.

\*

O Livingstone, dwi'n troi am Paradise Valley. Mae'n teimlo'n od i anelu tua'r de, ond dyna ble fydda i'n teithio dros y dyddiau nesaf – i fyny i'r Yellowstone Basin, gan groesi'r rhaniad cyfandirol, pwynt uchaf y daith hyd yma. Ar ochr ddwyreiniol y dyffryn mae mynyddoedd yr Absaroka ac i'r gorllewin, mynyddoedd y Gallatin Range. *Breccia* folcanig yw craig yr Absaroka, gyda gwythiennau o *gneiss* a gwenithfaen yn rhededg trwyddi. Mae'r dirwedd yma ychydig yn ffrwydrol, efo ffynhonnau o ddŵr poeth yn codi yma ac acw, a chrwst y ddaear fel petai fymryn yn freuach na'r arfer.

Does gen i ond tua 20 milltir i fynd heddiw, yn rhannol am fy mod i eisiau cadw fy egni ar gyfer y mynyddoedd y bydd angen i mi eu croesi yn y dyddiau nesaf, ond yn rhannol am fy mod i wedi cael cynnig llety mewn caban rhywle yn y coed, a dwi'n edrych ymlaen at gael cysgu mewn gwely unwaith eto.

Dwi'n cael *lemon cream pie* i frecwast, achos, wel, pam lai, cyn cychwyn lawr y dyffryn. Mae Paradise Valley yn llydan ac yn gartrefol efo ceirw'n rhedeg trwy'r caeau ŷd a thai mawrion ac ysgoldai bychan yn clwydo yng ngheseiliau'r mynyddoedd. Mi allwn sefyll ar ochr y lôn yn syllu ar y mynyddoedd am oriau, ond ymlaen â fi.

O'r diwedd, dwi'n cyrraedd gwaelod trac cul, lle mae

Sean yn aros amdana i. Mae Sean yn ddyn byr efo llygaid direidus. Rydan ni'n dau'n beicio i fyny'r dyffryn coediog, yn dilyn afonig sy'n bwydo i'r Yellowstone ar waelod y dyffryn. Dwi'n cael hanes y dyffryn ganddo. Cartref y crach yw Paradise Valley erbyn hyn – miliwnyddion ac actorion sydd wedi dianc o Galiffornia ac Efrog Newydd, i fyw bywyd 'gwledig'. Cadw *ranch* ar gyfer un o'r miliwnyddion hynny mae Sean a'i wraig, ac maen nhw'n ofalus iawn wrth siarad amdano. Un amod o gael gwesteion ydi cyfrinachedd, ac maen nhw'n gofyn i mi beidio tynnu lluniau.

Mae'r *ranch* ei hun yn ddwfn yn y mynydd, ac yn stâd eang sy'n cynnwys y prif blasty, cyfres o gabanau pren moethus a chartref Sean ei hun, yn ogystal â helipad a phwerdy heidro-electrig sy'n cyflenwi trydan i'r cwbl. Mae arth wedi bod yn snwffian o gwmpas yn ddiweddar ac mae angen cario *bear spray* efo ni bob amser.

Mae swydd gofalwr ar *ranch* y bonedd yn caniatáu i Sean fyw y bywyd 'backcountry' mae'n ei fwynhau. Yn ogystal â chynnal y *ranch*, mae hefyd yn rhan o'r tîm sy'n rheoli cwympaon eira yn y gaeaf, yn cadw llygaid ar lethrau peryglus, ac yn creu cwymp bwriadol, rheoledig pan fo hynny'n briodol, a hynny gyda ffrwydradau. Ond ei ddiddordeb mawr yw brithyll. Mae'n falch iawn o'r afonig sy'n mynd heibio'r tŷ, ac yn dweud hanes y brithyll sy'n ffynnu yno, y *Salmo clarki*, neu'r brithyll gyddfgoch. Mae'n gafael yn sydyn yn y wialen sydd wrth y drws, ac yn mynd â fi lawr at bwll nid nepell o'r tŷ. Mae'n chwipio'r wialen nôl a blaen, yn cosi wyneb y dŵr, bron fel petai'n ei anwesu, heblaw am y bachyn miniog ar flaen y wialen. Yn sydyn, mae rhywbeth yn cydio ac mae'n codi brithyll bywiog o'r dŵr. Mae'n gafael ynddo'n ofalus ac yn gofyn ydw i'n gweld y stribed binc ar hyd gwaelod yr ên. Dyna o le mae'r enw 'gyddfgoch' yn dod, am fod y pysgodyn yn edrych fel petai rhywun wedi ceisio torri ei wddw. Mae'n rhyddhau'r pysgodyn yn ôl i'r afon yn ofalus.

*'The problem is that so many of these small rivers are used for irrigation, or are dammed for whatever reason, that when we get dry spells, there isn't enough water in the rivers to go down the mountain to the main river, so you loose these fish's habitat, you know?*

*I have to fight people down-stream to make sure they don't draw too much water from the river, so that she can reach the Yellowstone down in the valley, or it's the fish upstream that suffer.*

*But we're lucky, the river here is very healthy at the moment – you can see here, she's bursting with fish!'*

Nôl yn y tŷ, rydan ni'n sgwrsio am sgio traws gwlad, economeg twristiaeth, a Chymru. Mae Sean a Mary, ei wraig, yn paratoi swshi i swper, yn rhowlio parseli bychan o reis, pysgod a llysiau ar fwrdd y gegin. Maen nhw'n sôn am yr arth y buon nhw'n ei gwylio'n chwarae yn yr ardd o ffenest y gegin yr wythnos flaenorol. Dydan ni ddim o fewn tiriogaeth y parc ar hyn o bryd, ond dydi anifeiliaid y parc ddim yn ymwybodol o ffiniau gweinyddol y diriogaeth, ac mae bleiddiaid ac eirth yn ymwelwyr rheolaidd. Mae'r bleiddiaid yn benodol yn destun tensiwn, gan mai canlyniad ymgyrch 'ail-wylltio' yw eu presenoldeb yma, penderfyniad gwleidyddol i'w hailgyflwyno. Prosiect llwyddiannus yn nhermau cadwriaethol, gan gryfhau *biom* y parc, trwy ganiatáu i'r bleiddiaid ailafael yn eu rôl fel ysglyfaethwr naturiol i'r cawrgeirw. Wrth reoli rhywfaint ar eu niferoedd, mae anifeiliaid a phlanhigion eraill oedd yn dioddef yn sgil gor-bori'r cawrgeirw yn ffynnu. Ond wrth gwrs mae'r bleiddiaid hefyd yn bla i'r ffermwyr, sy'n berchen eu gynnau eu hunain ac yn fwy na bodlon saethu unrhyw flaidd sy'n camu dros ffin anweledig tiriogaeth warchodol y parc.

Y noson honno, dwi'n cysgu mewn caban pren ar y *ranch*, fy nghlustiau wedi moeli am sŵn eirth a bleiddiaid, ond yr oll sydd i'w glywed yw sŵn y glaw ar do'r caban pren.

# 25

# Yellowstone, WY

*Milltir 2,815*

MAE HI'N PIGO bwrw pan dwi'n gadael y *ranch*, y cymylau'n mynd heibio'n sydyn, gan adael i'r haul dywynnu yn y bylchau. Ymlaen â fi tuag at ben dyffryn Paradwys, deugain milltir ar hyd yr afon i dref Gardiner, a mynedfa'r parc. Mae'r dyffryn yn culhau ac arwyddion yn rhybuddio am bresenoldeb eirth. Yn sydyn, dwi'n clywed sŵn mellt i'r gogledd, yng ngheg y dyffryn, ddegau o filltiroedd i ffwrdd. Does dim byd rhyngdda i a Gardiner, felly dwi'n penderfynu parhau, ceisio rasio'r storm, ond mynd tua'r dwyrain mae hi, felly dwi'n osgoi'r gwaethaf, yn profi dim byd gwaeth nag un gawod drom.

Ganol pnawn dwi'n cyrraedd Gardiner, a'r porth mawr a adeiladwyd fel mynedfa i'r parc, gyda'r geiriau 'For the Benefit and Enjoyment of the People' wedi eu naddu ar ei ganol. Urddasol a nobl iawn, nes bod rhywun yn dechrau holi pwy yn union a olygir gan 'people', rhywbeth sy'n codi'n aml yn hanes yr Unol Daleithiau. Nid pawb sy'n cael bod yn 'people'.

Cyn gadael y *ranch*, roedd Sean wedi rhoi syniad i mi o orweddiad y parc. Fel llwyfandir ydi o, yn ôl Sean, ac unwaith mae rhywun yn dringo'r allt gyntaf i fewn i'r parc, mae hi'n weddol wastad weddill y daith, felly dwi ddim yn digalonni yn ormodol o weld yr allt serth, hir sy'n arwain i fyny i'r safle gwersylla cyntaf. Mae'r lôn yn gweu am sawl milltir hyd ymyl ceunant yr Yellowstone. Dwi'n gwylio pobl yn nofio mewn pyllau dyfnion, y rheini, mae'n debyg, wedi eu cynhesu gan ambell ffynnon gynnes. Ond dwi'n awyddus i gyrraedd y maes gwersylla cyntaf cyn iddi fynd yn rhy hwyr ac felly'n mynd yn fy mlaen heb oedi. Rhywbryd ar y ddringfa, mae'n rhaid mod i'n croesi o dalaith Montana ac i mewn i Wyoming, ond dwi ddim yn sylwi.

Mae'r meysydd gwersylla'n llenwi'n gyflym iawn, ond mae'n debyg nad oes ganddyn nhw'r hawl i droi unrhyw un sydd wedi cyrraedd ar eu stêm eu hunain i ffwrdd – hynny ydi, heicwyr a beicwyr. Dwi'n gobeithio bod hynny'n wir, ond dwi ddim eisiau mentro, felly ymlaen â fi i Mammoth cyn iddi fynd yn hwyr.

Pan dwi'n cyrraedd y maes pebyll, mae'r swyddfa wedi cau a'r arwydd yn dweud bod y maes yn llawn, ond mae wardeiniaid yn byw mewn RV ar y safle, felly ffwrdd â fi i chwilio amdanyn nhw. Nid staff y parc sy'n cynnal y meysydd gwersylla ond gwirfoddolwyr – cyplau wedi ymddeol gan fwyaf, sy'n cael treulio'r haf am ddim yn eu RV mewn parc cenedlaethol ar yr amod eu bod yn goruchwylio'r gwersyll. Bargen. Dwi'n dod o hyd iddyn nhw ac yn esbonio mod i yno ar 'fy stêm fy hun'.

'*Aah, great, I'll show you the hiker-biker pitch.*' $4 ydi'r pris, am ddarn o bridd mewn cornel anghysbell o'r gwersyll. Dwi'n talu'n ddiolchgar, codi fy mhabell ac yn brysio fyny i Mammoth Springs i weld rhyfeddodau'r parc cyn iddi dywyllu. Mae Mammoth yn debyg i bentref gwyliau, gyda chanolfan groeso enfawr, swyddfa bost, gwesty, siopau, bwytai a fflatiau sy'n gartref i staff y parc. Ac yng nghanol y cwbl mae gyrr mawr o gawrgeirw, yn pori'n braf ar y lawntydd bras. Fel mae'r enw'n awgrymu, creaduriaid tebyg i geirw ydan nhw, ond eu bod nhw'n drymach ac yn dalach, efo gyddfau tywyll a phenolau golau. O'u cwmpas, mae'r ymwelwyr yn sleifio mor agos ag y gallan nhw er mwyn tynnu llun, gan anwybyddu'r arwyddion 'Danger: Do not approach wildlife' sy'n awgrymu bod hon yn broblem gyffredin. Ar y cyfan, mae'r cawrgeirw'n ddigon didaro, a ddim yn cymryd fawr o sylw o'r torfeydd sy'n closio atyn nhw. Ond yn sydyn, mae un bustach ifanc yn cyffroi. Waeth be sydd wedi ei styrbio, mae o'n carlamu ar draws y lawnt. Mae yna ambell sgrech, sawl un yn rhedeg i ffwrdd a phawb yn cael eu hatgoffa mai gwyllt ydi gwyllt, hyd yn oed wrth bori yn y maes parcio.

Yn y ganolfan groeso dwi'n prynu can o *bear spray*, sy'n anhepgor i unrhyw un sy'n bwriadu croesi'r parc y tu allan i amddiffynfa eu car. Mae'r can yn chwistrellu rhywbeth tebyg i bupur i lygaid unrhyw arth sy'n ystyried ymosod. Os ydych chi'n ddigon agos i arth i orfod defnyddio *bear spray*, mi ydach chi mewn trwbl.

Mae rhan fawr o barc Yellowstone wedi ei leoli mewn pair a grëwyd gan ffrwydrad llosgfynydd anferthol, tua

640,000 o flynyddoedd yn ôl. Mae'r parc ar dir ansefydlog, lle mae deddfau natur wedi eu troi ar eu pen; creigiau'n troi'n hylif, dŵr yn ffrwydro o'r ddaear, y tir yn symud.

Calchfaen sydd dan draed yn Mammoth. Yma, mae'r dŵr sy'n disgyn fel glaw neu eira yn suddo i'r ddaear, lle mae'n llifo trwy'r systemau tanddaearol poeth. Mae'r dŵr berwedig yn uno efo carbon deuocsid, gan ffurfio asid carbonig gwan. Mae hwnnw'n hydoddi'r graig galchfaen ac mae'r gymysgedd hylifol yn llifo allan ar yr wyneb. Wrth oeri, mae'r carbon deuocsid yn datglymu o'r moleciwlau dŵr ac mae'r calchfaen yn ailgaledu mewn ffurfiau hylifol, solet, a hynny mewn siapiau rhyfedd.

Wrth ddynesu at y ffynhonnau, mae'r ddaear yn noeth. Mae cymylau stêm yn codi o ochr y bryn, fel petai cannwyll fawr wedi gollwng cwyr poeth dros y mynydd. Mae terasau o galch gwyn yn gorchuddio'r bryn a thyrau uchel yn codi'n gerfluniau rhyfedd – dyma'r calchfaen toddedig. Mae'n dirlun dryslyd, pethau sy'n edrych yn feddal neu'n hylifol yn galed ac yn greigiog, a thirwedd sy'n ymddangos yn farwaidd ar yr olwg gyntaf yn llawn bywyd, ar ffurf yr algae sy'n lliwio'r graig yn oren ac yn felyn, a'r tir ei hun sy'n symud yn gyson, cymylau stêm yn codi a haenau newydd o galch yn cael eu tywallt dros y graig. Mae yna rannau sych, lle mae'r graig yn ymdebygu i wely o halen neu eira ffres. Mewn rhannau eraill, mae dŵr yn dal i lifo'n llen denau, a haen o algae'n lliwio'r graig yn llachar. Dwi'n aros yno nes iddi dywyllu, yn gwylio'r cymylau stêm yn codi, yn rhyfeddu at y siapiau yn y graig.

Mae Yellowstone wedi bod yn barc cenedlaethol ers 1872, ac wedi ei warchod yn rhannol oherwydd y cyfoeth o nodweddion hydrothermol a daearegol sydd yma. Dros gyfnod o filiynau o flynyddoedd, mae cyfandir gogledd America wedi symud i'r de ddwyrain dros ardal o fagma bas. Wrth i'r cyfandir symud, mae'r tir oedd dros y magma wedi ffurfio ardaloedd o weithgarwch folcanig, ac mae olion y *calderas* marw hyn i'w gweld yn y dirwedd hyd heddiw, yn ymestyn fel cadwyn o Wyoming, trwy Idaho, i Utah, Oregon a Nevada. Ers rhyw 2.1 miliwn o flynyddoedd, mae ardal Yellowstone yn sefyll uwchben yr ardal fagmaidd hon, lle mae'r magma yn agos at yr wyneb. Pan ffrwydrodd y llosgfynydd cyntaf yn Yellowstone, byddai'r ffrwydrad wedi gorchuddio 5,790 milltir sgwâr mewn lludw, rhan helaeth o'r cyfandir. Cafwyd tri phrif ffrwydrad, y mwyaf diweddar 631,000 o flynyddoedd yn ôl, a rhyngddyn nhw ffurfiwyd y *caldera* presennol, sy'n fasn tua 30–45 milltir o led. Dwi'n sefyll heno ar ymyl y *caldera*, fel petawn i'n sefyll wrth ymyl dysgl bwdin.

\*

Fore trannoeth, dwi'n codi cyn iddi oleuo, ac yn pacio'r beic yn dawel bach i osgoi styrbio neb arall yn y gwersyll. Pan dwi'n cyrraedd Mammoth, mae'r cawrgeirw'n dal yno, ac mi fedra i weld yr haul yn codi ar gopaon y mynyddoedd yn y pellter, er nad ydi o wedi goleuo Mammoth eto. Dw i'n bwriadu dilyn y lôn i un o'r meysydd gwersylla yng nghanol y parc, yng nghrombil y *caldera*, ond mae'r ffordd yn rhannu'n ddwy wrth adael Mammoth. Mae yna arwydd yn dweud bod gwaith ar y ffordd o'n i'n bwriadu ei dilyn, felly dwi'n mynd i'r chwith. 'Two roads diverged'. Dydi hi ddim yn croesi fy meddwl i sbio ar fap.

Mae gen i'r lôn i mi fy hun am awr neu ddwy cyn i'r lluoedd gyrraedd. Mae hi'n argoeli i fod yn ddiwrnod poeth, ond mae'r ffordd mor uchel nes fod y bore yn dal yn iasol. Dw i'n beicio trwy ddyffryn uchel, llawr y dyffryn yn dir corslyd a phyllau dŵr a gweiriach llwydfelyn. Efo'r can *bear spray* yn gyfleus ar flaen y beic, dwi'n troi i'r chwith, ac yn dilyn y trac oddi ar y brif ffordd ac yn mynd i fyny i ben y bryniau, i lennyrch o weiriach tal, coediach ifanc a llwyni saets. Dwi'm yn gweld neb nes i mi ailymuno â'r brif ffordd, a hynny lle mae'r lôn yn ailymuno â'r afon Yellowstone. A finnau wedi dilyn yr afon ers Glendive, gan feicio dros 400 milltir yn ei chwmni, mae hi'n afon ddiarth yn y ceunant islaw. Mae hi wedi naddu hafn ddofn rhwng clogwyni o graig feddal a phinwydd tal, *Pinus contorta*. Mae'r dŵr ei hun yn laswyn, yn llifo'n ewynnog ac yn ffyrnig trwy'r ceunant, ymhell bell islaw. Nid yr afon glên gyfarwydd a lifai drwy Greycliff a Terry mo hon, ond afon â rhyw ramant a gwylltineb yn perthyn iddi. Mae'r lôn yn torri trwy wal y ceunant am ychydig, heibio i ryfeddodau daearegol eraill, fel y colymnau basalt. Dyma glogwyni fel cychod gwenyn, y graig yn ffurfio siapiau colofnau onglog yn hollol naturiol. Dwi'n meddwl am Sylvie, fy ffrind o Hwngari, a'i rhieni sy'n geolegwyr. Dwi'n difaru peidio â mynd i'r maes hwnnw, i fedru darllen y graig yn fwy rhugl, i ddeall rhywfaint yn fwy am sut gall carreg, y stwff caled sydd weithiau'n grwn, weithiau'n onglog, ond byth, ar sail fy magwraeth i ymysg llechfaen a gwenithfaen, mor brydferth â chymhleth ei siapiau â'r fan hyn.

Wrth i'r bore droi'n ganol dydd, mae'r lôn yn prysuro, yn rhes ddiddiwedd o garafannau ac RVs sy'n llawer rhy fawr ar gyfer y lonydd mynydd cul. Nid yn unig hynny, ond mae'r lôn yn prysur fynd yn fwyfwy serth. Dwi'n dechrau cwestiynu diffiniad Sean o 'wastadedd'. Ymlaen â fi, gan ddringo ar hyd esgair gul. O fy mlaen, dwi'n gweld bod y lôn yn croesi'r esgair a dwi'n mawr obeithio mai gwastadedd sydd ar yr ochr draw. Mae gyrwyr yn codi llaw ac yn chwifio wrth basio, ambell un yn agor ffenest y car i weiddi eu hanogaeth. O'r diwedd, dwi'n cyrraedd copa'r esgair, ac er mawr siom, does dim ond troead arall, ac mae'r lôn yn dal i wau am i fyny.

Dwi'n stopio mewn arhosfan ar ochr y ffordd i gael fy ngwynt ataf, a mwynhau'r olygfa, gan sbio lawr ar be dwi'n ddychmygu ydi basn y gwastadedd islaw. Mae'r cwbl wedi ei orchuddio gan goedwig drwchus, efo copaon pen arall y basn i'r gorllewin.

Dwi'n ailgodi'r beic ac yn paratoi i adael pan mae sŵn gweiddi yn dod o'r RV agosaf at y lôn. Yn sydyn, mae pawb yn heidio draw, yn gweiddi ac yn pwyntio at rywbeth ar ochr y llethr. Uwchben y lôn, yn rhedeg fel mellten i lawr y llethr serth, mae arth ddu. Lle mae'r llethr yn stopio'n sydyn, ac yn gollwng i'r lôn islaw, mae hi'n neidio ac yn glanio yng nghanol y lôn. Mae hi'n sefyll yno'n stond, yn syllu'n syn ar y dyrfa fechan sy'n chwifio camerâu ac yn gweiddi. Dydi hi ddim yn aros eiliad yn hwy na sydd angen – mewn dim, mae hi ar ei phedwar yn carlamu i lawr y llethr serth yr ochr arall i'r lôn, yn anelu'n syth am gysgod y goedwig. Mae'r ymwelwyr yn dod i sefyll ar ymyl y lôn sy'n wynebu'r goedwig, yn gweiddi ar ei hôl.

'Come out, bear, come back!'

Yn bersonol, dwi ddim yn siŵr mai gweiddi ar anifail gwyllt yw'r ffordd orau o'i berswadio i ailymddangos, ond dyna ni, pawb â'u ffordd. Dwi'n brysio i ffwrdd oddi wrth y dyrfa swnllyd, i gael setlo fy meddyliau.

Dwi'n rhedeg drwy'r hyn sydd newydd ddigwydd yn fy meddwl. Eiliadau'n unig oedd yr anifail yno cyn diflannu, yr union anifail, er mor beryglus, ro'n i'n ddistaw bach obeithio dod ar ei draws.

Mi ddigwyddodd yr holl beth mor sydyn, ches i'm cyfle i estyn fy nghamera i dynnu llun. Dwi'n meddwl am y bobl eraill oedd yn sefyll o 'nghwmpas, y rhai wyliodd y cwbl trwy'r lens, heb godi eu pennau o'r *viewfinder* i edrych ar yr hyn oedd o'u blaenau; ond, yn hytrach, a roddodd eu holl sylw i greu dogfen ar gyfer y dyfodol, tystiolaeth i sbio'n ôl arni. Bues i yma, dyma'r rhyfeddod a welais i.

Dwi'n meddwl am ysgrifau Susan Sontag o 1977 am dwristiaid a chamerâu. Dan y chwyddwydr ganddi mae'r teithiwr Americanaidd a'i gamera, y dogfennydd sy'n teithio o le i le (y llefydd hynny, yn aml, wedi eu rhagbenodi, eu trefnu gan y diwydiant twristiaeth a'u penodi yn llefydd 'gwerth tynnu llun ohonyn nhw') gan ddogfennu'r byd o'i gwmpas. Yn ôl Sontag, o fewn fframwaith cyfalafol yr America Brotestannaidd, mae hamddena yn bechod, ac fe ddaeth y gwyliau yn gyfle i gynhyrchu, yn hytrach na chyfle i segura: sef yw 'cynhyrchu' ffotograffau. Po fwyaf o luniau, y mwyaf cynhyrchiol y gwyliau, y mwyaf o ryfeddodau a 'brofwyd', y mwyaf a 'gyflawnwyd'. *'They have something to do that is like a friendly imitation of work: they can take pictures.'* (t. 10). Erbyn hyn, wrth gwrs, mae rhai wedi llwyddo i droi hyn *yn* waith, yr instagramwyr dylanwadol sy'n gwneud bywoliaeth o fod ar wyliau. Mi fuodd Sontag farw yn 2004, pan mai prif ddiben ffonau symudol oedd ffonio, yn hytrach na mesur, tracio a dogfennu pob agwedd o fywyd fel y maen nhw heddiw. Beth fyddai gan Sontag i'w ddweud am yr apiau sy'n mesur ein cerddediad, yn troi mynd am dro yn ffordd o gynhyrchu swm penodol o gamau; yr apiau sy'n mesur ein cwsg, sydd wedi troi ein heiliadau mwyaf segur yn gyfleoedd i gynhyrchu a chasglu data, yn darged, yn rhan o'r peiriant cyfalafol?

A'r lluniau. Yr holl ddegau ar filoedd ar filiynau o luniau, nyni, yr archddogfenwyr, yn gwisgo ein cyfrifon instagram fel dyletswydd. Dim rhyfedd eu bod nhw'n gweiddi mor daer ar yr arth i ailymddangos o'r coed. *'For the 'gram!'*

*

Anifail bychan yw'r twrlla bolfelyn. Neithiwr, mi fues i mewn darlith gan un o *rangers* y parc am rai o'r mamaliaid a geir yma. Roedd y Ranger yn llawn cyffro am y llew mynydd, gyda stori am gyd-warden yn darganfod llew mynydd yn cysgu mewn coeden uwchben ei nain yn ei lluniau priodas. Mi soniodd o am y bleiddiaid a'r bolgi, y mŵs a'r cawrgeirw. Ond roedd ei lais ar ei fwyaf annwyl wrth sôn am y twrlla bolfelyn. Anifail gwrth-gyfalafol os bu un erioed. Mae'n gaeafgysgu am wyth mis y flwyddyn ac yn bwyta hadau, gweiriach ac ambell bryfyn yn yr eiliadau prin pan mae o'n effro – 'a gado'i Dduw arlwyo' go iawn.

Dwi'n ei weld wrth i mi droi cornel ac esgyn i fyny'r mynydd. Mae'n gorwedd ar graig, ddim yn bell o'r lôn, yn mwynhau'r haul ar ei gefn, yn edrych yn dra bodlon ei fyd. Braf fyddai cael dychwelyd i'r byd fel twrlla bolfelyn. Yn y bywyd hwn: mwy o elltydd. Dwi wedi rhoi'r gorau i obeithio am 'wastadedd', ac yn hytrach yn plygu i fy ffawd serth.

Yn sydyn, fodd bynnag, mae'r coed yn clirio, ac mae maes parcio a lle picnic eang yn ymddangos. Mae'r lôn, o'r diwedd, yn troi am i lawr. Mae arwydd ar ochr y ffordd yn nodi 'Dunraven Pass: el. 8859'. Dwi wedi dringo tua 2,600 troedfedd ers gadael Mammoth y bore hwnnw, a hynny drwy gamgymeriad. Fyddai dilyn y lôn arall ddim wedi esgyn mwy na 200 troedfedd, dros bellter o ryw 22 milltir. Mi ydw i, trwy esgeulustod a diffyg sbio'n iawn ar y map, wedi beicio 50 milltir, a chodi uchder cyfwerth â chopa'r Wyddfa o Ben y Pass, heb fod angen gwneud hynny o gwbl. Dwi mewn bwlch rhwng Mynydd Washburn, 10,243 troedfedd, a Dunraven Peak, 9,869 troedfedd. Mi gychwynnais i'r daith yma 2,800 o filltiroedd yn ôl yn South Dennis, tua 33 troedfedd uwchben lefel y môr. Dyma, dwi'n ei obeithio, fydd y man uchaf fydda i'n ei gyrraedd ar y daith yma. Lawr yr allt am y môr ydi hi o fan hyn. Ish. Oddi tana i, mae'r goedwig yn ymestyn am filltiroedd a milltiroedd, a thu hwnt i'r rheini, mynyddoedd glas y Shoshone National Forest. Dwi'n anelu am i lawr, ac yn gadael i ddisgyrchiant fynd â fi am 30 milltir, i ddisgyn 1,000 troedfedd lawr i faes gwersylla Norris.

# 26

# Madison, WY

*Milltir 2,875*

A FINNAU RŴAN tua 7,600 troedfedd uwch lefel y môr, mae'r nosweithiau'n rhewllyd o oer, a dwi'n gwerthfawrogi pob modfedd o gynhesrwydd fy sach gysgu. Dwi wedi llwyr ymlâdd ar ôl ymdrech fawr ddoe, ac yn penderfynu osgoi gwneud gormod heddiw. A diolch byth am hynny – mae'r 14 milltir o faes gwersylla Norris i Madison yn ddigon i wneud amdana i, jest, a finnau wedi gwneud y camgymeriad clasurol hwnnw mae ymwelwyr yn ei wneud wrth ymweld â pharciau cenedlaethol, a chymryd y cyfleusterau yn ganiataol. O weld canolfannau siopa mwy na heb yn Mammoth a Canyon Village, dwi'n cymryd y bydd ambell siop fach o leiaf yn yr holl 'bentrefi' eraill y bydda i'n pasio trwyddyn nhw yn y parc. Dwi heb bacio gormod o fwyd felly, er mwyn arbed y pwysau, a heddiw, dwi'n talu'r pris. Does yna ddim un man i gael bwyd yn Norris na Madison, a'r oll sydd gen i ar gyfer y pedair awr ar hugain nesaf ydi hanner pot o *peanut butter*, pot o jam, tri Clif Bar a dau *cereal bar*. Mae'r lle nesaf i brynu bwyd yn Grant, 40 milltir i ffwrdd, felly dwi'n didoli'r bwyd. *Cereal bar* i frecwast, Clif Bar, llwyed o *peanut butter* a llwyed o jam i ginio a swper, *cereal bar* arall i frecwast, a Clif Bar wrth gefn, am lwc.

Diwrnod felly o fynd yn ddyfnach i mewn i'r *caldera* a cheisio peidio â gwastraffu egni. Dwi'n cychwyn yn y Norris Basin, sy'n wastadedd ar waelod dyffryn bychan, wedi ei orchuddio â thwyni claerwyn o graig noeth, gyda phyllau o ddŵr glas-wyn yn ffrwtian yma ac acw, a chymylau stêm yn codi o dyllau yn y ddaear. Mae'r pyllau i gyd bron yn ferwedig o boeth, ac yn asidig. Mae olion coed sydd wedi eu dal gan newidiadau'r graig yn dal i sefyll uwchben y tir anial, wedi colli pob rhisgl ac yn sefyll yno'n bolion gwyn, noeth. Mae'n bosib cerdded ar hyd llwybr wedi ei godi uwchben y graig, ac yma ac acw ymysg y pyllau glas mae yna hetiau, wedi eu sgubo gan y gwyntoedd sy'n hyrddio bob hyn a hyn.

Wedi syllu ar dirlun anial Norris, ymlaen â fi am ychydig o filltiroedd i le efo'r enw 'Artists Paintpots'. Yma, mae niwlen denau o stêm dros bob man, ac mae'r cyfan yn arogli fel cig wedi gor-ferwi. Mae'r safle wrth droed bryn isel, ac uwch ein pennau mae coedwig drwchus o goed pin. Mae'r tir yn amrwd a choch-frown. O dan y crwst, mae asid sylffwrig yn codi trwy'r ddaear, ac yn toddi'r graig rhyolitaidd yn fwd llwydaidd, cleiog. Mae'n ffrwtian fel powlen o gawl cennin trwchus. Bob hyn a hyn mae swigen o gawl poeth yn byrstio, ac yn tasgu diferion o fwd chwilboeth dros bob dim, ac yn ffurfio tyllau brych ar hyd yr wyneb. Mae'r enw 'pot paent yr artist' yn dod o'r ffaith fod y mwd wedi ei staenio'n wahanol liwiau gan yr haearn ocsid.

Ymlaen â fi heibio Beryl Spring, pwll mawr glas ar fin y ffordd, efo cymylau stêm yn byrlymu ohono, ac wedyn heibio Gibbon Falls, hwnnw'n rhaeadr sy'n llifo dros ymyl y *caldera*, gan syrthio 25 metr i mewn i'r basn.

Dwi'n cyrraedd Madison ganol pnawn, wedi llwyr ymlâdd, a dwi'n gosod fy mhabell a mynd i gysgu'n syth. Dyma'r maes gwersylla prysuraf yn y parc hyd yma, ac mae yna sawl beiciwr fel finnau yma. Mae'r dyn sydd wedi campio agosaf ata i yn ymddangos yn dipyn o gymeriad. Mae ei feic wedi ei lwytho i'r eithaf, a phatrwm caci i bopeth sydd ganddo – ei drwsys, ei fagiau, hyd yn oed ei drôns, mae'n siŵr. Mae yna goblyn o gyllell fawr yn hongian o'i wregys, a thra mod i'n pendwmpian mae o'n treulio'r pnawn yn pwytho'r rhwygiadau yn ei ddillad. Lle aflwydd mae o wedi bod ar gefn ei feic, wn i ddim, ond mae o'n amlwg ar daith wahanol iawn i mi!

Wedi dadflino rhywfaint, dwi'n mynd i chwilio am Terrace Springs, ddim yn bell o Madison, i ymuno ag un o'r teithiau tywys sy'n cael eu trefnu gan y *rangers*. Cyfres o byllau dŵr pefriog mewn llannerch ydi'r ffynhonnau, efo gwres yn codi o sawl un, a haen drwchus o rywbeth llachar yn tyfu am eu glannau. Mae'r *ranger* yn mynd â ni o'u cwmpas nhw, yn araf bach, yn esbonio ein bod ni ym mol y llosgfynydd, a bod y graig yn wahanol yma, a dim golwg o'r graig dawdd wen oedd yn Mammoth. Mae hi'n sôn am facteria thermoffilig a ffynhonnau carbon deuocsid sy'n rhyddhau cymylau nwy sy'n lladd adar. Mae sawl un o'r pyllau diniwed yr olwg hyn yn llawn asid, ac mae sawl ymwelydd wedi cael ei ladd gan y dŵr gwenwynig, eu cyrff wedi eu hydoddi'n ddim. Dim syndod fod y dŵr mor glir.

Erbyn fin nos, dwi wedi dechrau breuddwydio am fwyd, ffantaseiddio am nŵdls a bara ac afalau a chig. A chawodydd. Dwi'n dychmygu cawodydd poeth, dŵr yn stemio ac aroglau sebon. Dim rhyfedd mod i'n gweld mwd chwilboeth y *caldera* fel cawl tatws.

## 27

# Grant, WY

*Milltir 2,912*

MAE'R BORE CANLYNOL yn un rhewllyd arall, ond yn wyntog hefyd y tro hwn, felly'r amodau perffaith ar gyfer teithio ar stumog wag. Ond dwi'n trio peidio â meddwl am hynny wrth i mi ddilyn yr afon Firehole hyd dyffryn sy'n dechrau'n gul, trwy goedwig o goed pin, efo golau'r haul yn frithlen drwy'r canghennau trwchus. Cyn hir mae'r coed yn teneuo a'r dyffryn yn lledu. Ar y gorwel, mae coedwigoedd tywyll yn codi'n fryniau isel, ond mae gwastadedd y dyffryn yn laswelltir agored, y gweiriach tal yn eu haur-diwedd-haf, a'r llwyni saets yn suo efo pryfetach. Ac yn y pellter mae cymylau stêm yn esgyn, ac yn ffurfio niwlennau tenau dros y glaswelltir, lle mae giserau a phyllau dŵr chwilboeth yn ffrwtian yn dawel.

Mae maint y gofod yn ysgubol. Er fod y ffordd yn ddigon prysur efo traffig, o gamu oddi arni, mae rhywun yn cael y teimlad yn sydyn iawn mai nhw ydi un o'r unig bobl yn y byd. Mae'n deimlad brawychus, fel rhyw fath o fertigo. Gallai rhywun gerdded tua'r gorwel yn hawdd, a byth cael eu gweld eto. Does yna'r un tŷ na sied na chwt, na hyd yn oed clawdd i'w gweld am ddegau o filltiroedd.

Ac eto, fel pobman arall, mae pobl wedi byw yma erioed, ac mae ei gyflwr presennol wedi ei siapio gan ymyrraeth ddynol. Mae pobloedd frodorol wedi byw yn yr ardal ers 11,000 o flynyddoedd, yn hela ac yn mwyngloddio. Mae'r parc yn gartref i un o ffynonellau obsidian gorau'r wlad, deunydd sydd wedi bod yn bwysig i bobloedd frodorol ers miloedd o flynyddoedd fel deunydd i wneud offer, neu i'w fasnachu. Mae obsidian Yellowstone wedi ei ganfod mor bell i ffwrdd â Wisconsin a Michigan, gan ddangos ehangder y cysylltiadau masnach oedd rhwng pobl yn y rhan yma o'r wlad a gweddill y cyfandir, ar un amser.

Mae pobl wedi byw yma yn llythrennol ers oes y mamoth a'r blaidd, hyd nes sefydlu'r parc yn 1872, pan, er mwyn 'amddiffyn' y lle, aed ati i glirio pawb oddi ar y tir. Bryd hynny, roedd tua dwsin o lwythau a chenhedloedd brodorol gwahanol yn byw yn yr ardal, gan gynnwys yr Apsáalooke, yr Aamsskáápipikani, y Séliš u Qlʼispé, y Nimíipuu a'r Bannock. Un o'r rhai oedd yn treulio'r rhan fwyaf, os nad y flwyddyn gyfan yn yr ardal, oedd y Tukudeka, rhan o'r genedl Shoshone, llwyth oedd yn dwyn eu henw o'r defaid mynydd hirgorn yr oedden nhw'n eu hela. Yn 1868, trafodwyd telerau cytundeb, lle byddai'r Tukudeka yn ildio'r tir, ond yn cadw'r hawl i hela yn Yellowstone. Ond ni wnaeth llywodraeth yr Unol Daleithiau gadarnhau'r cytundeb ac ni chafodd hawliau'r Tukudeka eu cydnabod, er iddyn nhw orfod ildio'r tir.

Heddiw, mae cydnabyddiaeth bod gan 49 o lwythau a chenhedloedd brodorol gysylltiad treftadol ag Yellowstone, llwythau sydd erbyn hyn ar wasgar mewn rhandiroedd yn Wyoming, Idaho, Oregon, Washington, Montana, North a South Dakota, ac mae'r rhestr yn cynnwys gwahanol ganghennau o'r Shoshone, y Nakota a'r Očhéthi Šakówiŋ a'r Sioux, yr Apsáalooke a'r Nimíipuu, yn ogystal â'r Mandan, yr Hiraacá a degau o lwythau eraill.

Wrth ddod ar hyd ymyl yr afon Firehole, dwi'n dod i stop wrth ymyl arwydd bychan, yr unig gyfeiriad o fewn y parc hyd yma at hanes dynol yn yr ardal, heblaw am sefydliad y parc ei hun. Mae'r arwydd yn sôn yn gryno bod y Nimíipuu wedi croesi'r parc yn y fan hon, wrth geisio dianc o Oregon rhag byddin UDA, yn 1877. Does dim llawer mwy o wybodaeth na hynny ar yr arwydd[4], ond o sbio wedyn, dyma ganfod yr hanes yn fwy llawn. Roedd y fintai o 750 o bobl y Nimíipuu yn ceisio dianc o Oregon a rhyfel Nimíipuu. Tarddiad y gwrthdaro oedd ymdrech UDA i orfodi'r llwyth i adael eu tiroedd treftadol, a'u gorfodi i fyw ar randir yn Idaho. Gwrthododd un garfan a cheisio dianc i Ganada, gan gychwyn ar daith hirfaith o Oregon, dros y Rockies, i Montana. O'r 750, roedd tua 200 yn filwyr, ac ar hyd y daith bu sgarmesoedd gyda byddin yr Unol Daleithiau. Bwriad y fyddin oedd lladd pawb, yn blant ac yn oedolion. Yn y diwedd, ar ôl teithio 1,170 o

---

4  Erbyn 2025, mae y Parciau Cenedlaethol, dan arlywyddiaeth Donald Trump, wedi bod dan bwysau i gael gwared o unrhyw arwyddion fel hyn, sy'n addysgu am hanes UDA nad ydynt yn cyd-fynd â gweledigaeth y cenedlaetholwyr gwyn o hanes y wlad.

filltiroedd, ildiodd y fintai 40 milltir i ffwrdd o'r ffin gyda Chanada. Wedi ildio, cafodd y rhai a oroesodd eu gorfodi i fyw mewn cyflwr truenus yn Kansas, ac yna Oklahoma – ardaloedd â hinsawdd gwbl wahanol a hollol ddiarth i'w tiriogaeth frodorol yn y gogledd-orllewin. O'r diwedd, yn 1885, caniatawyd i'r 268 aelod oedd yn dal yn fyw i ddychwelyd i'r gogledd-orllewin, ond roedd eu tiriogaeth frodorol wedi ei cholli am byth.

*

Ymlaen o wastadeddau llonydd y Firehole, dwi'n cyrraedd Old Faithful. Ymaith ag unrhyw gamargraff o'r parc fel lle tawel, i gymuno efo natur! Dyma gyrraedd canolfan ymwelwyr prysur, lle dwi o'r diwedd yn cael hyd i fwyd. Dwi'n eistedd yn y maes parcio yn bwyta twb mawr o nŵdls parod ac afal. Mae'r ganolfan ymwelwyr yn llawn meysydd parcio anferth, gwestai mawr a siopau, ac mae'r llu o bobl yn sioc i'r system ar ôl bod allan yn y gwylltir trwy'r dydd. Wedi bwyta, ac yn teimlo'n well, dwi'n mynd draw i weld y prif atyniad, fel pawb arall. Mae holl adeiladau Old Faithful yn amgylchynu llain o dir llwydwyn, noeth sy'n nodweddiadol o Yellowstone. Y tro hwn, y nodwedd geo-thermal sy'n denu'r lluoedd ydi pistyll poeth Old Faithful. Bob rhyw dri chwarter awr, mae pistyll dŵr gwyn yn saethu o dwll yn y graig, heb unrhyw rybudd, ac yn codi i uchder o 56 metr weithiau, cyn cilio a diflannu. Dwi'n edrych ar yr arwydd sy'n nodi pryd mae'r ffrwydriad nesaf yn debygol o ddigwydd, ac mae mewn hanner awr. Wrth i'r amser nesáu, mae'r dyrfa'n prysuro, nes fod cannoedd ohonon ni yno, a wir i chi, fel cloc, ar yr amser dynodedig, mae sŵn rhuo isel ac o'r graig wen mae llifeiriant o stêm ac ewyn yn saethu o'r ddaear, yn codi'n uwch ac yn uwch, yn tasgu dros y lle fel pluen estrys.

Mae'r dorf yn syllu'n gegrwth am rai munudau, cyn i'r llif ostegu ac i'r pistyll ddiflannu'n ôl i grombil y ddaear, fel pe na bai wedi bod o gwbl.

*

O Old Faithful dwi'n teithio i Grant Village, lle bydda i'n treulio fy noson olaf yn y parc. Ond i gyrraedd y fan honno, rhaid croesi'r wahanfa gyfandirol, nid unwaith, ond dwywaith. Mae'r llinell ddychmygol hon yn ymestyn o Gulfor Bering, ym mhellafion mwyaf gogleddol y cyfandir, i Gulfor Magellan i lawr yn Chile. Dyma'r llinell sy'n gwahanu basnau dŵr Cefnfor yr Iwerydd a'r Cefnfor Tawel. Ar un ochr i'r llinell, mae pob diferyn o ddŵr sy'n syrthio o'r awyr neu'n codi o'r ddaear yn llifo i'r Iwerydd. Ond wedi croesi'r llinell, mae'r dŵr yn mynd i'r Cefnfor Tawel. Wrth reswm felly, mae'r llinell yn uchel, gan ei bod yn dilyn copaon y Rockies a'r Andes gan fwyaf. Heddiw, mae gen i ddau fwlch i'w croesi ar y llinell hon, un yn 2,518m a'r llall yn 2,558m.

Dwi'n agosáu tuag at ran ddeheuol y parc erbyn hyn, at ymyl bella'r *caldera*. Mae'r ffordd yn codi'n raddol, ond dwi'n teimlo'n llawer gwell ar ôl bwyd ac yn cyrraedd y copa cyntaf yn rhwydd. Yn y bwlch, mae llyn bychan, bas, yn llawn lili'r dŵr, a phinwydd yn tyfu'n drwch o'i gwmpas. Isa Lake ydi'r enw ac alla i ddim peidio â meddwl y byddai 'Lake Ucha' yn enw gwell, ond dyna ni. Mae hwn yn llyn efo dwy nant yn llifo o bob pen iddo, y naill i'r dwyrain, a'r llall i'r gorllewin. Ond yn hytrach nag y bod y nant orllewinol yn diweddu ei thaith yn y Cefnfor Tawel, a'r nant ddwyreiniol yn arwain at yr Iwerydd, maen nhw'n newid cyfeiriad, ac mae'r nant ddwyreiniol yn troi am y gorllewin, a'r nant orllewinol yn troi am y dwyrain.

Ymlaen â fi ar hyd yr ucheldir nes croesi'r ail linell,

mewn darn digon dinod o goedwig. O'r fan honno, dwi'n cychwyn am i lawr tuag at Lyn Yellowstone, neu Iichíilikaashaashe Alachiliche mewn Apsáalooke. Rydan ni'n dal i fod 2,357 metr uwchben lefel y môr, ac mae'r llyn yn mesur tua 20 milltir o hyd a 14 milltir o led, sy'n golygu nad oes llawer o lynnoedd eraill mor fawr wedi eu lleoli mor uchel â hyn ar ben y byd. Mae'r dŵr yn las pefriog, llawer tywyllach na'r awyr, ac eto o sbio'n fanylach, dyma weld nad wyneb unlliw mohono, ond ei fod wedi ei fritho efo gwahanol arlliwiau o las, rhai'n ddwfn ac yn dywyll, rhai'n oleuach. Ar hyd y glannau mae traethellau o graig wen, ac yna'r ffynidwydd a'r pinwydd arferol – pinwydd camrig, sbriwsen Englemann, ffynidwydd isfynyddig a'r pinwydd rhisgl gwyn. Ar y gorwel, ymhell tu hwnt i wastadedd wyneb y llyn, mae crib yr Absaroka yn diflannu i'r tarth. Ond yn brafiach na sbio ar y llyn ydi llithro ar darmac llyfn y lôn ar hyd y milltiroedd hir lawr allt, dim traffig gwerth sôn amdano fo, dim ond gwynt yn fy nghlustiau a glesni'r gorwel rhwng canghennau'r coed.

## 28

# Jackson, WY

*Milltir 2,992*

WRTH ADAEL YELLOWSTONE, dwi'n croesi'n syth, bron, i barc cenedlaethol arall, sef y Grand Teton National Park, coridor hir o dir gwarchodedig sy'n ymestyn ar hyd crib y mynyddoedd Teton i dref Jackson Hole. Mae'r lôn dwi'n ei dilyn yn rhedeg ar hyd dyffryn gwastad wrth droed y mynyddoedd – lle perffaith i'w gwerthfawrogi, heb orfod dringo'r llethrau. Mae 80 o filltiroedd o Grant i Jackson Hole – diwrnod hir, ond rhwydd. Mae'r lôn yn llyfn, a mymryn am i lawr gan fwyaf. Does dim gwynt a dim gwaith darllen map – mae'r lôn yn berffaith syth. Does dim byd i'w wneud ond mwynhau'r daith.

Mae'r lôn yn dilyn ymyl Jackson Lake, llyn mawr sy'n gorchuddio bron y cwbl o waelod y dyffryn. I'r dwyrain, does dim byd ond mynyddoedd isel – yr Absarokas, y mynyddoedd oedd yn ymddangos mor ogoneddus gwta wythnos yn ôl, ond yn yr un modd ag y mae twristiaid i Ewrop yn meddwl bod pob cadeirlan yn edrych yr un peth ar ôl rhyw bwynt, dw innau wedi dod i 'arfer' efo'r Rockies, ac mae'n anoddach fy syfrdanu. Dwi prin yn sylwi ar yr Absarokas heddiw.

Ond mae'r Tetons yn wahanol. Dyma'r grib sy'n codi i'r gorllewin, ar lan bellaf y llyn. Mae'r copa cyntaf, Elk Ridge, yn codi'n raddol a'i onglau'n hamddenol, bron na allai fod yn un o foelydd Eryri, ar binsh. Ond peth pitw 8,400 troedfedd ydi o. Tu ôl iddo, mae rhai o'r copaon eraill i'w gweld, Owl, Ranger ac Eagle Rest Peak, esgyrn eira i'w gweld mewn ceunentydd uchel rhwng creigiau llwyd, noeth. Ac ymhellach wedyn, yn llwydlas yn y tarth, y Grand Teton ei hun, a'i rewlifau, 13,775 troedfedd uwchben lefel y môr.

Mae heddiw'n braf, a chymylau cwmwlws meddal yn croesi'r awyr, yn taflu cysgodion yn glytwaith dros y mynyddoedd. Ond does dim byd meddal am y Tetons eu hunain. Mynyddoedd ifanc ydan nhw, ac mae hynny'n glir o'u hymagweddiad. Cawson nhw eu ffurfio tua 6–9 miliwn o flynyddoedd yn ôl gan symudiad yn y Ffawt Teton. Rhed y ffawt ar hyd gwaelod y mynyddoedd presennol, y mynyddoedd un ochr iddi a'r llyn ar yr ochr arall. Yn syml iawn, wrth i'r ffawt symud, mi gododd ymyl plât y mynyddoedd a suddodd plât y llyn, gan ffurfio'r grib a basn Jackson Hole. Dydi'r mynyddoedd ddim wedi cael digon o amser i wisgo ymaith ac erydu eto, a ffurfio bryniau isel. Maen nhw'n codi'n syth o lawr y dyffryn, yn esgyn am filoedd o droedfeddi, yn serth ac yn ddidostur. Mae coedwigoedd y godrau'n teneuo, yn troi'n glogwyni creulon, llawn hafnau a cheunentydd dyfnion, pocedi o eira a rhewlifau, llethrau o sgri, ac mae'r copaon a'u honglau'n ddanheddog, fel ceg o ddannedd rhacslyd, rhai â throad ynddyn nhw fel trwyn wedi ei dorri, ambell un fel mwng anifail, pob un yn cael golau'r haul ar ei wyneb ac yn ei hollti'n gysgodion.

Er mor greulon yr olwg, mae'r grib – 40 milltir o hyd, a 12 milltir o led – yn gartref i sawl can mamal, sawl mil pryfyn a phlanhigyn. Lle ydw i, ar lawr y dyffryn, mae'r paith yn gymysgedd o arogleuon: y coediach pin, y blodau gwyllt, y gweiriach sych a'r llwyni saets.

Yn gyndyn, gyndyn, wedi degau o filltiroedd yn eu cwmni, dwi'n dilyn y lôn wrth iddi droi oddi wrth y mynyddoedd, tuag at dref Jackson Hole. Dwi'n mynd heibio un llyn olaf, a hwnnw'n llawn hesg, ac elyrch utganol, y *Cygnus buccinator*, yn nofio'n dawel ar hyd ei wyneb. Yr adar mwyaf o ran maint sy'n gynhenid i ogledd America, gyda'u pigau du a'u hadenydd gwyn yn lledu i 6–8 troedfedd, maen nhw'n edrych yn hamddenol ac yn osgeiddig ar wyneb y dŵr, eu cywion a'r mân adar dŵr eraill yn nofio'n brysur o'u cwmpas.

\*

Ffrind i Sean o Paradise Valley ydi Helen. Mi roddodd Sean ni mewn cyswllt, gydag addewid y byddai Helen wrth ei bodd yn cael gwesteio. Rydan ni wedi bod yn e-bostio, ac mae ei chyfeiriad gen i ar ddarn o bapur, felly pan dwi'n cyrraedd Jackson Hole y noson honno dwi'n mynd draw yn syth. Dwi'n dod o hyd i'r tŷ yn ddigon hawdd, ond mae'n wag. Mae yna nodyn ar y drws, gyda chyfarwyddyd ar sut i'w ddatgloi, i gadw fy meic yn y sied, ac i mi gael cawod, a menthyg y beic glas sydd hefyd yn y sied a dod i'w cyfarfod nhw yn y bwyty canlynol...

Dwi'n gwneud fel mae'r nodyn yn ei ofyn, gan gymryd y cyfle i newid i ddillad glanach, cyn mentro ar y beic glas am *chalet* ar gyrion y dref.

Mae symud i'r beic glas fel mynd o gar rasio i bygi golff. Does yna ddim gêrs, a dwi'n sylwi yn rhy hwyr nad ydw i'n medru dod o hyd i'r brêc. Dwi'n gorfod rhoi fy nhraed ar y llawr i arafu, cyn sylwi mai beic gêr sefydlog ydi hwn. Mae rhywun yn dod i stop trwy feicio am yn ôl. Dwi heb reidio beic *fixed-gear* ers mod i tua 7 oed, ac yn teimlo fel plentyn ar y ffasiwn beth, yn cael trafferth gwirioneddol i esgyn yr allt serth i fyny i'r *chalet* heb fedru newid gêrs.

Chwe mis yn ôl, byddai meddwl am droi fyny mewn *chalet*, ar feic glas, mewn dinas ddiarth, i gyfarfod â phobl ddiarth wedi chwalu fy mhen i'n rhacs. Erbyn hyn, dwi wedi dysgu i dderbyn a mynd efo'r lli. Dwi'n sefyll tu allan i fwyty'r *chalet* ac yn aros i rywbeth ddigwydd. Mae dynes ar fwrdd tu allan yn adnabod y beic, yn chwifio ei llaw ac yn dod draw ata i.

'*Oh, great, you've arrived! I was hoping you would take my city bike so I would recognize you when you arrived. I'm Helen!*'

Dynes ganol oed, drwsiadus ydi Helen. Mae ganddi'r math o hyder sy'n gwneud i bobl deimlo'n gyfforddus yn ei chwmni. Mae hi'n fy nhywys at y bwrdd ac yn fy nghyflwyno i'r cwmni. Mae hi'n ben-blwydd ar rywun (dwi ddim yn siŵr pwy, a does neb yn meddwl dweud) ac mae hi yno gyda dwy o'i ffrindiau a'u plant. Dwi'n archebu bwyd ac yn eistedd mewn perlewyg bodlon yn gwrando ar eu sgwrs. Cyn hir, mae'n amser mynd adre. O fewn hanner awr, dwi'n cysgu'n drwm.

*

Dwi wedi bod yn canolbwyntio cymaint ar deithio trwy wylltir Yellowstone, dwi ddim wedi meddwl ymlaen na chynllunio rhan nesaf y siwrne o gwbl. Pan dwi'n deffro fore trannoeth, does gen i ddim syniad beth sydd o 'mlaen i. Dros frecwast, dwi'n sbio ar fapiau gyda Helen a'i gŵr. Maen nhw'n dangos lôn Teton Pass i mi, bwlch uchel sy'n codi 2,200 o droedfeddi o lawr y dyffryn i uchder o 8,431 uwch lefel y môr.

'*Why don't you spend one more night here?*' maen nhw'n awgrymu. Mae'n rhaid mod i'n edrych yn rhy lipa i handlo'r fath esgyniad heddiw. Dwi'n derbyn y cynnig yn ddiolchgar ac mae Helen yn mynd ati i drefnu'r diwrnod. Mae Mike, y gŵr, angen mynd â'r cŵn am dro, felly mi gaiff fynd â fi i fyny Snow King Mountain, bryn ar gyrion y dref sy'n codi rhyw 1,571 troedfedd o'r stryd, 7,808 o lefel y môr. Wedi hynny o ymarfer corff, mae Helen yn mynd â fi o gwmpas y dref ar ei moped. Mae hi'n datgan ein bod yn mynd am *sushi* efo rhai o'i ffrindiau heno. Oes gen i unrhyw beth i'w wisgo? Dwi'n gwisgo'r unig bâr o siorts sydd ddim yn siorts beicio, a chrys T rhacslyd. 'Nac oes,' ydi'r ateb.

'*I'm sure I have some things at home that should fit you!*' Dwi'n amheus – mae Helen yn ddynes dipyn llai na fi. Ond nôl yn y tŷ, mae hi'n estyn dillad i mi eu trio, ac er mawr syndod, maen nhw'n ffitio.

Dwi'n edrych arna i fy hun yn y drych tal yn yr ystafell, y tro cyntaf, mewn difri, i mi edrych mewn drych ers misoedd.

Ro'n i dan yr argraff nad o'n i wedi colli rhyw lawer o

bwysau wrth feicio – oedd, roedd fy siorts fymryn yn fwy llac nag y buon nhw, ond ro'n i wedi cymryd bod y lastig wedi gwisgo. Ond wrth sbio yn y drych, dwi'n sylwi bod fy nghorff wedi newid llawer mwy nag o'n i wedi sylweddoli. Mae cyhyrau fy nghoesau'n galed. Hyd yn oed pan dwi'n ymlacio, does yna ddim meddalwch yno. Mae fy mreichiau yn fwy cyhyrog hefyd, fy ngwyneb yn fwy cul, esgyrn fy mochau yn fwy siarp. Yn gorfforol, gwastadedd cymharol Wisconsin a Minnesota oedd fwyaf heriol, o feddwl yn ôl. Dyna pryd oedd gen i boenau yn fy mhengliniau, pan oedd gen i ddiffyg cylchrediad yn fy nwylo, *rash* ar fy mreichiau. Erbyn hyn, mae fy nghorff wedi caledu a chynefino. Dwi newydd feicio 227 milltir, gan ddringo cyfanswm o 2,500 metr o uchder mewn 5 diwrnod, a hynny yn gymharol rwydd – heblaw am y busnes rhedeg allan o fwyd 'na. Dyma'r cryfaf yn gorfforol fydda i fyth, o bosib. Mae'n deimlad braf. Dwi'n teimlo fel pe gallwn i wynebu unrhyw beth.

Mae o'n cymryd lefel o naill ai hunan-gred neu hunan-dwyll i wneud taith fel hon. Dwi'm yn meddwl mod i fy hun yn llwyr gredu y byddwn i'n medru ei wneud o pan gychwynnais i, heb sôn am y bobl o fy nghwmpas, oedd yn hanner disgwyl i mi droi'n ôl cyn gadael Massachusetts, dwi'n meddwl. A dwi'n cofio am y cwestiwn 'na – nad oes neb wedi ei holi ers North Dakota dwi'n siŵr – 'Pam wyt ti'n gwneud hyn?' Yr un ateb sydd gen i o hyd, ond rŵan mae'r ateb yn wir ac nid achos mod i'n ei ddweud, ond achos mod i'n ei deimlo hefyd, yng nghyhyrau fy nghoesau, yng ngwaelod fy stumog. Mentro er mwyn gweld os ydw i'n medru ydw i, i weld pa mor bell alla i wthio fy hun.

*

Mae gŵr Helen yn ein hatgoffa fod cawod feteor y Perseids i fod i ymddangos yn yr awyr heno, Awst y 12fed. Dagrau San Lorenzo wrth gael ei arteithio, llond yr awyr o sêr gwib. Ganol nos, rydan ni'n hel i gefn y pic-yp efo'n sachau cysgu a'n poteli Bud ac yn gyrru allan o'r dref, i'r gwastadeddau, i fan lle does dim un llafn o olau artiffisial. Rydan ni'n gorwedd yn ein sachau cysgu ar gefn y pic-yp ac yn sbio i fyny ar y sêr, yn gwylio storm feteor yn chwalu drwy'r awyr, gan mil a mwy o filltiroedd annychmygadwy i ffwrdd.

# 29
# Ririe, ID

*Milltir 3,068*

O FEWN DIM i gyrraedd Wyoming mae'n amser gadael. Dwi'n ffarwelio â Helen a'i gŵr, ac yn gwneud fy ffordd nôl i gyfeiriad y Tetons, ac i fwlch uchel y Teton Pass fydd yn mynd â fi drosodd i Idaho. Mae yna lwybr penodol i feicwyr a cherddwyr sy'n rhedeg ochr yn ochr â'r lôn newydd. Mae'n greulon o serth, sig-sags cyson y lôn yn gwneud dim i liniaru ar yr esgyn diddiwedd, bron i 6 milltir ar raddiant cyfartalog o 7.4%. Yn chwys laddar, dwi'n cyrraedd y copa, mynyddoedd Wyoming yn donnau glas i'r dwyrain ac Idaho o fy mlaen, ar waelod allt hir a serth.

Dwi'n freewheelio yn rhwydd i mewn i'r dalaith newydd, trwy dref Victor yn Nyffryn Teton, cyn dod dros fwlch arall yn y Rockies i lawr i Swan Valley. A chyda hynny mae'r Rockies y tu ôl i mi, a dwi wedi cyrraedd dyffryn llydan yr afon Snake.

Y Snake yw'r afon fydd yn fy arwain i drwy'r Snake River Plane, cyn i ni'n dwy ymuno efo'r afon Colombia, a'i dilyn hithau wedyn am y môr. Mae'r Snake River Plane yn wastadedd sy'n ymestyn o draed y Rockies i'r môr, bron, wedi ei ffurfio gan lwybr yr Yellowstone Hotspot, yr un gweithgarwch folcanig a oedd wedi creu *caldera*'r parc cenedlaethol. Mae plât gogledd America wedi symud yn araf dros y crochan geothermaidd sydd nawr yn sefyll o dan safle'r parc. Ar un adeg, felly, roedd gwastadedd Idaho yn safle cynnwrf folcanig, ond nawr does dim ar ôl ond gwelyau basalt a lafa rhyolit a thir amaethyddol da.

Ar ben y gwastadedd, fodd bynnag, mae'r pridd yn denau, a'r Snake yn llifo mewn ceunant isel. Does yna ddim ond ambell fferm neu le pysgota rhwng y trefi ac mae'r rheini ddegau o filltiroedd oddi wrth ei gilydd. Dwi'n stopio yn y Rainey Creek yn Swan Valley, sydd fawr mwy o le na motel, bwyty a gorsaf betrol. Mae hi'n brysur yn yr orsaf, llawer o grysau tsiec a bŵts mawr, a phawb yn cael Berry's Square Ice Cream, bathiad lleol lle mae'r hufen iâ yn cael ei weini efo sgŵps sgwâr, yn lle crwn.

Mae'r ffordd o Swan Valley i Ririe yn hir ac mae'r gwynt yn fy erbyn wrth i ddyffryn yr afon Snake ledu'n araf, i'r bryniau bellhau, ac i'r tir droi o fod yn feysydd saets anial i gaeau barlys, tatws a gwenith.

Dwi'n cyrraedd ganol pnawn, ac mae hi'n dref amaethyddol rhwng y briffordd a'r afon, sy'n dechnegol yn ddinas ond yn gartre i ryw 200 o bobl. Mae'n berffaith dawel pan dwi'n cyrraedd, neb ar y stryd, nac yn eu gerddi, a dim plant allan yn chwarae. Dwi'n beicio i fyny ac i lawr ac yn gweld bod y dref yn ffitio o fewn system grid berffaith syth, pedair ffordd am i fyny, pump ar draws, ac adeilad anferth cangen o Eglwys Iesu Grist Saint y Dyddiau Diwethaf yn bwrw ei chysgod dros y cwbl. Mae yna deimlad od i'r lle ac mae hwnnw'n dwysáu pan dwi'n dod o hyd i'r unig le bwyta sydd ar agor, The Ririe Bar, sy'n lle pitsa. Fi ydi'r unig gwsmer, a dwi'n bwyta mewn tawelwch, yr unig aelod o staff yn mopio'n araf, araf wrth i mi fwyta.

Dwi'n stopio yn y garej, ac yn holi am lefydd i wersylla yn lleol, ac maen nhw'n fy nghyfeirio at faes gwersylla ychydig filltiroedd tu allan i'r dref, ar lan yr afon Snake. Ffwrdd â fi, yn falch o droi cefn ar Ririe, gan ddod o hyd i'r lle yn ddigon hawdd. Dwi'n codi'r babell ac yn ceisio cysgu, wedi blino'n lân ar ôl beicio dros y Teton Pass yn y bore, yna beicio am 70 milltir i mewn i'r gwynt.

Ond wrth iddi dywyllu, mae'n dod yn amlwg nad oes gen i'r maes gwersylla i mi fy hun. O'r tywyllwch, daw sŵn ubain isel, crynedig, rhywle yn y coed o 'nghwmpas. I ddechrau, dwi ddim yn talu gormod o sylw, dim ond aderyn, mi flinith neu mi ddiflannith yn ddigon buan.

Ond dydi o ddim.

O'r machlud tan y wawr, mae'r creadur – Tylluan Sgrech, wrth gwrs – ar ei changen uwchben y babell, yn ubain, ac yn ubain, ac yn ubain. Mae'n noson hir.

\*

Ymlaen â fi ar hyd gwastadedd diddiwedd yr afon Snake, a'r lonydd sythion di-bcn-draw. Dwi'n stopio mewn llyfrgelloedd a llefydd bwyta i gysylltu efo fy rhieni, sydd ar fin teithio i arfordir y gorllewin i feicio efo fi am wythnos, ac felly mae yna waith cyd-drefnu lle fyddwn ni'n cwrdd, i ble fydda i wedi cyrraedd ar y dyddiad a'r dyddiad, a sut y gwnawn ni ddod o hyd i'n gilydd yn anialdir Idaho.

Mae diwedd y daith ar y gorwel, 16 diwrnod i fynd tan y bydda i'n hedfan, a rhyw fil o filltiroedd ar ôl i'w croesi, ond dwi'n gwthio'r ffaith honno a'i holl oblygiadau yn bell o fy meddwl wrth i mi ddod at y Fort Hall Indian Reservation, cartref y Shoshone-Bannocks, neu'r Pohoko'ikkatee, llwyth a ffurfiodd yn uned wleidyddol o dan gyfraith yr Unol Daleithiau yn 1936. Tan yr 1840au, roedd yr Akaitikka a Paiute'r Gogledd yn meddiannu tiriogaeth helaeth o amgylch Idaho a'r rhanbarth, ond yn y 40au a'r 50au, gydag ymgyrch y wladwriaeth i wladychu'r gorllewin yn codi stêm, roedd presenoldeb cynyddol setlwyr gwyn yn rhoi straen ar adnoddau ac yn cael effaith andwyol ar yr helfeydd oedd yn ffynhonell fwyd allweddol. Erbyn 1858, roedd y fyddin Americanaidd yn ymyrryd er mwyn gwarchod y setlwyr gwyn, ac yn 1863, lladdwyd 250–400 o bobl Akaitikka yng nghyflafan Bear River.

Yn fuan wedyn, cytunodd pedwar tylwyth o'r Shoshone, a'r rhan o'r Paiute Gogleddol ymgartrefu ar randir ar lan yr Afon Snake. Roedd y cytundeb gwreiddiol yn cynnwys tiriogaeth o dros 4,500 milltir sgwâr, ond fesul tamaid, meddiannwyd 3,700 milltir sgwâr gan y llywodraeth a setlwyr gwyn, ac erbyn hyn rhyw 800 milltir sgwâr sy'n parhau yn diriogaeth sofran ym meddiant y llwyth.

Mae'r ffordd yn mynd â mi trwy dref Fort Hall, lle mae siopau yn gwerthu *'All you need for all your beeding needs'* ac arwyddion yn nodi *'Domestic Violence is not our tradition'*. Mae'r tai isel wedi eu gwasgaru rhwng lleiniau o lwyni saets a choediach isel, ac ambell garafán statig fan hyn a fan draw. Ar gyrion y dref, mae clwstwr o dipis wedi'u codi ar lain o dir, polion uchel a chanfas gwyn wedi ei dynnu drostyn nhw'n dynn.

*

American Falls ydi'r dref ydwi'n dod iddi nesa. Erbyn hyn, mae'r dref wedi ei lleoli ar lan cronfa ddŵr American Falls. Yn wreiddiol, roedd hi'n sefyll lle mae gwaelod y llyn heddiw. Yn y 20au, fel rhan o bolisi 'ad-feddiannu' y llywodraeth, lle roedd amaethu, ac felly dyfrio y gorllewin sych yn flaenoriaeth ideolegol, penderfynwyd fod angen codi argae ar yr Afon Snake wrth raeadr American Falls. Dyma'r rhan nesaf o'r cynllun i feddiannu'r gorllewin – ar ôl crynhoi'r bobl frodorol mewn rhandiroedd, fel Fort Hill, mi aed ati i orfodi model anaddas o amaethu ar y tir, dan y ffug-ddamcaniaeth *'rain follows the plow'*. Yn ôl y ddamcaniaeth hon, gallai anheddwyr gwyn wireddu'r wyrth o weddnewid hinsawdd ardaloedd cymharol sych, fel gorllewin America, trwy aredig y tir. Byddai aredig a thyfu cnydau yn newid yr hinsawdd fel ei fod yn fwy tamp, a hynny mewn ffordd naturiol, a fyddai'n arwain at fwy o law. Dim ond iddyn nhw oroesi'r blynyddoedd cyntaf, sychion hynny, byddai dyn yn troi, nid yn unig y tir, ond yr hinsawdd ei hun i'w fantais.

Wrth gwrs, roedd y syniad yn ffantasi lwyr, ond mi ddenodd filoedd o deuluoedd gwyn tlawd i symud o'r dwyrain, yn eu wagenni, ar lwybrau fel yr Oregon Trail, i chwilio am fywyd gwell. Wrth gyrraedd y gorllewin, yr hyn oedd yn aros amdanyn nhw oedd parseli sgwâr o dir, wedi cael eu creu trwy dynnu grid dros y map, heb dalu unrhyw sylw i'r math o dir oedd ym mhob grid. Mi wnaeth rhai ennill eu gambl a derbyn llain o dir efo afon yn rhedeg trwyddi tra bod rhai eraill wedi derbyn parsel heb fynediad at ddŵr o gwbl. A hynny ar dir oedd wedi ei gymryd gan bobloedd frodorol, tir oedd wedi cynnal helwyr ers cenedlaethau, ond oedd erioed wedi benthyg ei hun i dyfu cnydau yn y dull Ewropeaidd.

Dyna ddechrau ar ryfeloedd dŵr y gorllewin, wrth i'r hawl dros ddŵr, i ddyfrio cnydau ond hefyd i ddihysbyddu dinasoedd mawr yr arfordir, ddod yn un o faterion gwleidyddol pwysicaf y rhanbarth.

Dwy garfan sy'n arwain y brwydro yw'r U.S. Army Corps of Engineers, a'r Bureau of Reclamation, y naill a'r llall yn meddu ar y cythraul codi argae, ac ar dân eisiau cael y gorau ar ei gilydd ac adeiladu'r argaeon mwyaf, pwysicaf a drutaf yn y gorllewin. Diolch i'w gwaith, mae gan yr afon Columbia 470 argae arni hi a'i changhennau; mae 27 ohonyn nhw ar y Snake River, sy'n dyfrio 30,000 o ffermydd. Mae 15 argae ar y Rio Grande, ac yn 2001 ni chyrhaeddodd yr afon y môr, gan fod cymaint o ddŵr wedi ei gymryd o'r afon ar gyfer dyfrhad. Mae'r Colorado yn dyfrio 5.5 miliwn acer o dir amaethyddol; mae 40 milliwn o bobl yn ddibynnol arni. Mae pymtheg argae ar y brif afon, gyda channoedd yn fwy ar ei changhennau. Mae'n amhosib amgyffred maint y cwbl a'i effaith ar ecosystemau. Dwi'n meddwl yn ôl at Sean a'i bryderon am y brithyll gyddfgoch yn ei nant fechan yn Paradise Valley.

Ond nôl at American Falls. Pan drodd sylw'r Bureau of Reclamation (BoR) at yr ardal, doedd dim amdani ond symud pobl y dref o ffordd y gwaith. Ond nid y bobl yn unig, ond y dref ei hun hefyd. Aeth y BoR ati i symud 344 o gartrefi, 46 o fusnesau amrywiol, 3 gwesty, yr ysgol, 5 eglwys, ysbyty, chwech codwr grawn ac un felin flawd, a hynny o waelod y dyffryn i dir uwch. Ailadeiladwyd y dref o gwmpas patrwm newydd, efo parc mawr yn ganolbwynt i'r dref a'r adeiladau eraill yn ei amgylchynu.

Dwi'n codi fy mhabell mewn maes gwesylla uwchben y gronfa ddŵr. Mae wyneb y gronfa'n llwydlas a'r bryniau isel o'i chwmpas yn lliw tywodlyd, y gweiriach isel yn aur ac ambell wrych tywyll yn rhoi rhyw syniad o amlinell y tir. Mae ffin y dref yn amlwg, ffin y systemau dyfrio yn creu amlinell gwbl glir yn y caeau. Gwyrdd yr ochr yma,

melyn yr ochr draw, fel petai plentyn wedi tynnu llinell
– yn debyg i'r ffordd lythrennol y crewyd y gorllewin, fel y
mae heddiw, gan ddynion mewn swyddfeydd pell i ffwrdd
efo'u mapiau a'u gridiau.

# 30

# Hagerman, ID

*Milltir 3,301*

MAE'R TYWYDD YN Idaho yn boeth ac yn sych, ond o leiaf heddiw, mae'r gwynt fel petai wedi gostegu am ychydig. Dwi'n gadael American Falls ac yn dilyn y Snake sydd rŵan mewn ceunant dwfn, rhwng clogwyni tywyll a bryniau o wellt melyn a llwyni saets. Dwi'n oedi ar ochr y ffordd lle mae yna arwydd yn dynodi'r fan lle roedd yr Oregon Trail yn croesi'r tir. Does dim byd ond olion llwybr trol yn y pridd tywodlyd i ddangos lle bu cannoedd o deuluoedd yn teithio'r ffordd hon i geisio bywyd gwell.

Mae'r lôn yn syth ac yn ddi-ben-draw, a dwi bron â thagu efo syched. Dwi wedi cael fy mhlagio gan sawl olwyn fflat ers cyrraedd Idaho, a dyma un arall, ar ymyl cae alffalffa. Dwi heb gael llawer o bynctiars yn ystod y 3,000 cyntaf o filltiroedd, diolch byth, ond dydi rŵan ddim yn amser grêt i ddechrau. Er fod y rhan anoddaf ar ben, ar ôl croesi'r Rockies, dwi gwta bythefnos o ben y siwrne, ac yn gynyddol ymwybodol bod angen i mi fod ym maes awyr Portland erbyn chwech y bore ar Awst y 31ain, doed a ddêl. Rhaid dechrau cyfri'r milltiroedd a gwneud y maths i sicrhau mod i'n cyrraedd mewn pryd. Y bwriad ydi cyrraedd Portland ychydig cyn y 31ain, gan fod gwerth diwrnod o feicio o'r ddinas i'r arfordir. Beicio wedyn i Tillamook, gweld y môr, wedyn nôl i Portland i sortio'r beic a fy nialwch, a wedyn i'r maes awyr.

Cyn hynny, fodd bynnag, dwi'n cwrdd â fy rhieni, sy'n dod yma i feicio rhan o'r wythnos olaf efo fi. Maen nhw'n cyrraedd Portland yn y dyddiau nesaf ac yna'n teithio i Idaho i ddod o hyd i mi – rhywbeth sy'n haws dweud na gwneud, achos dwi'n dibynnu ar ddod o hyd i gysylltiad â'r we i gysylltu efo nhw, a ddim yn medru bod yn siŵr lle fydda i ar ddiwrnod penodol tan y diwrnod cynt fel arfer. Dwi'n edrych ymlaen i'w gweld nhw, ond fymryn yn nerfys hefyd – mi fydd cael cwmni wrth deithio yn brofiad tra gwahanol.

Dwi'n cael pynctiar arall tu allan i Twin Falls, y chweched ers cyrraedd Idaho. Ond o leiaf mae yna rywfaint o newid yn y tirlun. Dwi lawr o'r gwastadedd ac yng ngheunant y Snake River, sydd ychydig yn fwy cysgodol a choediog na'r gwastadedd uwchben. Wedi trwsio'r tiwb, ymlaen â fi, ac o fewn dim dwi'n cyrraedd Hagerman, lle fydda i'n aros y noson.

Mae'r pentref bach yn ganolbwynt i ardal gwelyau ffosil

# Hagerman, ID

Hagerman, sy'n gartref i gyfoeth o ffosiliau o oes y Pliocene. Mae'r darganfyddiadau'n cynnwys esgyrn 20 o anifeiliaid tebyg i sebra, perthynas pell i'r ceffyl heddiw. Ond dwi wedi blino gormod i edrych ar hen esgyrn, felly dwi'n mynd i'r siop ac yn prynu *key lime pie* maint *hubcap* a'i fwyta yn y parc. Dwi'n codi fy mhabell wrth y cae swings, ac yn gwylio'r lleuad goch yn codi dros y clogwyni yn y pellter.

\*

Dim ond ychydig oriau o gwsg dwi'n eu cael, cyn i sprincleri'r parc ddod ymlaen, am ddau y bore. Maen nhw'n ddigon agos i dasgu dŵr dros y babell bob hyn a hyn, ond ddim yn ddigon rheolaidd i rywun ddod i arfer efo'r sŵn. Bob hanner awr, mae'r cyfeiriad yn newid, gan dasgu'r babell o gyfeiriad gwahanol. Rhyw fath o jôc greulon gan pwy bynnag sy'n gyfrifol am y parc.

Drannoeth y lleuad goch, mae mwg tanau gwyllt taleithiau cyfagos wedi twchu, ac mae'n ffurfio niwlen dywyll sy'n cuddio'r bryniau o fy ngwmpas, a rhoi rhyw wawl ryfedd i'r golau. Mae'r graig folcanig yn ddu a brau, ac mae blodau haul tal yn tyfu ar hyd ochr y lôn wrth i mi barhau tua'r gorllewin.

Dyna pryd mae pethau'n dechrau mynd o chwith. Yn sydyn, mae'r teiar yn gollwng yr aer i gyd mewn un ochenaid, a does yna nunlle addas i stopio, dim ond llain o weiriach sych ar ymyl y ffordd. Dwi'n tynnu popeth oddi ar y beic a gweld bod y tiwb mewnol wedi rhwygo. Yn fy mlinder ddoe, ro'n i wedi gwneud job sâl o osod patsyn ar y pynctiar, wedi ceisio ei ludo ymlaen tra fod aer yn y teiar o hyd. Camgymeriad twp.

Mae'r ail gamgymeriad twp yn digwydd pan dwi'n gweld rhwyg fawr wrth y patsyn ar y teiar ac yn trio ei drwsio efo pastyn arall. Mae fel rhoi plastar ar ben plastar i geisio atal gwaedlyn . Mae'r ail batsyn yn para rhyw ddeg munud, cyn byrstio eto. O'r diwedd dwi'n gwneud y peth call ac yn newid yr hen diwb mewnol am un newydd, ond dwi'n mynd trwy diwbiau mewnol fel slecs ers dod i Idaho, a hyd yma, does yna nunlle wedi bod i brynu rhai newydd.

Dwi'n mynd nôl ar yr *interstate* ac mae'r beic yn teimlo'n od oddi tana i. Ar ôl ychydig o filltiroedd dwi'n stopio eto, ac wedi dadlwytho'r beic i chwilio am broblem, dwi'n sylwi mod i heb sgriwio'r olwyn yn ôl yn iawn ar ôl newid y pynctiar diwethaf – eto! Dwi'n diawlio, yn ail-lwytho'r beic ac i ffwrdd â fi, ond mae'r teiars yn dal i golli aer.

Dwi'n ei gwneud hi i Glenns Ferry, ac yn mynd i gael BLT mewn *diner* ac adfer ychydig o bwyll cyn mynd ati i drio sortio'r beic. Dwi'n eistedd mewn parc a thynnu'r olwynion oddi ar y beic, tynnu'r teiars oddi ar yr olwynion, a'r tiwbiau mewnol o'r teiars, a chychwyn eu harchwilio'n drylwyr am unrhyw arwydd o dwll. Does yna'r un twll mawr amlwg, ond mae 'na sawl un bach sy'n gollwng aer yn raddol, ac mae hynny'n broblem. Dwi lawr i'r tiwb mewnol olaf, a dwi hefyd bron â rhedeg allan o batsys. Dwi'n prynu paced rhad o'r siop *hardware* yn Glenns Ferry, ond mae'r patsys yn 3mm o drwch, a ddim yn addas o gwbwl. Dwi'n rhoi tro ar drwsio'r tiwb mewnol efo'r patsys trwchus, ac mae'r teiar yn ei gwneud hi am dair milltir arall, cyn ei fod yn fflat eto, yn waeth nag o'r blaen.

Dwi'n teimlo fel taflu'r beic a'r cwbl lot i mewn i'r afon, ond dwi'n atal fy hun, yn newid y tiwb mewnol am yr un olaf sydd yna ac yn gweddïo mai dyma ddiwedd ar bynctiars Idaho. Y broblem, mae'n debyg, yw rhyw blanhigyn sy'n tyfu ar ochr y ffordd, sy'n gwasgaru hadau efo pigau miniog ar hyd y tarmac, a'r rheini sy'n rhwygo fy nheiars. I wneud y sefyllfa'n waeth mae fy llaw chwith wedi bod yn mynd yn fwy stiff ers dyddiau, a dwi'n cael trafferth ei defnyddio hi'n iawn. Dwi ddim yn medru dal fy mawd at fy mynegfys, sy'n anghyfleustra mawr pan mae hi'n dod at geisio gafael neu dynnu ar unrhyw beth.

Mae fy nghynllun am y diwrnod wedi ei daflu yn llwyr. Ro'n i wedi gobeithio cyrraedd Grand View, ond mae'r dref honno hanner 100 milltir i ffwrdd, ac mae'r pynctiars yn golygu ei bod hi'n 2 o'r gloch arna i yn gadael Glenns Ferry. Ac yn fuan ar ôl gadael, mae'r gwynt yn codi yn un o'r gwyntoedd cryfaf dwi wedi ei brofi yn fy erbyn yr holl ffordd. Mae'n troi'n frwydr ddiddiwedd i fyny'r elltydd. Dwi'n symud yn boenus o araf, a phrin ydwi'n sylwi ar y tirlun o 'nghwmpas yn newid mor sydyn a dramatig. Mae'r caeau dyfredig bob ochr i'r lôn fel petaen nhw'n cael eu llyncu'n farus gan dwyni a bryniau sych yr anialdir cynhenid. Mae pob cae'n cael ei ddyfrio gan fraich hir ar golyn, sy'n troi mewn cylchoedd araf. Mae'r tyfiant yn ffurfio cylch perffaith, fel petai rhywun wedi tynnu llinell efo cwmpawd. Yn y pellter, mae twyni tywod uchaf America, y Bruneau Dunes, a ffurfiwyd 15,000 o flynyddoedd yn ôl ar ddiwedd yr oes iâ ddiwethaf. Lle heddiw mae basn y Great Salt Lake, roedd llyn plwyfial efo arwynebedd o tua 32,000 milltir sgwâr. Wrth i lefel y llyn barhau i godi, dechreuodd roi pwysau ar yr argae naturiol a ffurfiwyd gan y mynyddoedd. Yn y diwedd roedd y straen yn ormod, a chwalodd y graig, gan achosi i don 120 metr o uchder ffrwydro i lawr dros wastadedd yr afon Snake, a gyrru tua 33,000,000 troedfedd giwbig o ddŵr fesul eiliad dros y dyffryn, gan weddnewid y dirwedd mewn wythnosau, digwyddiad sy'n cael ei nabod fel y Bonneville Flood. Gwaddodion wedi eu cludo gan y dilyw hwn ffurfiodd y Bruneau Dunes, mae'n debyg, ac maen nhw yno hyd heddiw, fel cornel fach o'r Sahara yng ngorllewin Idaho.

Ar ôl un allt olaf, arteithiol, dwi'n dod i stop yn nhref Bruneau, lle bychan yng nghrombil yr anialwch efo garej, bar, llyfrgell, swyddfa bost a siop. Dwi'n eistedd tu allan i'r bar, sy'n adeilad bach sgwâr di-ffenest, ac yn defnyddio'r wi-fi i yrru neges i fy rhieni.

'Dwi'n Bruneau.'

'Ok, gweld ti tua hanner nos.'

Maen nhw 500 milltir i ffwrdd yn Portland, wedi llogi car a dau feic, ac ar eu ffordd i gwrdd â fi.

Does dim i wneud ond aros, felly dwi'n trio cael chydig o oriau o gwsg yn y parc, yn rhoi fy mat campio a fy sach gysgu ar fainc. Toc cyn hanner nos, mae holl gŵn y pentref yn ymddangos, ac yn dechrau rhedeg o gwmpas y parc, fel petai'n beth cwbl arferol i'w wneud. Mae'n nhw i weld yn fy anwybyddu i, felly dwi ddim yn poeni'n ormodol.

Am un y bore, dwi'n gweld goleuadau car yn agosáu trwy'r anialdir ac yna'n cymryd y troed i mewn i Bruneau. Mae'n anelu'n syth am y parc ac yn dod i stop gyferbyn â fy meic, ac allan o ddrws y car, i oerni'r nos yn yr anialwch, mae Mam a Dad yn camu. Mam, efo'i gwallt cwta porffor yn llamu o'r car, dad yn symud chydig bach yn arafach, yn dringo allan o sêt y gyrrwr. Eu gwynebau cyfarwydd nhw yng nghanol anialdir Idaho fel drychiolaethau rhyfedd.

# 31
# Melba, ID

## Milltir 3,426

FORE TRANNOETH, FEL sy'n dechrau dod yn arferiad, rydan ni'n cael ein deffro gan system sprincleri'r parc. Ar ôl y cofleidio cyntaf a'r sgwrs sydyn neithiwr, roedd y tri ohonan ni'n rhy flinedig i wneud dim byd ond gosod ein sachau cysgu ar lawr y lloches a mynd yn syth i gysgu. Mae hi mor sych yn Idaho nad oes yna ddim hyd yn oed gwlith, na phryfaid, a dwi wedi stopio trafferthu i godi'r babell rai nosweithiau, ac felly bore 'ma mae'r sprincler yn syrthio'n syth ar y sachau cysgu.

Mae Mam a Dad yn codi, ac mi rydan ni'n cael pwyllgor sydyn am gynllun y diwrnod. Dwi'n dangos y llwybr sydd gen i mewn golwg ar y map, ac maen nhw'n penderfynu pwy fydd yn beicio pa ran efo fi. Maen nhw'n bwriadu teithio efo fi o Idaho i Portland, un ar y beic a'r llall yn gyrru, am yn ail. Mam sy'n dechrau'r diwrnod efo fi a'r bwriad ydi cyfarfod Dad ymhen rhyw bymtheg milltir yn Grand View.

Rydan ni'n mynd at ddrws y caffi yn Bruneau, sy'n brysur yn barod. Mae yna lond bwrdd o bobl leol yn cael coffi, ond rydan ni'n cael ein hysbysu yn ddigon swta eu bod nhw ddim yn agor tan saith, a 6.45 ydi hi rwan, ac felly i ffwrdd â ni i gael ein coffi yn rhywle arall. Mae'n rhyfedd cael cwmni, ar ôl bod fy hun am gannoedd o filltiroedd, ond rydan ni'n dod i arfer efo'n gilydd mewn dim, ac mae hi bron petaen nhw wedi bod efo fi'r holl ffordd.

Diffeithwch de-orllewin Idaho sydd angen ei groesi heddiw. Rydan ni'n dal i ddilyn yr afon Snake, ond heblaw am y pocedi crwn lle mae'r sprinclers yn tywallt eu diferion gwerthfawr i ddyfrio'r cnydau alffalffa, mae'r tir yn sych ac yn diffaith. Mae'r lôn yn syth, a'r llinellau gwyn wedi'u serio i'r llygaid. Rydan ni'n cyrraedd tref Grand View tua canol y bore, tref amaethyddol wledig efo'r Snake River Diner yn sefyll yn dalog ar dalcen y bryn, a dyna lle rydan ni'n stopio i gael brecwast.

Lle bychan, ond prysur ydi hwn eto, efo rhes o bic-yps wedi'u parcio tu allan. Rydan ni'n cael bob i goffi a phaned, a dwi'n archebu *biscuits and gravy* (math o sgonsen efo rhyw gawl selsig trwchus). Tra ein bod ni'n aros am y bwyd, mae Mam yn troi i siarad efo hen ffermwr. Mae hi'n ei holi am yr ardal, a be maen nhw'n ffermio (gwartheg, wrth gwrs). Pan mae o'n dod i ddeall bod Dad o New England, a ninnau o Ewrop, mae'n troi'r sgwrs at ynnau, ac at yr angen i fwy o bobl gael mwy o ynnau.

'I've got two on me, and three more in the truck. I need them when I'm out in the fields, to shoot rattle snakes and the like.' Mae o'n mynd i hwyl, yn mwynhau cael cynulleidfa.

'I can guarantee you, everyone in this diner right now is carrying. And that means, any bad guy that comes through that door now, is dead before he so much as says a word.'

Dwi'n edrych o gwmpas y caffi ar y dynion dros eu hanner cant gan mwyaf, sydd heb fod am brawf llygaid ers blynyddoedd, siŵr braidd. Dwi'n trio eu dychmygu nhw i gyd yn saethu dros ei gilydd i geisio taro'r 'dyn drwg' wrth y drws, a'r gweddill ohonan ni'n chwdrins yn y *'friendly fire'*.

Rydan ni'n bwyta'n sydyn ac yn mynd yn ein blaenau. Tro Dad ydi hi i feicio, ac mae Mam yn gyrru ymlaen i dref Murphy.

Mae hi'n ganol dydd erbyn hyn, a'r gwynt yn codi, ac o fewn pum milltir o Grand View mae'r ddau ohonan ni wedi llwyr ymlâdd. Mae lôn syth, wastad y bore wedi diflannu ac yn ei lle mae bryniau ac elltydd diddiwedd. Mae hynny o dyfiant sydd ar y bryniau yn frwgaits isel, a does 'na ddim pwt o gysgod. Rhwng hynny, y gwynt a'r gwres, dwi'n hedfan drwy'r dŵr sydd gen i, a bron â rhedeg allan cyn cyrraedd hanner ffordd. Ond rydan ni yn yr anialwch, yn bell o unrhyw dref, neu dŷ, neu unrhyw nant na ffynhonnell ddŵr. A does dim ffordd o gysylltu efo Mam yn y car chwaith. Does dim dewis ond dal i fynd, yn boenus o araf. Dringo, ac yna gorfod pedlo'n galed wrth fynd i lawr hefyd am fod y gwynt yn gwthio mor gryf yn erbyn y beics ein bod ni'n colli unrhyw fomentwm sy'n dod yn sgil mynd am i lawr. O'r diwedd, ychydig o filltiroedd o Murphy, daw tŷ i'r golwg ar fin y ffordd, wedi ei amgylchynu gan sgwaryn gwyrdd o ardd. Rydan ni'n neidio oddi ar y beics ac yn canu'r gloch i ofyn am ddŵr. Ond does yna ddim ateb, dim car o flaen y tŷ a neb adref. Dwi bron ag anobeithio'n lân, ond yn sydyn mae Dad yn amneidio at yr ardd gefn. Yno, mae'r sprincleri dŵr ymlaen (waeth i rywun beidio sôn mor wastraffus ydi dyfrio'r ardd pan mae'r haul ar ei anterth, yn anweddu'r dŵr cyn i'r planhigion gael dim) yn dyfrio llain o borfa a chlwstwr o flodau pinc. Rydan ni'n llenwi ein poteli dŵr, ac yn yfed yn ddiolchgar, cyn beicio'r milltiroedd olaf i Murphy.

Y dref fach hon yn yr anialwch ydi canolfan lywodraethol Owyhee County. Mae'n gartref i lain lanio, amgueddfa'r sir, y llys, y Murphy General Store a tua 96 o bobl. Os cafodd unrhyw le erioed ei alw'n dwll tin ganol nunlle, Murphy ydi'r fan honno. Mae'r General Store yn adeilad clapfwrdd coch ar ochr ffordd lychlyd, yn salŵn unig mewn ffilm gowboi. Does dim byd ond gwastadedd anial am y gorwel, lle mae amlinell mynyddiach llychlyd yn ymddangos yn y tarth.

Mae car siryf wedi ei barcio tu allan i'r General Store, a phan ydan ni'n mynd i mewn, mae'r siryf yn eistedd wrth fwrdd bach yn bwyta darn anferth o darten afal. Rydan ni'n mynd at y til i brynu jwg mawr o sgytlaeth, ac wrth dalu mae'r perchennog yn dweud yn ddidaro: *'You must be Eben and Grug. Eirian said to tell you she's at the museum.'*

Mae'n debyg bod Mam yn cael nap hir yn yr amgueddfa. Doedd yna ddim ymwelwyr eraill, felly roedd y curadur wedi gadael iddi osod ei mat a'i sach gysgu mewn cornel efo *air con*, ac mae hi wedi bod yn cysgu yno ers oriau. Doedd hi ddim hyd yn oed sylwi ein bod ni wedi cymryd yn hirach na'r disgwyl i gyrraedd, heb sôn am boeni amdanon ni.

Wrth grwydro hynny sydd i'w grwydro o Murphy, rydan ni'n cael hanes tref i fyny yn y mynyddoedd, ugain milltir i ffwrdd, o'r enw Silver City. Cafodd Silver City ei chreu yn yr 1800au, wedi iddyn nhw ddod o hyd i aur ac arian yn y bryniau yno. Tyfodd y dref yn gyflym, ac erbyn yr 1880au, roedd ganddi boblogaeth o 2,500. Ond fel cymaint o drefi'r gorllewin, mi arweiniodd twf sydyn at gwymp hyd yn oed yn gyflymach, ac erbyn yr 1940au, dim ond un o'r 2,500 o bobol wreiddiol oedd ar ôl, sef Willie Hawes, oedd yn Faer, yn Bennaeth yr Heddlu, yn Bennaeth y Gwasanaeth Tân ac yn Bostman y dref. Erbyn heddiw, mae'n lle gwyliau ac mae yna westy ar gyfer y rhai sydd eisiau treulio noson yn 'nhre'r ysbrydion'.

Mae'r dref yn codi'n chwilfrydedd, ac ar ôl cloi y beics wrth yr amgueddfa, rydan ni'n cychwyn yn y car am y bryniau. Yn fuan, mae'r lôn darmac yn troi'n llwybr llychlyd a hwnnw'n troi'n fwyfwy anwastad wrth i ni godi'n uwch tua'r mynyddoedd. Mae'n drac cul, ac mi rydan ni'n gweddïo na ddaw neb i'n cwfwr ni, ond does yna ddim llawer o siawns o hynny. Ymlaen â ni, dros fylchau uchel, ar hyd dyffrynnoedd bychan a thrwy goedwigoedd trwchus. Does dim arwydd o dref, nac o unrhyw bresenoldeb dynol, ac yn sydyn, mae Dad yn sylwi ar fys y cloc tanwydd. Mae yna ryw 30 milltir ar ôl yn y tanc, a dydan ni'n dal ddim yn gwybod pa mor bell yn y bryniau mae Silver City, ond yn sicr fydd yna ddim gorsaf betrol yno, a doedd yna ddim byd yn Murphy chwaith – Melba fyddai'r dref nesaf, a phwy a ŵyr os wnaiff y car ei gwneud hi mor bell â hynny. Mae'r atgofion am ddwyn dŵr o sbrincler y tŷ gwag yn ddigon o rybudd nad ydi fama yn rhywle i fentro heb hanfodion bywyd. Ar ôl pwyllgor brys arall, rydan ni'n penderfynu troi'n ôl.

Rydan ni'n ei gwneud hi'n ôl i Murphy, ac yn stopio eto yn y General Store i gael cinio hwyr, gan feddwl cael tamaid o'r darten roedd y siryf yn ei bwyta'n gynharach. Mae'r caffi'n dal yn wag, y siryf a'r curadur ydi'r unig eneidiau byw arall rydan ni wedi eu gweld ers cyrraedd. Ar ôl byrger yr un, rydan ni'n holi am y darten, ac yn cael ein hysbysu ei bod hi'n dri munud wedi pump, ac nad ydan nhw'n gweini bwyd ar ôl pump. Mae Dad yn edrych fel petai ar fin torri ei galon, felly mae hi'n mynd i'r cefn i holi'r perchennog, sy'n caniatáu iddi wyro rhyw fymryn ar lythyren y ddeddf, y tro hwn.

Cyn gadael, rydan ni'n holi lle fyddai'r orsaf betrol agosaf.

*'Well right here,'* meddai'r dyn wrth y til. Rydan ni'n syllu'n syn wrth iddo'n harwain ni tu ôl i'r adeilad i faes parcio bychan yn y cysgodion, lle mae yna un pwmp unig yn cuddio. Rydan ni'n diawlio, tra fo dad yn llenwi'r car, cyn i fi a Mam gychwyn ar filltiroedd ola'r dydd tua Melba.

# 32
# Blue Mountains, OR

*Milltir 3,546*

O MELBA, LLE rydan ni'n treulio noson yn gwersylla mewn parc ar lan yr afon Snake, ymlaen â ni nes croesi'r ffin i Oregon yn nhref Ontario. Dyna pryd rydan ni'n ffarwelio â'r afon Snake, sy'n ymlwybro tua'r gogledd i ymuno efo'r Columbia yn Kennewick. Rydan ni'n troi am y gorllewin, gan groesi'r Blue Mountains i ddod i Ddyffryn y Columbia nes i lawr yn Umatilla.

Mae'r Blue Mountains yn grib o fynyddoedd sy'n

ymestyn dros ddwyrain Oregon, ac rydan ni'n teithio trwy geunant cul yn y bryniau am y diwrnod cyntaf, lle nad oes yna lawer o wahaniaeth rhwng y bryniau llychlyd ac anialwch uchel Idaho. Ond yn raddol, mae'r tirlun yn newid, y mynyddoedd yn y pellter yn mynd yn uwch ac yn fwy gwyrdd. Rydan ni'n dilyn dwy lôn sy'n plethu rhwng ei gilydd, traffordd newydd yr I-84, a hen briffordd yr Highway 30. Mae'r ddwy yn gweu llwybr tebyg i drywydd hanesyddol yr Oregon Trail, y llwybr 2,170 milltir o hyd o Missouri i Oregon yr oedd wagenni'r ymfudwyr i'r gorllewin yn teithio ar ei hyd rhwng 1830 a thua 1870, gan gario rhyw 400,000 o bobl tua'r Cefnfor Tawel, mae'n debyg.

Wedi teithio ar hyd dyffryn cul Pleasant Valley, rydan ni'n cyrraedd gwastadedd mawr yng nghanol y mynyddoedd, rhwng y Wallowa-Whitman National Forest i'r gogledd-ddwyrain, a'r Umatilla National Forest i'r gorllewin. Yno mae Baker City, tref o thua 10,000 o bobl, wedi ei sefydlu yn 1865, efo prif stryd yn syth o set ffilm Western.

O Baker City, ymlaen â ni trwy gyfres o bentrefi bychan, efo'r un adeiladau sgwâr, brics neu glapfwrdd a blaenau Fictorianaidd hardd. Yn Union, tref arall a sefydlwyd yn 1864, rydan ni'n parcio'r beics ac yn mynd i fusnesa yn yr Union Rexall drug store, efo'i arwydd gwyn a glas wedi ei baentio ar frics coch yr adeilad: 'The Rexall Drug Store: Gifts, Prescriptions, Cards'. Tu mewn, mae'r lle fel palas, teils glas a gwyn ar y llawr, a chownter marmor hufennog, efo stolion pren yn rhedeg ar ei hyd, a *soda fountain* fawr yn sefyll tu ôl i'r cownter, sy'n ddrychau ac yn wydr ac yn *chrome* i gyd. Mae fel camu nôl i'r 50au. Rydan ni'n eistedd, a dwi'n cael *root beer float* mewn gwydryn tal, sef hufen iâ fanila efo *root beer* wedi'i dywallt drosto nes iddo droi'n ewyn gwyn. Nôl ar y beic dwi'n difaru wrth i'r ffrwydriad o siwgwr godi cyfog braidd.

Mae cael y car i gario'r bagiau, a chael y cwmni, yn golygu bod y beicio yn mynd yn rhwydd, ac mi rydan ni'n gwneud pellteroedd da bob dydd, 70–80 milltir, wrth i ddiwedd Awst ddynesu, fel cysgod mawr.

Trwy'r gwastadedd, a chyn troi'n ôl am y mynyddoedd, rydan ni'n treulio noson mewn parc ar gyrion dinas La Grande. Er ei bod hi'n hawdd yn 30 gradd selsiws a mwy bob dydd, mae'r tymheredd yn y tir anial, uchel, yn plymio bob nos, a phan ydan ni'n deffro yn La Grande mae hi wedi brigo. Mae'n cymryd sbel i gynhesu, ond rydan ni'n ôl yn y mynyddoedd, yn croesi am y Columbia ac mae'r elltydd serth yn help i gynhesu'r cyhyrau. Rydan ni'n ôl yn y coed erbyn hyn hefyd, coedwigoedd o binwydd ponderosa. Mae'r trefi hefyd yn mynd yn llai ac yn llai, yn ddim mwy na chlystyrau o dai ar fin y ffordd. Ganol bore, rydan ni'n cyrraedd tref Meacham, sy'n ddim byd mewn difri ond llain o dir agored yn y coed efo rheilffordd yn pasio trwyddo, a'r Meacham General Store yn dalsyth, ond yn unig, yn y canol.

Mewn â ni am frecwast, a chael gwybod yn syth gan wraig y lle nad rhyw ddim byd o le mo Meacham, ond ei bod yn dref hanesyddol o bwys. Mae'r Pacific Union Railway ac US Route 30 ill dwy yn rhedeg trwy'r 'dref'.

Yn 1923 ar y 4ydd o Orffennaf, daeth yr Arlywydd Warren G Harding i Meacham, ynghyd â 30,000 o bobl eraill, (85 o bobl sy'n byw yn Meacham heddiw), i ddathlu agor y briffordd newydd, Route 30, ac i nodi 80 mlynedd ers dechrau'r Oregon Trail. O fewn mis, roedd Harding wedi marw, wedi dal annwyd tra ei fod yn Meacham, yn ôl dynes y Meacham General Store. Mae hi'n dweud hefyd fod Meacham wedi ei gwneud yn brifddinas dros-dro i UDA tra fod Harding yno. Waeth be am yr annwyd a'r statws fel prifddinas, ar y waliau rhwng y 'nialwch mae hen luniau o'r diwrnod mawr, efo Harding mewn trywsus ac esgidiau gwyn yn annerch tyrfa o flaen adeilad mawr efo portsh llydan, a'r dyrfa yn fôr o hetiau cantel llydan at y gorwel. Rydan ni'n cael *biscuits and gravy* gorau Meacham, ac yn cychwyn yn ein blaenau trwy'r mynyddoedd.

\*

Ar y diwrnod hwnnw yn 1923, roedd aelodau o lwythau'r Imatalamłáma a'r Liksiyu yn bresennol yn gwrando ar anerchiad Harding, ac wedi cyflwyno rhodd o flanced wlân i Florence Harding, gwraig yr arlywydd.

Daeth llwythau Dyffryn y Columbia i gyswllt efo'r Ewropeaid cyntaf trwy'r Lewis and Clark Expedition yn 1805. Erbyn 1818, roedd y North West Company wedi sefydlu Trading Post yn yr ardal, gan sicrhau presenoldeb cyson yno. Yn yr 1840au, gyda miloedd o deuluoedd gwyn wedi ymsefydlu erbyn hyn, yn ogystal â masnachwyr oedd yn teithio'n rheolaidd trwy diriogaethau y Walawalałáma, Imatalamłáma, a'r Liksiyu, roedd y pwysau cynyddol ar gyflenwadau dŵr ac anifeiliaid prin yn dod yn broblem fwy a mwy. Yna yn 1846, chwalodd epidemig brech goch a brech wen trwy'r cymunedau, y clefydau wedi eu cario yno gan y mewnfudwyr gwyn. Yn 1855, pan sefydlwyd yr Umatilla Indian Reservation gan y llywodraeth, daeth y tri llwyth ynghyd i ffurfio'r Confederated Tribes of the Umatilla Indian Reservation.

Mae eu presenoldeb ar y diwrnod hwnnw yn 1923 yn annaearol, ac yn codi sawl cwestiwn. Roedd yr achlysur yn ddathliad o'r Oregon Trail, ond hefyd yn nodi 80 mlynedd, bron, ers yr epidemig marwol oedd wedi gwneud y ffasiwn ddifrod i'w cymunedau. O fewn 80 mlynedd – cwta dair cenhedlaeth — roedd eu ffordd o fyw wedi newid yn llwyr, a'r iaith Liksiyu wedi ei lladd. Beth mae 'Arlywyddiaeth' yn ei olygu iddyn nhw ar y diwrnod hwnnw? Beth mae 'yr Unol Daleithiau' yn ei olygu? Ydan nhw yno o'u gwirfodd? Yno i ddweud 'cofiwch amdanon ni?', i ddweud 'Peidiwch â meiddio anghofio amdanon ni'?

\*

O Meacham, rydan ni'n teithio trwy'r goedwig, nes dod i gyrion y coed ac ymyl y mynydd. Oddi tanom, ar waelod allt serth, mae cartref tua tair mil o aelodau Conffederasiwn Llwythau yr Umatilla Indian Reservation. Mae'r ffordd yn ein harwain heibio'r casino mawr a'r cwrs golff sy'n dod ag elw i'r Conffederasiwn.

Erbyn heddiw, mae'r Conffederasiwn yn cynnal ysgolion iaith a chanolfannau trochi i'r plant mewn tair iaith, ieithoedd y Walawalałáma, yr Imatalamłáma, dwy iaith sy'n perthyn yn agos, ac yna'r Weyíiletpuu, tafodiaith o'r iaith Nimíipuu sydd wedi ei mabwysiadu gan y Liksiyu. Maen nhw hefyd yn gwneud gwaith i gynnal ac adfer yr afonydd o fewn eu tiriogaeth, ac wedi llwyddo i ailgyflwyno'r eog i afonydd yr Umatilla a'r Grande Ronde.

# Maryhill, WA

*Milltir 3,776*

MAE'R COLUMBIA'N TARDDU yn y mynyddoedd yng Nghanada, cyn llifo trwy dalaith Washington a ffurfio'r ffin rhwng Washington ac Oregon i'r de. Mae'n daith o 1,243 o filltiroedd o'r mynyddoedd i'r môr. Pan ydan ni'n dod o fewn golwg iddi uwchben tref Umatilla, mae'r tir o'i chwmpas yn sych ac yn anial a'r afon yn ymddangos fel llafn llydan, llwyd yn yr anialwch. Rydan ni'n croesi'r bont, sydd bron i filltir o hyd, o dref Umatilla yn Oregon i dalaith Washington. Heddiw, rydw i'n anelu i feicio 100 milltir, o Echo yn Oregon i Maryhill yn Washington.

Mae hynny'n rhannol er mwyn gwneud yn siŵr mod i'n cyrraedd Portland mewn pryd, ond hefyd am na fydda i byth mor gryf a ffit â hyn eto, yn fwy na thebyg, ac os nad rŵan, yna pryd? Roedd y diwrnod diwethaf 100 milltir o hyd nôl yn North Dakota, rhwng Kindred a Gackle, a bron i'r diwrnod hwnnw fy lladd i. Ond heddiw dwi eisiau mwynhau'r sialens, ac mae'r lôn ar hyd ochr yr afon Columbia yn berffaith ar gyfer hynny, yn llydan ac yn llyfn, yn ddigon bryniog i fod yn ddiddorol, ond heb ormod o draffig. A heddiw'n benodol, does dim gwynt chwaith, felly perffaith. Rhwng y bryniau mae ambell winllan, chwarel, neu bentref bychan, ond yr afon sy'n ein tynnu ymlaen. Weithiau, rydan ni'n beicio ochr yn ochr, yn sgwrsio am hyn a'r llall. Dro arall rydan ni'n gwahanu, un yn syrthio'n ôl neu dynnu ymlaen, ac rydan ni'n cilio i'n bydoedd ein hunain wrth i'r milltiroedd wibio heibio heb sylwi bron.

Mae'r haul yn isel wrth i ni gyrraedd y John Day Dam, tua 95 milltir ar ôl gadael Echo ben bore. Dyma un o'r cannoedd o argaeon sydd ar y Columbia a'i hisafonydd. Mae'r gwahanfur concrid anferth, a adeiladwyd rhwng 1938 ac 1971 yn cynnwys gorsaf bŵer heidroelectrig, lloc ar gyfer llongau, ac ysgolion dringo ar gyfer pysgod. Dwi'n meddwl am Lwythau Conffederal yr Umatilla Reservation, a'r frwydr i gynnal yr eog yn rhagafonydd yr Umatilla a'r Grande Ronde, wrth deithio i fyny o'r môr ar ysgol goncrid ar ôl ysgol goncrid ddiddiwedd.

O'r John Day, mae chwe milltir nes cyrraedd Maryhill, a dyna ni, mymryn dros gan milltir wedi eu gwneud a dwi'n teimlo fawr gwaeth. Mae pentref Maryhill wedi ei leoli ar wastadedd bychan ar lan yr afon, llain o dir sy'n werddon o goed ffrwythau a gwelyau llysiau yng nghanol yr anialdir sych sy'n amgylchynu y Columbia ar y ddwy ochr.

Sefydlwyd y pentref ar ddechrau'r 20fed ganrif gan ddyn busnes o'r enw Sam Hill, a'i enwi ar ôl ei wraig a'i ferch, Mary Hill. Mae Sam Hill yn cael ei gofio am sawl cyfraniad – fo arweiniodd y ffordd at gyflwyno lonydd wedi eu pafio i'r gorllewin. Dyma ddyn oedd yn gwrthwynebu undebau llafur ac o blaid defnyddio llafur gorfodol carcharorion, arferiad sydd â chysylltiadau uniongyrchol efo'r economi gaethwasiaeth. Ar y bryniau uwchben y pentref, mae'r Maryhill Museum of Art wedi ei lleoli yn hen blasdy Sam Hill, ac ar fryncyn isel arall mae'r Maryhill Stonehenge, un arall o'i greadigaethau. Mae hi'n machlud bron pan ydan ni'n cyrraedd, a'r haul yn taflu cysgodion hir tu ôl i'r meini rhyfedd. Cododd Sam Hill y gofeb wedi'r ail ryfel byd, i symboleiddio'r bywydau a aberthwyd ar allor rhyfel. Mae'r meini hir a'r lintelydd wedi eu castio mewn concrid llwyd, yn gylch perffaith a di-dor. Mae'n anferth, yn drawiadol ac yn swreal, ond mae'r cofebau syml a'r rhestr o enwau'r rhai a fu farw sydd ym mhob pentref yng Nghymru yn fy nharo fel cofebau llawer mwy ystyrlon a didwyll na'r rhyfedd-beth hwn sy'n gadael rhywun yn oer braidd, ac yn teimlo'n fwy o gofeb i gyfoeth ac ego un dyn yn y bôn.

\*

Wrth i ni nesáu at Portland dros y deuddydd nesaf, mae'r tir yn troi'n raddol wyrddach, yn llystyfiant isel i ddechrau, yna'n goediach yn y Dalles, a'r coed yn troi'n goedwig wrth i ni gyrraedd y Cascade Locks. Rydan ni wedi croesi yn ôl i Oregon, ac wedi cyrraedd y dyffryn dwfn lle mae'r Columbia'n ymlwybro trwy fynyddoedd y Cascades. I'r de mae trwyn pigfain Mount Hood yn codi fel rhywbeth o fyd arall ar y gorwel. Mae'r mynyddoedd yma yn ffin rhwng yr anialdir a'r Cefnfor Tawel, a dyma lle mae'r glaw a'r eira'n dod i lawr, gan ffurfio ymyl werdd y cyfandir.[5]

Mae'r trefi'n amlhau hefyd rŵan, a'r lôn gefn lychlyd yn troi i mewn i'r Historic Columbia River Highway, ffordd wedi ei hadeiladu rhwng 1913 a 1922 sy'n gweu llwybr ciwt trwy'r dyffryn serth, yn troelli o amgylch llethrau'r bryniau i gyrraedd copaon uchel, yn gwau ar hyd ymylon clogwyni serth, trwy dwneli bychan ac o dan raeadrau. Roedd hon yn briffordd am gyfnod tan y 50au pan adeiladwyd ffordd lydan, brysurach ar gyfer y traffig cynyddol ar waelod y ceunant, a rŵan mae rhannau helaeth o hon sydd ddim ond yn cario beics a cherddwyr, er rhyddhad i ni.

Mae'n ardal brydferth, ond mae mwynder y tirlun a'r prysurdeb cynyddol yn ddiarth ac anghyfarwydd ar ôl gerwinder yr anialwch, ac mae bod yng nghanol twristiaid unwaith eto yn teimlo'n swreal. Rydan ni'n stopio yn Multnomah Falls, pistyll uchel sy'n syrthio o ben clogwyn basalt o ryw 190 metr o uchder trwy'r goedwig (dwywaith a hanner uchder Pistyll Rhaeadr, rhaeadr uchaf Cymru). Mae'r lle yn llawn ymwelwyr eraill, teuluoedd prysur efo camerâu a phlant mewn prams. Dwi'n cael tynnu llun efo mam o dan y pistyll. Dwi'n edrych yn flinedig, croen fy ngwyneb i yn dangos ôl y mynyddoedd a'r anialwch.

Cyn hir, rydan ni ar gyrion Portland, yn beicio trwy'r goedwig i ddechrau cyn syrthio yn ôl at yr afon, lle mae miloedd o gychod wedi'u hangori ar hyd y glannau. Nid afon ddidostur pen y dyffryn ydi hi rŵan, efo'i hargaeon

---

[5] Yn mis Medi 2017, byddai bachgen 15 oed yn tanio tân gwyllt yn y coed efo'i ffrindiau, yng nghanol cyfnod o sychder a gwaharddiad ar losgi. Arweiniodd hynny at gychwyn tân anferthol o'r enw'r Eagle Creek Fire a losgodd 50,000 o aceri, o Cascade Locks i Multnomah Falls ar hyd glanaau'r Colombia, a chan groesi'r afon hefyd i rannau o dalaith Washington. Llosgodd y tân am 3 mis, er iddi gymryd tan Fedi 2018 i'r mudlosgi ddiffodd yn llwyr.

concrid a'i hymylon serth, ond afon ddioglyd mewn dyffryn coediog, efo loncwyr a cherddwyr a chaffis ar ei glannau. Ac yna'n sydyn, yn ddisymwth bron, mae'r ddinas amdanom ni. Rydan ni'n treulio noson mewn motel, ac yn newid i ddillad glân cyn mynd lawr i'r ddinas am swper, yn cerdded trwy Portland a'i graffiti rhyddfrydol a'i siopau llyfrau a'i bariau cŵl.

Ac yna mae'n amser i mi â fy rhieni ffarwelio, nhwythau yn hedfan nôl i Gymru, a finnau'n paratoi i groesi'r milltiroedd olaf tua'r Cefnfor Tawel ar fy mhen fy hun unwaith eto.

# 34

# Rockaway, OR

## *Milltir 4,017*

Dwi'n cael trafferth gadael Portland – mae darllen map mewn dinas yn wahanol beth i wneud synnwyr o lôn ar baith agored. Mae pob yn ail droead yn anghywir, ond o'r diwedd dwi'n dechrau cael fy ffordd, yn croesi pont grand, wedyn i fyny bryn serth ar gyrion y dref, trwy goedwig drwchus. Dwi'n dod ar draws Clwb Seiclo Portland wrth fynd i lawr y bryn y pen arall, tua cant ohonyn nhw i gyd, yn pwffian yn eu *lycra*, a finnau'n gwenu'n braf, newydd ddringo allt debyg mewn crys T, gan gario hanner tunnell o gêr.

Wedi cael gwared ar Portland, dwi'n cyrraedd mynyddoedd y Northern Oregon Coast Range, y gadwyn olaf rhyngof fi a'r môr. Er fod yr awyr uwch fy mhen yn las, mi fedra i weld cymylau'n cronni yr ochr bellaf i'r mynyddoedd, ond waeth befo am hynny, ymlaen â fi i fyny'r bwlch. Ar ôl sychder crin y mil milltiroedd diwethaf, mae'r goedwig fel byd arall, yn llaith ac yn damp, y mwsog yn garped trwchus, ac mae'n teimlo'n gyfarwydd braf.

Dwi'n cyrraedd tref Tillamook, sy'n enwog am ei chynnyrch llaeth, at ddiwedd y pnawn, ac mae pob dim fel petai ar gau. Am y tro cyntaf ers wythnosau, mae'r awyr yn llwyd ac mae hi'n pigo bwrw. Dwi wedi cyrraedd hinsawdd gwbl wahanol i'r un dwi wedi dod i arfer â hi, ac mae'r llwydni'n dryllio fy hwyliau. Dwi wedi blino, ac eisiau bwyd, ond dwi'n methu cael hyd i unrhyw le, nes dod o hyd i fan fyrgers ar gyrion pellaf y dref. Dwi'n dod o hyd i faes gwersylla, yn codi'r babell, ac yn mynd i gysgu. Roeddwn i wedi meddwl y byddwn i yn medru gweld y môr o Tillamook, ond mae 'na filltiroedd o gaeau gwastad a thir amaethyddol llwydaidd, ac mae 'na ryw deimlad fflat fod pen y daith mor agos ac mor bell yr un pryd.

Y bore wedyn, dwi'n teimlo'n uffernol. Dwi'n taflu fyny yn y bloc cawodydd, ar fy ngliniau o flaen powlen y toiled, wrth wrando ar y ddynes yn y ciwbicl nesaf yn dadlau â'i chariad ar y ffôn. Pan dwi'n dod allan, mae hi wrth y sinc yn gwneud ei cholur, yn trio cuddio'r cochni o gwmpas ei llygaid. Mae'n troi ac yn gofyn *'Are you pregnant?'* Dwi'n dweud mod i ddim ac mae hi'n dweud *'Oh'* yn ddidaro, cyn troi'n ôl at y coluro.

Mae tref Tillamook ychydig filltiroedd o Fae Tillamook, dros forfa llydan. Mae'r bae yn boced o ferddwr hallt wedi ei amgáu gan fraich hir o dir, felly dydi Tillamook ddim yn teimlo fel tref arfordirol o gwbl, a does dim golwg o'r môr oddi yno. A dydi morfa ddim yn cynnig pwynt addas ar gyfer dod â thaith i ben beth bynnag – mae'r ffiniau rhwng tir a môr yn rhy annelwig. Ond mae yna reswm arall pam fy mod i'n troi am y gogledd, yn hytrach na pharhau i'r gorllewin am y môr. Dwi wedi rhoi fy mryd ers y cychwyn ar dref ychydig i'r gogledd, ar lan y cefnfor tawel go iawn, efo llain o draeth melyn llydan. Lle o'r enw Rockaway.

Mi wnes i gyfarfod Iwan Llwyd unwaith fel plentyn, a hynny mewn gweithdy ysgrifennu creadigol. Dwi ddim yn cofio unrhyw beth am y sgwennu, ond dwi'n cofio un o'r plant yn mynd yn sownd mewn coeden yn ystod y gweithdy. Doeddwn i erioed yn un o'r criw o feirdd o-gwmpas-21-oed oedd yn gwisgo hetiau cantel llydan, ac yn sgwennu cerddi am Fangor Uchaf a wisgi (mi o'n i'n rhy brysur yn byw ym Mhrâg, yn sgwennu am Becherovka ac yn gwisgo fy nhrywsus yn gwta fel Václav Havel). Ond bydda i'n meddwl am rai o gerddi Iwan Llwyd weithiau. Mae ganddo gerdd am Provincetown a Cape Cod, a dyna'r unig gerdd dwi'n gwybod amdani, yn y Gymraeg, sydd yn sôn am gartref Dad. Mi roedd Iwan Llwyd yn fardd Cymraeg ag obsesiwn efo UDA: dwi'n ddinesydd yr Unol Daleithiau sy'n barddoni'n Gymraeg, mae UDA'n golygu rhywbeth gwahanol iawn i mi, ond p'un ai dwi'n uniaethu neu beidio efo gwelediad Iwan Llwyd, does yna ddim modd ei hosgoi.

Un o gerddi mwyaf adnabyddus Iwan am yr Unol Daleithiau ydi 'Far Rockaway'. Traeth yn Queens, Efrog Newydd, ydi Far Rockaway, ac mae'n debyg i Iwan Llwyd gyrraedd yno trwy ddamwain, ar ôl cymryd y trên anghywir yn Efrog Newydd. Mae yna naws hwiangerdd i'r gerdd, wrth i Iwan ailadrodd yr enw 'Far Rockaway, Far Rockaway'. Mae'r gerdd fel petai'n crynhoi'r freuddwyd Americanaidd fel yr oedd Iwan yn ei gweld hi. Mae 'na gyfeiriad at fythos y lôn, at y '[d]aith drwy'r nos mewn pick-up du', ond wrth gwrs mae yna bethau ar goll. Does yna ddim llawer o'r America wledig, yr America swbwrbaidd oedd yn rhan o fy mhrofiad i o America wrth dyfu fyny. Does yma hefyd ddim sôn am drigolion brodorol Rockaway, y Canarsee, dim digon o'r trais a'r hiliaeth sy'n cuddio tu ôl i gymaint yn y wlad yma, dim mynyddoedd, coedwigoedd, na *biscuits and gravy* a'r gynnau yn y *glove compartment*, a'r seilos grawn a'r argaeau mawr. Er tegwch i Iwan, mae'n gerdd fer.

Ond pan welais i'r enw Rockaway ar y map, ar ben arall y wlad, roedd meddwl am *far, far, far-far-far-far-far* Rockaway yn ormod o demtasiwn i ymwrthod ag o. Felly, Rockaway amdani. Y broblem ydi, heddiw, mod i'n teimlo'n wan ac yn llegach ac yn waeth na dwi wedi ei deimlo trwy'r daith. Mae gen i dair noson i gyrraedd y môr, dychwelyd i Portland a pharatoi i hedfan. Dwi angen gweithio allan sut i smyglo'r beic ar yr awyren heb dalu'r ffi ychwanegol o $400 doler. A dwi'n poeni nad ydi hyn i gyd yndda i. Mae fy nghorff fel petai'n dallt fod y daith bron ar ben, fel petai wedi ei dal hi at ei gilydd dros yr wythnosau diwethaf, i ganiatáu i mi gyrraedd fan hyn, a rŵan, bymtheg milltir o'r llinell derfyn, mae wedi penderfynu ei fod wedi cael digon, a dwi'n talu'r pris.

Ond alla i ddim rhoi'r gorau iddi mor agos at y diwedd. Dwi'n penderfnu mod i ddim yn rhy sâl i ddal ati, ac yn llwytho'r beic un tro olaf, a throi trwyn y beic tua'r môr. Dwi ddim yn talu rhyw lawer o sylw i'r bore, ac mae'r awyr yn llwyd a chymylog uwchben yr asffalt du. Mae'r beic yn teimlo'n drwm, mae 'nghyhyrau i'n teimlo'n drwm, ond pan dwi'n dod i olwg y môr, dwi'n cael pwl o egni, yn enwedig ar ôl stopio mewn caffi bychan am rywbeth i yfed. Dwi ddim yn medru stumogi bwyd. Mae'r arfordir yn wastad, ar ôl yr holl fryniau a mynyddoedd dros y mil milltiroedd diwethaf, mae cyrraedd fan hyn yn teimlo fel sefyll ar lafn, rhyw ymyl esmwyth, neu rimyn desgyl.

O'r diwedd, dwi'n dod at arwydd Rockaway Beach, arwydd gwyrdd a sgrifennu gwyn, arwyddlun y dref wedi'i amlinellu'n goch – llun o'r môr, y creigiau a llong fechan. Dwi'n beicio nes dod o hyd i fwlch yn y twyni a'r morwellt tal ac yn rhowlio'r beic dros y tywod. O fy mlaen mae'r cefnfor tawel. Mae'r awyr yn las, y tywod yn wyn a'r tonnau'n torri'n dawel ar y tir.

Gorweddaf ar y traeth a syrthio i gysgu. Yn *far, far* Rockaway.

# Epilog

YN AMLWG, WNES i ddim gorffen y daith ar draeth Rockaway.

Ar ôl cysgu am ychydig ar y traeth – rhywbeth y gwnes i lot fawr iawn ohono ar y daith – mi godais a beicio yn ôl i Tillamook yr un ffordd ag y dois i, a dal bws wedyn dros y mynyddoedd nôl o Tillamook i Portland. Mi ges i groeso gan gwpwl ifanc yn eu byngalo ar gyrion y dref, a threulio noson yn eu garej yn tynnu'r beic yn ddarnau mân, a'i bacio fo'n ofalus mewn *duffle bag* mawr. Ar ôl fy ngharío dros 4,000 o filltiroedd, fy nhro i oedd cario'r beic ar fy nghefn, nôl i Gymru. Mae o yma o hyd, yn dal i fynd, wedi cael sawl tsiaen a chasét newydd dros y blynyddoedd, ac ambell dolc, ond yn dal i fynd.

O fewn pythefnos i gyrraedd yn ôl yng Nghymru, ro'n i'n symud i Abertawe, i gychwyn MPhil drodd yn PhD ar lên taith yn y Gymraeg, ac i dreulio'r blynyddoedd nesaf yn darllen ac yn sgwennu am deithiau pobl eraill yn yr Americas. Ond cyn hynny, ro'n i angen gyrru ebost at Stacey Murphey.

*Tachwedd 2024, Machynlleth*

# Gwybodaeth bellach

**Enwau Anifeiliaid:**
Alarch Utganol – *Trumpet Swan*
Bolgi – *Wolverine*
Brithyll Gyddfgoch – *Cut-throat Trout*
Brochlwynog – *Racoon*
Bual – *Buffalo*
Cawrgarw – *Elk*
Corfleiddiaid – *Cayote*
Cŵn Paith – *Prairie Dogs*
Geifrewig – *Pronghorn*
Gwiwer Resog – *Chipmunk*
Neidr Gynffondrwst – *Rattle Snake*
Twrlla Bolfelyn – *Marmot*
Twrlla – *Groundhog*

**Cenhedloedd Brodorol**
Lle bo hynny'n bosib, ac yn briodol, dwi wedi ceisio defnyddio enwau cynhenid, endonymaidd ar lwythau a chenhedloedd. Ymddiheuriadau am unrhyw gamgymeriadau neu fethiannau o'r tu hwnnw. Yma, mae rhestr o'r enwau sy'n cael eu defnyddio yn y llyfr hwn, a nodyn efo'r enw ecsonymaidd sydd efallai'n fwy cyfarwydd.

Aamsskáápipikani – Cenedl y Blackfoot
Agaidika – Lehmi Shoshone
Abenaki

Apsáalooke – Crow
Canarsee – Lenape
Gayogo̲hó:no' – Cayuga
Haudenosaunee – Iroquois Confederacy
Hiraacá – Hidatsa
Imatalamłáma – Pobloedd Umatilla
Kanien'kehá:ka – Mohawk
Lakȟóta – Lakota
Liksiyu – Cayuse
Omǣqnomenēwak – Menominee
Mi'kmaq
Ná'ishą – Plains Apache
Nakota – Assiniboine
Nimíipuu – Nez Perce
N‡m‡n‡‡ – Comanche
Očhéthi Šakówiŋ – Sioux
Odawa – Ottawa
Omàmiwinini – Algonquin
Onoñda'gegá – Onondaga
O-non-dowa-gah – Seneca
Onyota'a:ka – Oneida
Panaki – Bannock
Piikani – Rhan o'r Blackfoot Confederacy
Pohoko'ikkatee – Shoshonne-Bannocks
Séliš u Ql'ispé – Confederated Salish and Kootenai Tribes
Skarù:rę? – Tuscarora
Suhtai – Grŵp sydd wedi ymuno â'r Cheyenne
Tsétsêhéstâhese – Cheyenne
Tukudeka – Rhan o'r genedl Shoshne
Walawalałáma – Walla Walla
Wyandotte – Yr enw ar y Tionontati, Attignawantan a Wenrohronon ers 1650
Yeh is-WAH h'reh – Catawba

# Ffynonellau a darllen pellach

Berger, John (1972) *Ways of Seeing*. Penguin Books.
Erdrich, Louise (2003) *Original Fire: Selected and New Poems*. Efrog Newydd: Harper Collins.
Harjo, Joy (gol) (2020) *When the Light of the World Was Subdued, Our Songs Came Through: A Norton Anthology of Native Nations Poetry*. Efrog Newydd: W.W. Norton.
Kerouac, Jack (1957) *On The Road*. Efrog Newydd: Viking Press.
Reisner, Marc (1988) *Cadillac Desert: The American West and its Disappearing Water*. Viking Press.
Rhys, Gruff (2015) *American Interior*. Penguin.
Sontag, Susan (1977) *On Photography*. Farrar, Straus and Giroux.
Whitman, Walt (2017) *Leaves of Grass*. Llundain: Penguin Classics.
Fenn, Elizabeth A. (2014) *Encounters at the Heart of the World*. Efrog Newydd: Hill & Wang.
DuVal, Kathleen (2025). *Native Nations*. Llundain: Profile Books.

# Diolchiadau

DWI'N FAWR FY nyled i'r holl bobl fu'n rhan o'r daith hon, o'r rhai alluogodd fi i gyflawni'r daith ei hun nôl yn 2016, ac i'r rhai fu'n gymorth wrth ysgrifennu'r gyfrol hon. Diolch i Ellie am y cynllwynio, diolch i Aunt Mary ac i bawb yn Captain Frosty's, diolch i Colleen a Mary Claire ac Aunt Margaret ac Aunt Becky a phawb fu'n fy helpu i baratoi ar gyfer y daith. Diolch i bawb wnaeth fy helpu yn ystod y daith, trwy gynnig llety, dŵr, cawodydd poeth, help i drwsio'r beic, help i ffendio fy ffordd, a phob cymorth a chwmnïaeth arall – mae gormod ohonoch chi i'ch enwi (a dydach chi ddim yn siarad Cymraeg beth bynnag, felly welwch chi ddim mo'r geiriau yma – ond diolch yr un fath).

Diolch i Lenyddiaeth Cymru am ddyfarnu Ysgoloriaeth Awdur i fy ngalluogi i weithio ar ddrafft cyntaf o'r gwaith hwn. Fyddai'r llyfr hwn ddim yn bodoli heb y cymorth ariannol hwnnw, ac mae'r math hwn o gyllid yn hanfodol ar gyfer awduron ar bob cam o'u gyrfa.

Diolch i Iestyn a Llŷr am fod yn haearn hogi ac yn gefn. Mae'r diolch mwya i Mam a Dad, am y cwbwl a mwy. Sori am stresio chi allan gymaint.

Hefyd o'r Lolfa:

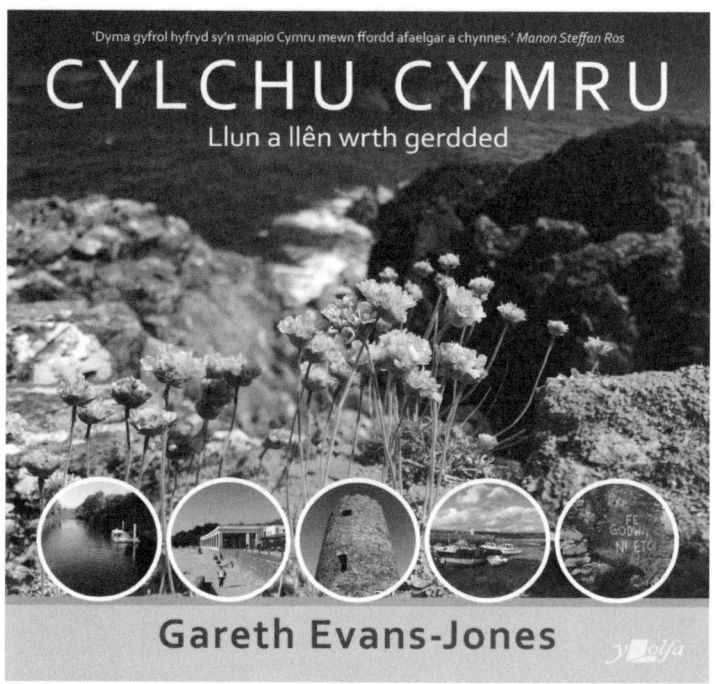

£12.99

£19.99

£12.99

£11.99